Auf fremden
Plätzen

Arthur und
Cynthia Koestler

Auf fremden Plätzen

Bericht über die gemeinsame Zeit

Europaverlag
Wien · München · Zürich

Titel der englischen Originalausgabe
Stranger in the Square

Herausgegeben, mit einem Vorwort und einem Epilog
versehen von Harold Harris

Übersetzt von Liesl Nürenberger

Umschlag von Wilhlem Kögl

Lektorat Peter Dempe

Medieninhaber Europa Verlag GesmbH Wien

Hersteller Leykam Universitätsbuchdruckerei GesmbH Graz
Verlagsort Wien
Herstellungsort Graz
Printed in Austria
ISBN 3-203-50884-2

Inhalt

Vorwort

Von Harold Harris

Dieses Buch ist im wesentlichen eine Liebesgeschichte, allerdings eine völlig andere als alle, die ich bisher gelesen habe. Es wäre vermutlich weit richtiger, sie die Geschichte einer Besessenheit zu nennen.

Im Juli 1949 antwortete Cynthia Jefferies, ein hübsches, aber zwanghaft schüchternes und etwas unbeholfenes Mädchen aus Südafrika, auf eine Annonce. Ein Schriftsteller suchte eine Aushilfssekretärin. Der Schriftsteller war Arthur Koestler. Er lebte damals in einem Haus in der Nähe von Fontainebleau mit Mamaine Paget, eine von den schönen Paget-Zwillingen, die er später, sobald die Scheidung von seiner ersten Ehefrau rechtskräftig wurde, heiraten sollte. Cynthia wohnte in Paris.

Sie bekam den Posten und arbeitete in den nächsten sechs Jahren mit Unterbrechungen als seine Sekretärin, teils in Frankreich, in England oder in den USA. Sie war in dieser Zeit verheiratet, ließ sich aber scheiden. 1955 gab sie als Reaktion auf ein Telegramm Koestlers ihren Posten in New York auf und kehrte als seine fest angestellte Sekretärin nach London zurück. Wann die beiden ein Liebespaar wurden, das müssen die Leser dieses Buches selbst entscheiden, es steht jedoch außer Zweifel, daß Cynthia Arthur seit dem Augenblick liebte, als sie sich ihm, etwas verlegen, in Paris vorstellte.

Seit dem Wiedersehen im Jahr 1955 lebten sie zusammen, 1965 heirateten sie. Am 3. März 1983 fand man ihre Leichen im Wohnzimmer des Hauses am Montpelier Square. Koestler saß in einem Lehnstuhl, noch ein Glas Brandy in der Hand. Cynthia lag auf einem Sofa, auf dem Tisch neben ihr stand ein Glas Whisky. Beide hatten eine enorme Überdosis Barbiturate eingenommen.

Koestler war siebenundsiebzig Jahre alt. In den letzten sieben Jahren hatte er an der Parkinsonschen Krankheit gelitten, die zuerst unter Kontrolle gehalten werden konnte, dann aber zunehmend ihren Tribut forderte. In den letzten vier Jahren hatte er zusätzlich an Leukämie gelitten, die bereits ins Endstadium getreten war, wie ein Pathologe bei der Obduktion bestätigte. Cynthia war fünfundfünfzig und bei voller Gesundheit.

Arthurs Selbstmord kam für keinen von uns, der die beiden kannte und liebte, überraschend. Er war ein Autor von außergewöhnlicher Genialität, wie es in seiner Generation keinen zweiten gab. In all den Jahren war seine schriftstellerische Leistung Zeugnis einer vielfältigen Phantasie, intellektuellen Kraft und seiner überragenden literarischen Kühnheit als Meister der englischen Sprache – in seinem Fall: einer erworbenen Kunst. Darüber hinaus war er für gewöhnlich aktiv mit irgendeiner Kampagne beschäftigt und führte, wie dieses Buch beweist, ein ausgefülltes gesellschaftliches Leben. Auch wenn er die Behinderungen, welche die Schlußphase seiner Krankheit ihm auferlegte, mit erwarteter seelischer Kraft ertrug, mit unerwarteter Geduld und der ihm eigenen unübertrefflichen Art von Ironie, ahnte niemand, der ihn kannte, daß er sich, ohne darüber zu reden, dem Schwinden seiner psychischen und körperlichen Kräfte unterwerfen würde. Als ich ihn zum letzten Mal sah (am Donnerstag, den 24. 2. 1984), glaubte ich sogar, er habe zu lange gewartet; er war unfähig, aufrecht zu stehen, sprach unzusammenhängend und hatte eindeutig Schwierigkeiten, sich auf irgendetwas zu konzentrieren. Ich fürchtete, er werde die Nacht nicht überstehen, und bat Cynthia, mich holen zu lassen, falls sie Hilfe brauchte. Am nächsten Tag sagte sie mir am Telefon, Arthur scheine sich weitaus besser zu fühlen und habe ihr erzählt, er hätte Halluzinationen gehabt, als ich dort gewesen sei. Aber er konnte am Telefon nicht sprechen, und Cynthia mußte ihre Verabredungen für das Wochenende absagen.

Er stand, was weithin bekannt war, der *Voluntary Euthanasia Society* (Freiwillige Euthanasie-Gesellschaft) als Vizepräsident vor, und die Nachricht von seinem Tod am 3. März kam nicht unerwartet. Daß jedoch Cynthias Leiche zur gleichen Zeit gefunden wurde, war nicht nur unerwartet, sondern löste bei allen Freunden einen erheblichen Schock aus. Ich glaube nicht, daß auch nur einer von uns daran gedacht hatte, daß sie sich zusammen mit Arthur das Leben nehmen würde. – Wann traf sie diese Entscheidung? Und warum? Diese zwei Fragen stellten wir einander und machten uns den Vorwurf, daß wir es nicht vorausgesehen, daß wir nicht in irgendeiner Weise eingegriffen hatten.

Was die erste Frage betrifft, wissen wir, daß zu dem Zeitpunkt, als Arthur im Juni 1982 seinen Abschiedsbrief »An alle, die es angeht« schrieb, keinerlei Absicht bestand, daß Cynthia ihn auf seiner letzten Reise begleiten würde. (Er hatte geschrieben: »Was es dennoch erschwert, diesen letzten Schritt zu tun, ist der Gedanke an das Leid, das meinen wenigen noch lebenden Freunden, vor allem meiner Frau Cynthia, zugefügt wird.«) Ich glaube fest daran, daß sie an nichts Derartiges gedacht hat, als ich sie am 24. Februar sah, auch nicht, als ich mich am 25. Februar mit ihr unterhielt. Vielmehr weist alles darauf hin, daß beide die tödliche Dosis am 1. März einnahmen, und ich bin fest der Meinung (obwohl es dafür keinen Beweis gibt), daß Cynthia ihre Entscheidung entweder an jenem Morgen oder in der Nacht vom 28. Februar auf den 1. März getroffen hat. Wir wissen zudem, daß sie am Morgen des 1. März ihren geliebten Hund David (ein zwölfjähriger Lhasa-Apso) zum Tierarzt brachte und einschläfern ließ, wobei sie als Begründung angab, sie könne sich nicht mehr richtig um ihn kümmern, da sie ihre ganze Zeit damit verbringe, ihren kranken Mann zu pflegen. (Sie erzählte ihrer Putzfrau, sie habe David einem Freund gegeben. Der erste März war ein Dienstag, und die Putzfrau kam mittwochs nicht ins Haus.)

Cynthia ergänzte Arthurs Abschiedsbrief, den ich zitiert habe, kurz mit ein paar Zeilen auf der Schreibmaschine: »Ich hätte gern den Bericht über meine Arbeit mit Arthur zu Ende geführt – eine Geschichte, die anfing, als unsere Wege sich 1949 zufällig kreuzten. Ich kann jedoch ohne Arthur nicht leben, trotz einer gewissen inneren Kraft.«

Ich glaube, diese Erkenntnis hatte sich ihr aufgedrängt, als sie wußte, daß der Tag, an dem Arthur die Last des Daseins nicht mehr ertragen konnte, tatsächlich gekommen war.

Soviel zur Frage »Wann«. Um das »Warum« zu verstehen, muß ich länger nachdenken.

Das Manuskirpt zu diesem Buch lag unter den Papieren, die auf Arthurs Schreibtisch gefunden wurden, und war für mich eine große Überraschung. Viele seiner Freunde, ich nicht ausgeschlossen, hatten ihn jahrelang gedrängt, an seiner Autobiographie weiterzuschreiben,* die mit dem Jahr 1940 abschloß. Ich erinnere mich nicht ganz genau an den Zeitpunkt, meine aber, es müsse Ende 1982 gewesen sein, als er mir anvertraute, er arbeite tatsächlich an einem dritten Band. Ich mußte ihm völlige Verschwiegenheit versprechen, denn er hegte einen abergläubischen Abscheu gegen jedes Diskutieren über ein Werk, an dem er noch arbeitete. Das Manusktipt, das wir fanden, war in Wirklichkeit eine gemeinsame Autobiographie. Cynthia hatte offensichtlich schon seit langem über ihr Leben mit Arthur geschrieben, es jedoch weder mir gegenüber, noch, soweit mir bekannt ist, vor anderen Freunden jemals erwähnt. Das einzig andere Beispiel ihrer Autorenschaft, das ich kannte, war das Kapitel »Twentyfive Writing Years« in der Festschrift, die ich zur Feier von Koestlers siebzigstem Geburtstag herausgab.** Vielleicht spornte die positive Aufnahme dieser Arbeit sie an, es zu einem eigenständigen Buch zu erweitern.

In welchem Stadium kam es Arthur in den Sinn, daß man die beiden Bücher zusammenbinden könnte? Es mag bloß eine Vermutung sein, doch ich nehme an, daß er das erste Kapitel dieses Buches vollendet hatte und sich dann für eine gemeinsame Autorenschaft entschied. Der Schlußsatz des ersten Kapitels ist im handgeschriebenen Manuskript nicht enthalten, sondern in das mit der Maschine geschriebene Manuskript eingefügt worden. Auf diese Weise ebnete er geschickt den Weg für das erste Kapitel, das Cynthia für ihr eigenes Buch geplant hatte.

Was wir dann tatsächlich als Basis für den vorliegenden Band fanden, waren hundertfünfundsiebzig Seiten von Cynthias getipptem Manuskript (eine Kopie der Originalversion ist erhalten geblieben). Davon waren die ersten achtzig Seiten von Arthur bearbeitet und an manchen Stellen mit

* *Arrow in the Blue* (*Pfeil ins Blaue*) und *The Invisible Writing* (*Die Geheimschrift*).

** *Astride the Two Cultures,* Hutchinson, London, Random House, New York 1975.

seinen eigenen Kapiteln vermischt worden, so wie sie es jetzt sind. Diese achtzig Seiten wurden dadurch auf hundertzweiundzwanzig Seiten ausgedehnt, bestehend aus sechs Kapiteln, die abwechselnd mit den Initialen A. K. und C. K. versehen waren. (Ein Kapitel von A. K. wurde aus dem Haupttext des Buches aus Gründen weggelassen, die im Anhang erklärt und dort beigefügt sind.) Die Seiten einundachtzig bis hundertelf von Cynthias getipptem Text waren anscheinend nur teilweise von ihr bearbeitet worden, der restliche Teil fast gar nicht.

Diese bibliographischen Details sind in etwas ermüdender Länge beschrieben worden, um die gegenwärtige Form und den Inhalt des Buches zu erklären. In der Form, in der es uns ursprünglich vorlag, war es nicht publizierbar. Die Frage, die ich mir als Herausgeber zu stellen hatte, da ich die Autoren leider nicht konsultieren konnte, war: »Wieweit bin ich berechtigt, Überarbeitungen vorzunehmen?« Die eindeutige Antwort lautet: so wenig wie möglich; und ich habe mir alle Mühe gegeben, das, was sie sagen wollten, nicht zu verfälschen.

Die erste Entscheidung war, das Buch in seine gegenwärtigen zwei Teile zu trennen, und Teil eins wurde wirklich nur ganz geringfügig überarbeitet. Der zweite Teil stellte schon eher ein Problem dar. Es schien, als hätte Cynthia die Briefordner, die sie als seine Sekretärin so peinlich genau führte, als Quellen benutzt.* Des weiteren seine Notizbücher, in die er manchmal Tagebucheintragungen, Kommentare über seine Stimmungen, Ideen für seine Bücher oder einfach spontane Vermerke schrieb; und das, was sie seine frühen Hermès-Tagebücher nannte. Es waren winzige französische Tagebücher, jedes für den Zeitraum von drei Monaten, mit der Illustration eines von Pferden gezogenen Phaeton und dem Namen »Hermès« auf dem Umschlag. Er benutzte sie fast ausschließlich, um die vielen Termine seiner Verabredungen zu notieren, trug aber gelegentlich auch eine Anmerkung ein.

* Gegen Ende ihres Lebens benutzte sie beim Unterzeichnen von Briefen als »Sekretärin von Arthur Koestler« ihren Mädchennamen Cynthia Jefferies.

Sie schrieb ihr Manuskript ganz offensichtlich, während sie dieses Quellenmaterial durchblätterte. Das Ergebnis ist, daß die Originalversion zwar chronologisch genau stimmt, jedoch keine Kontinuität besitzt. Sie fügte etwa auf einer Seite einen Brief von Arthur in den Text ein, die Antwort darauf einige Seiten später, sie wechselt von einem Thema zum anderen und kommt dann wieder auf das erste zurück, ohne an den logischen Ablauf zu denken. Ich bin sicher, daß sie das geändert hätte, wäre sie am Leben geblieben und hätte ihre Arbeit beenden können. Daher habe ich mir die Freiheit genommen, einen Teil des Materials umzuordnen, um eine logische Folge beim Lesen zu ermöglichen. Dies bedeutete aber auch, ab und zu ein paar verbindende Worte einzufügen und manches Überflüssige zu streichen, und ich habe, im Sinne der Lesbarkeit, nicht darauf hingewiesen, an welcher Stelle das geschah.

Die zweite Kopie ist vorhanden: für den Fall, daß ein Wissenschaftler es der Mühe wert fände, die beiden Versionen miteinander zu vergleichen.

Ich stellte außerdem aus dem zweiten Teil die vorliegenden sechs Kapitel zusammen, und da die Autoren die ersten beiden Kapitel betitelt hatten, fügte ich bei den übrigen Kapiteln ebenfalls Titel hinzu.

Ich unterließ es, etwas von den außerordentlich ehrlichen Enthüllungen zu streichen, die sie über ihr Leben mit Arthur macht, über seine Liebesaffären oder die flüchtigen Launen, sein forderndes Wesen, seine Gereiztheit, seine depressiven Stimmungen und seine bisweilen manische Aktivität. Sie erzählt das alles ganz sachlich und fast völlig kommentarlos, sieht man von einer Art wehmütigem Mitgefühl für ihn ab.

Als ich ihre Seiten durchlas, spürte ich, daß sie die Antwort auf jenes »Warum?« bestätigten, die ich mir bereits selbst zurechtgelegt hatte. Warum hatte diese intelligente, gesunde Frau von fünfundfünzig Jahren ihrem Leben ein Ende gemacht? Warum hatte sie geschrieben: »Ich kann ohne Arthur nicht leben«? Andere Frauen (und Männer) haben zutiefst geliebt und den Tod des Partners überlebt. In Cynthias Fall war dieser Schrei »Ich kann ohne ihn nicht leben« meinem Gefühl nach die reine Wahrheit.

Er hatte nie ein Geheimnis daraus gemacht, daß ein Zusammenleben mit ihm schwierig war. Er wies häufig in seinen Notizbüchern darauf hin, versuchte niemals, sein forderndes Wesen zu verbergen, seine ungestümen Launen, seine abrupten Kehrtwendungen und seine besessene Jagd auf Frauen (die nach den Beispielen, die er in *Pfeil ins Blaue* selbst anführte, noch lange andauerte). Hinter allem stand ein Mann von hohem Intellekt, ein Mann, der enorme Güte und Großzügigkeit beweisen konnte, ein einzigartig humorvoller Mann und – meistens – ein Gesellschafter von unwiderstehlichem Charme.

Cynthia wußte sehr gut Bescheid über seine Fehler, die er nicht zu verbergen suchte. Doch in all den Jahren ihrer Beziehung war sie nur zu der Zeit wirklich unglücklich, als Arthur – in den ersten sechs Jahren – gelegentlich versuchte, ihre Bindung zu zerbrechen. Er tat es, wie er meinte, zu Cynthias Bestem, weil er (als sie einander kennenlernten) genau doppelt so alt war wie sie und weil er wußte, daß keine seiner Partnerinnen sich jemals Hoffnungen auf ein konventionelles häusliches Leben machen konnte. Sie wußte das auch – aber es machte für sie keinen Unterschied.

Es besteht kein Zweifel, daß Cynthia sich praktisch schon bei ihrem ersten Zusammentreffen verliebte, und sie liebte ihn bis ans Ende ihres gemeinsamen Lebens. Von 1955 bis zum Schluß nahm sie an seinem Leben teil. Aber selbst das war nicht genug. Es ist wohl kaum übertrieben zu sagen, daß sein Leben zu dem ihren wurde; sie *lebte* sein Leben. Und als für ihn die Zeit gekommen war, es zu verlassen, war auch ihr Leben zu Ende.

Ich glaube, die Leser werden zu diesem Schluß kommen, obwohl Arthur und Cynthia nach dem Zeitpunkt, an dem dieses Buch endet, noch weitere siebenundzwanzig Jahre zusammenlebten. Erwiderte Arthur ihre Hingabe? In der Öffentlichkeit zeigte er es nicht deutlich, obwohl er Cynthia vor seinen Freunden stets »Engel« nannte, selbst wenn er sie irgendeines angeblich abscheulichen Vergehens bezichtigte. Beide wären, könnten sie diese Zeilen lesen, furchtbar verlegen; denn sie haßten jede Spur von Sentimentalität. Natürlich war er ganz auf sie angewiesen, aber ich halte es nicht für sentimental, es auszusprechen – ja, auch Arthur liebte Cynthia leidenschaftlich. Er ging sparsam mit Komplimenten um, wie sie wehmütig bemerkt. Er wußte, daß sie keine Belohnung für ihre jahrelange Hingebung erwartete oder wünschte. Aber er wußte auch instinktiv, daß die Belohnung, die sie mehr als alles andere schätzen würde, im Schlußsatz seiner Abschiedsbotschaft »An alle, die es angeht«, den er neun Monate vor ihrem gemeinsamen Tode schrieb, enthalten war: »Nur ihr verdanke ich den relativen Frieden und das Glück, das ich in meinem letzten Lebensabschnitt empfand – und nie zuvor.«

Obwohl Cynthia stets in Koestler'sche Anerkennung eingebettet war, hätte sie den Rang dieses Epitaphs über alles andere gestellt.

Erster Teil
1940–1951

Von Arthur und Cynthia Koestler

1

Rückschau
Von A. K.

1

Ein Schriftsteller im Alter von sechsundsiebzig Jahren hat nur zweierlei zu erwarten: vergessen zu sein, ehe er stirbt, oder zu sterben, ehe er vergessen ist.

Vor meinem fünfzigsten Lebensjahr veröffentlichte ich zwei autobiographische Bücher, *Pfeil ins Blaue (Arrow in the Blue)* und *Die Geheimschrift (The Invisible Writing)*. Sie endeten im Jahre 1940 mit meiner Flucht als Fünfunddreißigjähriger nach England aus dem von den Nazis besetzten Europa. Die Bücher wurden in den frühen fünfziger Jahren publiziert. In den dreißig Jahren seither haben mich Verleger und Freunde gedrängt, dort fortzufahren, wo *Die Geheimschrift* aufhört. Das verschob ich jedoch immer wieder, um Bücher über Themen zu schreiben, die mir wesentlicher erschienen. Doch wenn ich jetzt noch länger warte, könnte es zu spät werden.

Bevor ich jedoch den Faden noch einmal aufnehme, muß ich eine kurze Chronologie meines Lebens liefern für all die Leser, die *Pfeil ins Blaue* und *Die Geheimschrift* nicht oder vor so langer Zeit gelesen haben, daß sie den Inhalt vergessen haben – schließlich sind dreißig Jahre die durchschnittliche Zeit, an der wir Generationen messen.

CHRONOLOGIE

1905
Geboren in Budapest, erstes und einziges Kind eines ungarischen Vaters und einer österreichischen Mutter. Zweisprachig erzogen (ungarisch und deutsch). Vater wohlhabender Industrieller, machte aber in den frühen zwanziger Jahren Bankrott. Beide Eltern nichtreligiöse Juden.

1919
Familie übersiedelt nach Wien.

1922–26
Studiert Maschinenbau an der Wiener Technischen Hochschule. Schließt sich einer zionistischen schlagenden Studentenverbindung an. Mitbegründer der österreichischen Gruppe von Wladimir Jabotinskys radikaler Bewegung (die sogenannte Revisionistische Partei), aus der später Begins Irgun hervorging.

1926–27
Gibt Maschinenbau-Studium auf, emigriert nach Palästina. Arbeitet in einem Kibbuz; Limonadenverkäufer in den Straßen von Haifa, technischer Zeichner für einen arabischen Architekten. Freiberuflicher Journalist, häufig am Rande des Verhungerns. Erhält 1927 den Posten eines Nahostkorrespondenten für Ullstein, die größte europäische Zeitungskette, und scheint sich auf dem Weg zu Rang und Ansehen zu befinden.

1929
Ullstein versetzt ihn von Jerusalem nach Paris.

1930
Von Paris zur Zentrale in Berlin versetzt.

1930–32
Wissenschaftlicher Redakteur von Ullsteins *Vossischer Zeitung* und gleichzeitig Auslandsredakteur ihrer Abendzeitung *BZ am Mittag.*

1931
Erreicht den Höhepunkt seiner journalistischen Karriere: einziger Pressevertreter an Bord des Luftschiffs *Graf Zeppelin* bei der Polarexpedition.

1931
Hitler *ante portas.* Tritt der Deutschen Kommunistischen Partei bei, der anscheinend einzigen Alternative zur Nazi-

herrschaft. Die Folge: bei Ullstein gefeuert.

1932–33
Reist durch Sowjetrußland, Kaukasus und Zentralasien, gesponsert von der *Agitprop* der *Komintern,** um ein Buch über den ersten Fünfjahresplan zu schreiben.

1934
Buch fertiggestellt, doch von der sowjetischen Zensur abgelehnt. Geht nach Paris zurück, das jetzt Zentrum der Antinazi-Emigranten ist.

1934–36
Paris. Aktiv in der antifaschistischen Bewegung, schreibt Propagandabroschüren, gibt verschiedene Emigranten-Zeitschriften heraus, beginnt *Die Gladiatoren* zu schreiben – einen historischen Roman über die mißlungene Revolution römischer Sklaven unter Spartakus im ersten Jahrhundert vor Christi.

1935
Heiratet hübsche deutsche KP-Genossin Dorothy Ascher.

1936
Bei Ausbruch des spanischen Bürgerkriegs besucht er General Francos Hauptquartier in Sevilla als Sonderkorrespondent der liberalen Londoner Tageszeitung *News Chronicle,* um Beweise für deutsche Militärhilfe an Franco zu sammeln. Von einem früheren Berliner Kollegen als Kommunist denunziert, entkommt er via Gibraltar. Schreibt Propagandabroschüre *L' Espagne Ensanglantée,* später in *Ein Spanisches Testament* aufgenommen (London 1937).

1937
Kriegsberichterstatter des *News Chronicle* auf der republikanischen Seite. Beim Fall von Malaga von Francos Truppen gefangengenommen, Februar bis Juni als zum Tode Verurteilter im Gefängnis; durch Gefangenenaustausch,

* Agitations- und Propagandaabteilung der Kommunistischen Internationale.

organisiert vom Internationalen Roten Kreuz, befreit. Schreibt *Dialogue with Death.**

1938
Bricht mit der Kommunistischen Partei unter dem Eindruck sowjetischer Massenverhaftungen und Schauprozesse. Schreibt *Die Gladiatoren* zu Ende. Beginnt mit *Sonnenfinsternis (Darkness at Noon).*

1939–40
Bei Ausbruch des Zweiten Weltkriegs von der französischen Polizei als politisch Verdächtiger verhaftet, im Konzentrationslager von Le Vernet d'Arriège interniert. Anfang 1940 entlassen, schreibt einen Monat vor der deutschen Invasion *Sonnenfinsternis* zu Ende. Tritt unter dem falschen Namen Albert Dubert, Taxifahrer aus Bern, in die französische Fremdenlegion ein, um sich der Gestapo-Fahndungsliste zu entziehen. Flieht über Marseille, Oran, Casablanca und Lissabon nach England.

Hier enden die bereits vorhandenen Bände der Autobiographie. Diese skelettartige Skizze der ersten fünfunddreißig Jahre meines Lebens erfordert jedoch noch einige Erklärungen.

Eine chronologische Schilderung verläuft notwendigerweise in einer einzigen Linie entlang der Zeitdimension, die nicht die komplexe, vieldimensionale Struktur enthüllt, von der Motivation und Bedeutung bestimmt sind. So muß die vorangegangene Chronologie den Eindruck eines sinnlosen Zickzackkurses vermitteln: ein zerdroschener Tennisball, der den Bergbach hinunterpurzelt – wie das Zen-Wort besagt; indessen sind – um die Metapher zu wechseln – in diesem Curriculum vitae mehrere klare Leitmotive als Grundlage vorhanden und mit ihm verflochten, wodurch die scheinbar verworrene Reihenfolge einen Zusammenhang erhält. So war das Akzeptieren des Zionismus in Österreich in den zwanziger Jahren, jener abscheulichen Wiege von Hitlers Bewegung, etwas ganz Vernünftiges – nur

* Ursprünglich im *Spanischen Testament* enthalten, später als unabhängiges Buch neu publiziert.

beruhte das romantische Streben, den Rest meines Lebens in einem Kibbuz zu verbringen, auf einer naiven Fehlbeurteilung der Ausdauer meiner Kräfte. An den Marxismus zu glauben und der Kommunistischen Partei beizutreten war gewiß ein tragischer Fehler, doch ein Fehler, der in den dreißiger Jahren von der intellektuellen Avantgarde in Europa und Amerika begangen wurde – von Auden bis Brecht, von Malraux bis Silone, von Hemingway bis Picasso. Ebensowenig bestand in der damaligen Zeit eine Unvereinbarkeit zwischen der Hingabe zum Gelobten Land, Palästina, und dem Land der Verheißung, der Sowjetunion. Die kommunistische Revolution sollte alle sozialen Probleme im Weltmaßstab lösen, außerdem aber auch in der neuen Weltordnung einen festen Platz für die „jüdische nationale Heimat" reservieren. Heute hat man ganz allgemein vergessen, daß die UdSSR und die USA im Jahre 1948 die ersten beiden Länder waren, die den Staat Israel offiziell anerkannten. „Zionismus" wurde im sowjetischen Sprachgebrauch erst in einem späteren Stadium zu einem Schimpfwort.

Ich habe im *Pfeil ins Blaue,* in *Die Geheimschrift* und *Ein Gott, der keiner war (The God that Failed)* die komplexen psychologischen Phänomene, die mit dem Prozeß der Bekehrung zum marxistisch-leninistischen Kredo zu tun haben, und meine persönliche Erfahrung als Mitglied der Kommunistischen Partei in den sieben Jahren von 1931 bis 1938 ausführlich beschrieben. Im gegenwärtigen Zusammenhang wollte ich dem Leser nur nochmals versichern, daß die bizarre Persönlichkeit der vorangegangenen Chronologie sowohl in ihren Überzeugungen wie auch in den Irrtümern typischer für ihre Zeit war, als es auf den ersten Blick erscheint.

Ein weiterer sonderbarer Aspekt dieses Lebenslaufs erfordert noch ein paar Worte der Erklärung: die doppelte Rolle, die ich eine Zeitlang als wissenschaftlicher Redakteur einer Tageszeitung und als Auslandsredakteur einer Abendzeitung spielte. Diese seltsame Kombination ergab sich durch ein zufälliges Ereignis, aber sie spiegelt einen lebenslangen Dualismus wider, eine gespaltene Persönlichkeit, deren eine Hälfte aktiv und leidenschaftlich in politische Tätigkeiten verwickelt war, während die andere sich von Wissenschaft und Philosophie angezogen fühlte. Ich habe in den früheren Bänden meiner Autobiographie über diese geistige Spaltung gesprochen, und sie wird auf den folgenden Seiten immer wieder auftauchen.

Das zufällige Ereignis, das ich erwähnte, war die Nobelpreisverleihung des Jahres 1929 für Physik an Louis de Broglie für dessen revolutionäre Theorie der Materiewellen. Ich suchte ihn sofort auf, als die Nachricht aus Stockholm eingetroffen war. Er freute sich, daß ihn ein Journalist interviewte, der eine wissenschaftliche Ausbildung hatte, und wir unterhielten uns drei bis vier Stunden lang. Das Interview nahm eine ganze Seite in der *Vossischen Zeitung* ein und überzeugte meine Berliner Chefs, daß ich Talent zur Popularisierung von schwierigen wissenschaftlichen Themen hatte. Durch Zufall erreichte der geschätzte Wissenschaftsredakteur der *Vossischen Zeitung,* Professor Joel, gerade das Pensionsalter – daher das Angebot, seine Nachfolge anzutreten, und der sich daraus ergebende glückliche schizophrene Zustand, über Relativität und das kommende Zeitalter der Weltraumfahrt auf den Reportageseiten der Morgenzeitung zu referieren und sich in der Abendzeitung in einem Leitartikel über Mussolinis Verrenkungen auszulassen. Es war zu schön, um lange zu währen ...

2

In den letzten Jahren vor dem Krieg, in den Tagen des großen antifaschistischen Kreuzzuges, hatte ich eine heterogene Gemeinde britischer Freunde gewonnen und verbrachte einen immer größeren Teil des Jahres in Großbritannien – wo ich die Übersetzung von *Die Gladiatoren* überwachte, *Ein spanisches Testament* schrieb, Vorträge für den *Left Book Club* hielt und lernte, in Nachtzügen und in Häusern von Freunden gebratene Nieren zum Frühstück zu essen. Ich hatte auch eine englische Freundin gefunden – Dorothy und ich hatten uns 1937 in Freundschaft getrennt. Die neue Freundin war Daphne Hardy, eine junge Bildhauerin, die ein Auslandsstipendium für Paris gewonnen hatte;

sie erscheint als »G« in *Abschaum der Erde.* Als der Krieg erklärt wurde, hatten wir die Absicht, sofort nach England zu gehen, wo ich mich als Freiwilliger zur britischen Armee melden wollte. Ich hatte noch einen ungarischen Reisepaß mit einem gültigen englischen Visum; aber an dem Tag nach der Kriegserklärung Großbritanniens an Deutschland wurden alle Visa für das Vereinigte Königreich ungültig, und neue Visa für Ausländer konnten nur mehr über Sondererlaubnis des *Home Office* gewährt werden. Einen Monat später wartete ich immer noch auf diese Sondererlaubnis, als mich die französische Polizei in das berüchtigte Internierungslager für unerwünschte und politisch verdächtige Ausländer bei Le Vernet, im Vorgebirge der Pyrenäen, verschickte. Ein Jahr später, nachdem Frankreich kapituliert und ich, verkleidet als Legionär Albert Dubert, meine verschlungenen Fluchtwege über Nordafrika ins neutrale Lissabon geschafft hatte, begann das Spiel, genannt »Warten auf ein Visum«, Zehntausenden Europäern wohlbekannt, von neuem. Nachdem es zwei Monate lang gelaufen war, riß mir die Geduld, und ich bestieg ohne Einreiseerlaubnis ein Passagierflugzeug von Lissabon nach England.

Nach britischen Maßstäben war es genau das, was »man einfach nicht tut«. Besonders dann nicht, wenn Krieg ist und das Land von der Angst vor der Fünften Kolonne ergriffen ist. Infolgedessen verbrachte ich die ersten sechs Wochen in meinem neuen Heimatland mit dem etwas paradoxen Status »Ausländer ohne Landeerlaubnis« inmitten eines kosmopolitischen Haufens im Pentonville-Gefängnis.

Die Ironie der Geschichte lag darin, daß ich meine Freilassung aus dem Lager von Le Vernet ein halbes Jahr vorher der Intervention britischer Politiker bei den französischen Behörden verdankte – unter ihnen Ellen Wilkinson, Unterstaatssekretärin im *Home Office.* Warum ermächtigte das *Home Office* denn in Gottes Namen nicht das britische Konsulat in Paris und dann das Konsulat in Lissabon, mir ein Visum auszustellen? Ich habe den Grund nie herausfinden könnten. Dachte MI5, ich sei immer noch Kommunist (man darf nicht vergessen, daß Stalin damals mit Hitler verbündet war)? Oder rächten sich die Sowjetagenten, die den britischen Geheimdienst damals wie Maden einen überreifen Käse heimsuchten, für meinen Treuebruch? Vierzig Jahre sind vergangen, und es ist mir nicht mehr wichtig, aber damals bedeutete es mir etwas.

Im Besucherzimmer in Pentonville traf ich Daphne wieder nach unserer Trennung in Frankreich; es war ihr gelungen, eines der letzten britischen Schiffe, die von Biarritz abgingen, zu besteigen, während »Legionär Dubert« seinen Umweg über Marokko machte. Bis zu meiner Ankunft in Lissabon hatte keiner von uns beiden gewußt, ob der andere noch am Leben war – aber das Besucherzimmer von Pentonville war nicht eben der ideale Ort, um Gefühle zu zeigen.

Ebenfalls in Pentonville erhielt ich die Korrekturfahnen von *Sonnenfinsternis* und hörte zum ersten Mal den englischen Titel des Buches – es ist ein Wort von Milton –, der mir gefiel* und den Daphne vorgeschlagen hatte. Es lag eine gewisse Ironie darin, in Einzelhaft die Korrekturfahnen eines Romans über einen Mann in Einzelhaft zu lesen, und ich schätzte mich wirklich sehr glücklich, daß ich in Pentonville war und nicht in der Lubianka.

Ich wurde wenige Tage vor Weihnachten aus Pentonville entlassen und zog zu Daphne, die ein kleines Haus in Southkensington und einen Job im *Ministry of Information* hatte. Am Tag meiner Entlassung ging ich ins Rekrutierungsbüro in der Duke's Road, Euston, und meldete mich zur Armee, aber man sagte mir gleich, es werde bis zu meiner Einberufung mehrere Wochen dauern. Das gab mir eine Atempause – und Zeit, *Abschaum der Erde* zu schreiben, den Bericht über meine Erfahrungen während des Zusammenbruchs von Frankreich. 1968 schrieb ich ein neues Vorwort dazu für die gesammelte *Danube Edition* meiner Bücher:

Abschaum der Erde war das erste Buch, das ich in englischer Sprache schrieb. Das war Januar–März 1941, sofort nachdem ich aus dem besetzten Frankreich nach England geflohen war. Meine Freunde waren entweder in den Händen der Gestapo oder hatten Selbstmord begangen oder saßen – ohne Hoffnung – irgendwo in

* Wie in der *Geheimschrift* erzählt wird, war es Daphne, die das Buch aus der deutschen Originalfassung übersetzte. Sein englischer Titel: *Darkness at Noon.*

einem Schlupfwinkel des alten Kontinents. Der Todeskampf des gefallenen Frankreich fand sein Echo in meinem Geist, wie ein Schreckensschrei im Ohr widerhallt. Innerhalb der vorangegangenen vier Jahre war ich in vier verschiedenen Ländern im Gefängnis gewesen: in Spanien während des Bürgerkrieges; als unerwünschter Ausländer in Frankreich; schließlich, auf dem Höhepunkt der Fünften-Kolonne-Hysterie mit falschen Papieren nach England entkommen, war ich, solange die Untersuchungen in der Schwebe waren, im Pentonville-Gefängnis eingesperrt. Das Buch wurde im London der »Blitznächte« bei Verdunkelung geschrieben, in der kurzen Atempause zwischen meiner Entlassung aus Pentonville und meiner Einberufung zum Pionierkorps . . .
Wenn ich das Buch nach so vielen Jahren wiederlese, finde ich, daß diese Zwänge in seiner apokalyptischen Stimmung, in seiner Spontaneität und in der fehlenden Glätte ihren Ausdruck finden. Manche Seiten erscheinen jetzt unerträglich gefühlvoll; andere sind mit Klischees angefüllt, die jedoch seinerzeit dem naiven Erforscher einer neuen Sprache als echte Entdeckungen erschienen; vor allen Dingen verrät der Text, daß keine Zeit für Korrekturfahnen vorhanden war.

Das Buch wurde dennoch gut aufgenommen und – zu meinem großen Erstaunen – in einer *Left Book Club*-Ausgabe neu herausgebracht, trotz seiner wilden Angriffe auf den Hitler-Stalin-Pakt und die französische KP. Was *Sonnenfinsternis* betrifft: Der Roman wurde in Amerika vom Buch-des-Jahres-Club ausgewählt, während in England der Herausgeber des *New Statesman,* Kingsley Martin, obwohl ein bekannter »Sympathisant«, es »eines der wenigen in dieser Epoche geschriebenen Bücher, die sie überleben werden« nannte. Zweifellos war der Erfolg des Romans erfreulich, aber noch wichtiger war für mich der politische Einfluß, den er auf die linksgerichtete Intelligenz in den USA und, nach dem Krieg, in Frankreich ausübte.

So fand ich mich plötzlich aus einem Mitglied der grauen, mitleiderregenden Masse von Flüchtlingen – dem Abschaum der Erde – in einen Bestseller-Autor verwandelt. Das ist eine gefährliche Erfahrung für jeden Schriftsteller, aber bevor sie mir den Kopf verdrehen konnte, war ich schon in den gemeinen Soldaten Nr. 13805661 verwandelt, Pionierkorps, 251. Kompanie, wo die Intellektuellen nicht gerade herumgereicht wurden. (Das Pionierkorps war damals die einzige Truppengattung der Armee, für die sich nichtalliierte Ausländer melden konnten.) Mein späterer Freund John Strachey beschrieb den Eindruck, den ich bei unserem ersten Zusammentreffen auf ihn machte:*

Im Frühling 1941 diente ich als Adjutant, oder Mädchen-für-alles, in der 87. Jagdstaffel der Königlichen Luftwaffe, die damals in der Nähe von Bath stationiert war. Eines Tages öffnete ein Pilot die Türe zur Offiziersmesse und sagte desinteressiert: »Da will einer den Adjutanten sprechen.« Herein kam die zerknitterte Gestalt des gemeinen Soldaten Koestler vom Pionierkorps, gewiß einer der merkwürdigsten Männer, die jemals eine britische Latrine ausgehoben haben.

Doch es war eine unschätzbare Erfahrung. Viele Jahre später beschrieb ich einige ergreifende Episoden in einem Vortrag vor der *British Academy,* aus dem ich zitiere:

Meine Kompanie – das 251. *Company Aliens Pioneer Corps* – war mit einer durchaus lebensnotwendigen Verteidigungsaufgabe betraut, um die Treibstoffreservoirs in der Umgebung von Bristol zu schützen. (Wir gruben Krater, die bei Luftangriffen mit brennbarer Flüssigkeit gefüllt waren und angezündet wurden, um die Angreifer zu überzeugen, daß sie ihre Mission erfüllt hatten und sicher nach Hause fliegen konnten.) Wir waren froh, etwas Nützliches zu tun, aber wir wurden, wie von Ausländern zu erwarten, allzu enthusiastisch, daher baten wir unseren befehlshabenden Offizier (der Brite war), die rituellen Teepausen abzuschaffen, die mit dem Werkzeugniederlegen, Hin- und Zurückmarschieren zur weit entfernten Kochhütte morgens und nachmittags insgesamt fast zwei Stunden unserer Arbeitszeit kosteten, zusätzlich zur Mittagspause. Der kommandierende Offizier drückte seine Hochachtung für unseren lobenswerten Eifer aus und erklärte, daß wir unsere Teepause machen müßten, ob uns das gefiele oder nicht, weil die britischen Pionierkompanien und die örtlichen Gewerkschaften unserer zivilen Arbeitskameraden uns die Hölle heiß machen würden, wenn wir sie nicht einhielten. So geschehen etwa neun Monate nach Dünkirchen.**

* *The Strangled Cry,* London 1962, S. 11f.

** Erstmals im Auftrag der Britischen Akademie publiziert von der *Oxford University Press* im Jahre 1973 unter dem Titel *The Lion and the Ostrich*; nachgedruckt in *Kaleidoscope,* Hutchinson 1981.

Ebenso charakteristisch erschien mir eine andere Episode, die ich in derselben Vorlesung zitierte:

Ich mußte ein paar Tage in einem Militärkrankenhaus irgendwo in Gloucestershire verbringen und fragte um Erlaubnis, meine Schreibmaschine benutzen zu können. Die diensthabende Schwester der Abteilung, eine freundliche alte Jungfer in mittleren Jahren, die nie zuvor einem britischen Soldaten mit einem Akzent wie dem meinen begegnet war, hörte sich meine Bitte an, dachte kurz nach und sagte dann: »In Ordnung, Sie können Ihre Schreibmaschine haben, aber Sie müssen mir Ihr Ehrenwort geben, daß Sie damit keine Arbeit für die Fünfte Kolonne schreiben.«

Im weiteren Verlauf der Vorlesung zog ich einige Schlüsse, die, wie ich glaube, noch heute gültig sind:

Aber andere Erfahrungen verblüfften uns einigermaßen. Während wir »für den Sieg Gräben aushoben«, kamen wir in engen Kontakt mit dem Leben der Arbeiterklasse und fanden sie völlig anders als ihr europäisches Pendant. In den Truppenbetreuungskantinen, in der Kneipe und später am Pool-Billardtisch einer Londoner Ambulanzstation brachte man mir bei, auf dem uralten Klischee zu beharren, daß Menschen im allgemeinen in »Sie« und »Wir« eingeteilt sind. Aber das »Wir« hatte nichts mit dem Klassenbewußtsein im marxistischen Sinn zu tun, wie es bei den sozialistischen und kommunistischen Parteien Europas vorhanden ist. Marxistische Dialektik klang für die britische Arbeiterklasse ebenso spanisch wie für die übrige Nation. Anstelle des verbissenen Klassenhasses, der den Kontinent mit Revolutionen und Bürgerkriegen versengt hatte, gab es hier die fast blasierte Billigung, in einer geteilten Welt zu leben, so wie Schanklokale in Luxusbars und Kneipen eingeteilt sind. Auf dem Kontinent war die symbolische Geste der Militanz die geballte Faust, hier war es eher ein Achselzucken, eine bewußte Abwendung von Wertmaßstäben, Verhaltensnormen, Vokabular und Akzent des Mittelstandes. In ihrer Freizeit waren unsere Arbeitskollegen lebhafte Burschen, immer zu Spaß und Spielen aufgelegt; auf dem Arbeitsplatz bewegten sie sich wie Figuren in einem Zeitlupenfilm oder wie Tiefseetaucher auf dem Meeresgrund. Sie schienen sich einer heiligen Doktrin anzupassen, einer Reihe von ungeschriebenen Lebensmaximen: Mach langsam und streng dich nicht so an, sonst läßt du deine Kollegen im Stich, und wir werden alle stempeln gehen. Es ist ohnehin ein idiotisches Spiel, und du bist lebenslänglich dabei, wenn du nicht einen Haupttreffer gewinnst. In der libyschen Wüste oder in einem Bombenflugzeug hätten sie

phantastische Arbeit geleistet, denn unter diesen Umständen hätten sie die Kluft durch geteilte Angst und Mühsal vorübergehend überbrückt – und in dem Bewußtsein, es mit einem Spiel für Männer zu tun zu haben, nicht mit einem Spiel für Idioten. Der gleiche liebenswerte Typ, der am *D-Day* (Landung in Frankreich – 2. Front) sein Leben dafür riskierte, daß sein Land frei blieb, hätte in Dagenham keinen Finger gerührt, um das Land wieder auf die Beine zu bringen.
Es mag für Sie so aussehen, als bemühte ich mich um eine aussichtslose Sache, aber sie dazu zu erklären, macht sie noch nicht aussichtslos – oder diese merkwürdige Aussichtslosigkeit hat noch immer Aussichten (als ob ich versuchte, ein totes Pferd anzutreiben, denn es für tot zu erklären, macht es noch nicht dazu – oder anders: dieses merkwürdige tote Pferd kann noch immer ausschlagen).

Obwohl meine Karriere im Pionierkorps nur kurzlebig war, lehrte sie mich mehr über die »schwerarbeitenden Massen« dieses Landes, als es noch so viele Bücher hätten tun können.

Nach einigen Monaten des Gräbenaushebens machte man mich zu einem Armee-Vortragsredner, der im Lande herumreiste und versuchte, halb schlafende Zuhörer von der Existenz Dachaus und Buchenwalds zu überzeugen. Wieder einige Monate später, im März 1942, holte mich das Aufklärungsministerium als Invaliden aus dem Pionierkorps und stellte mich als Drehbuchautor für Propagandafilme ein. Ich schrieb auch ein paar Hörspiele für das Radio, dachte mir Texte für Flugblätter aus, die von der RAF über Deutschland abgeworfen werden sollten, und erledigte mein Nachtarbeitspensum als Luftschutzwart und Aushilfsfahrer für Krankenwagen. Einmal wurde ich ausgebombt – von einer V1-Rakete oder *doodlebug* (Wünschelrute), wie diese mörderischen Bomben liebevoll genannt wurden –, kam aber unverletzt davon. Rückblickend kommen mir die drei Kriegsjahre von 1942–44, die ich im London der schweren Luftangriffe verbrachte, wie die ereignislosesten (fast hätte ich gesagt, wie die friedlichsten) Jahre meines Lebens vor. Dieses Paradox ist nicht das Produkt eines perversen Geistes; sehr viele Menschen haben beinahe nostalgische Erinnerungen an den »Blitzkrieg«. Außerdem ist es eine wohlbekannte Tatsache, daß zu jener Zeit in den Nervenkliniken weniger Krankenbetten belegt waren als vorher oder nachher. *Business as usual* (Der Betrieb geht weiter) erwies sich als wirksamer therapeutischer Slogan.

3

In meiner Freizeit schrieb ich einen Roman, *Ein Mann springt in die Tiefe,* und eine Reihe von Essays, die in *Der Yogi und der Kommissar* zusammengefaßt wurden.

Ein Mann springt in die Tiefe (Arrival and Departure) war der dritte Band einer Trilogie, deren zentrales Thema der Konflikt zwischen Moral und Zweckmäßigkeit ist – ob oder bis zu welchem Ausmaß ein edler Zweck unedle Mittel heiligt. Es ist ein uraltes Problem, von dem ich in den Jahren meiner Mitgliedschaft in der Kommunistischen Partei wie besessen war. Der erste Band der Trilogie, *Die Gladiatoren*, war ein historischer Roman über die Revolution der römischen Sklaven in den Jahren 73–71 vor Christi, angeführt von dem thrakischen Gladiator Spartakus, der zwei Jahre lang halb Italien in seinem Bann hielt. Der Hauptgrund dafür, daß die Revolte niedergeschlagen wurde, war anscheinend Spartakus' Mangel an Entschlossenheit; er weigerte sich, das »Gesetz des Umwegs« anzuwenden, das vom Führer auf dem Weg nach Utopia fordert, »unbarmherzig um der Barmherzigkeit willen« zu sein. Er weigert sich, Andersdenkende und Unruhestifter hinzurichten, um mit Hilfe von Gewalt zu herrschen – und durch diese Weigerung verurteilt er die Revolution zur Niederlage. In *Sonnenfinsternis* geht der alte Bolschewik Rubaschow den umgekehrten Weg und folgt dem »Gesetz des Umwegs« bis zum bitteren Ende – nur um zu entdecken, daß »Vernunft ein unzureichender Kompaß (ist), der einen solchen umwegig krummen Kurs entlang führte, daß das Ziel sich schließlich im Nebel verlor.« So ergänzen zwei Romane einander, und beide enden in einer Sackgasse.

In *Ein Mann springt in die Tiefe* wird der Konflikt zwischen Moral und Zweckmäßigkeit in psychiatrischen Begriffen neu formuliert. Peter Slavek beginnt als tapferer junger Revolutionär in einem Land mit nazistischer Diktatur, ohne viel Einsicht in die unbewußten Motive seiner eigenen Handlungen. Als der Krieg ausbricht, flieht er nach »Neutralia« (Portugal) und steht nun vor der Wahl, seiner Verlobten in die immer noch neutralen USA zu folgen oder freiwillig zu den Alliierten zu gehen. Er hat in der Vergangenheit der Folter und Gefangenschaft widerstanden, erleidet aber jetzt angesichts eines unlösbaren Dilemmas einen geistigen und körperlichen Zusammenbruch – eine sogenannte hysterische Lähmung, die ein Bein behindert (wie ich es bei einem Mithäftling im Gefängnis von Sevilla gesehen habe). Er wird von Sonia, einer Psychotherapeutin Freud'scher Schule, behandelt, der es gelingt, ihn von einigen traumatischen Erlebnissen seiner frühen Kindheit zu befreien. Er erkennt, daß sein Kreuzzugseifer aus unbewußten Schuldgefühlen stammt. So wird er auf der Analytikercouch davon überzeugt, den Waffen adieu zu sagen und sich für die Alternative zu entscheiden, die Vernunft und Zweckmäßigkeit gebieten:

> In der Art von Psychotherapie, die Sonia praktizierte, war für rein absolute Moral nichts vorgesehen; ihr Ziel ist, den Patienten dazu zu bringen, daß er die Realität akzeptiert; und wenn die Realität das von den Nazis besetzte Europa ist, dann kann man nichts machen. Doch am Ende funktioniert ihre Methode nicht; Peter ändert seine Meinung – oder besser gesagt, ein unberührbarer Kern in ihm, ein Kern, der offenbar »außerhalb der Reichweite von Ursache und Wirkung ist«, verändert seine Meinung für ihn.*

Er erkennt, daß moralische Gebote, intuitive Einsichten, künstlerische Werte nicht dadurch erklärt (oder wegerklärt) werden können, indem »man sie auf konditionierte Reflexe, Kindheitstraumata, frustrierte Sexualität und letztlich auf elektrochemische Prozesse reduziert.« Diese Ansicht über die Nichtreduzierbarkeit der Werte von höheren auf niedrigere Ebenen in der existentiellen Hierarchie stand gegen die vorherrschenden reduktionistischen Strömungen jener Zeit – Marxismus, Freudianismus, Behaviorismus, Logischer Positivismus und Materialismus im allgemeinen. Ein Roman ist keine philosophische Abhandlung, und daher konnte die beabsichtigte Botschaft von Peter Slaveks

* *Arrival und Departure;* Nachwort zur *Danube Edition,* S. 120.

Geschichte nur implizit und versteckt angedeutet werden. Aber ich habe mich bemüht, sie in späteren Arbeiten, die erste von ihnen war *Der Yogi und der Kommissar,* zu erklären.

Am Ende des Romans wird Peter Slavek mit dem Fallschirm über seiner Heimat abgeworfen, um sich der Widerstandsbewegung anzuschließen, und seine Zukunft bleibt ungewiß. Aber das Schicksal gab ihr eine bittere ironische Wendung – wie im Nachwort der *Danube Edition* beschrieben wird:

Peter Slavek wurde nach dem Vorbild meines jungen ungarischen Freundes, des Dichters Endre Havas, gestaltet, den ich während des Krieges in London kennenlernte. Obwohl auch er einmal von der Kommunistischen Partei enttäuscht gewesen war, trat er zur Zeit der Schlacht von Stalingrad wieder bei und ging nach Ungarn zurück. Im Jahre 1949, im Zuge der großen Säuberung, die dem Prozeß des früheren Außenministers Laszlo Rajk folgte, wurde Havas zusammen mit fast allen Intellektuellen der Partei verhaftet, die während des Krieges im Westen gewesen waren. Es wurde ihm vorgeworfen, er sei ein Spion. Trotzdem blieb er bei seiner Weigerung, das übliche Geständnis zu unterschreiben.
Mehrere Mithäftlinge, die in der Zeit der 56er Revolution freigelassen wurden und nach England flohen, berichteten von seinem Ende. Havas war durch die lange andauernde körperliche Folter verrückt geworden. Er pflegte auf allen Vieren zu kriechen und zu schreien: »Hilfe, Hilfe! Lang lebe Stalin.« Er starb 1952 oder 53 im Gefängnislazarett. Nach dem Tauwetter wurde er als ein Opfer von Stalins Personenkult posthum rehabilitiert, und im offiziellen ungarischen Literaturlexikon erschien eine bibliographische Notiz über ihn, dazu ein Foto.

Der Yogi und der Kommissar war eine Sammlung von Essays, deren Titel eine Art Schlagwort wurde, das sogar in das *Penguin Dictionary of Quotations* (Penguin-Wörterbuch der Zitate – d. Übers.) Eingang fand. Der erste und letzte Essay enthielt, wie schon erwähnt, eine Kritik der reduktionistischen Philosophie und einige provisorische Anregungen für ein alternatives Herangehen, das ich in späteren Zusammenhängen besprechen werde. Der harte Kern der Sammlung, der die leidenschaftlichen Kontroversen erklärt, die er auslöste, waren zwei aufeinanderfolgende

Essays: der erste, *Anatomy of a Myth (Anatomie eines Mythos),* analysierte die Mentalität des Mitläufers als mythensüchtig; der zweite, *Soviet Myth and Reality (Sowjetmythos und Wirklichkeit),* war ein detaillierter Bericht, der hauptsächlich auf sowjetischen Quellen und Statistiken über den wahren Charakter des Regimes beruhte; das dritte, *The End of an Illusion (Das Ende einer Illusion),* prophezeite die Versklavung von Mittel- und Osteuropa. In der euphorischen Stimmung nach dem *D-Day* und der Schlacht von Stalingrad fanden solche Kassandra-Rufe keine offenen Ohren. Und doch »bedürfte es keiner prophetischen Gabe, bloß einer nüchternen Einschätzung der Tatsachen, um die offensichtlichen Schlüsse zu ziehen«.*

Die Sammlung enthielt auch, um das Ganze etwas aufzulockern, einige literarische Essays. Eines davon, *The French 'Flu,*** beginnt folgendermaßen:

Die Leute, die in diesem Land Literatur verabreichen – Herausgeber, Kritiker, Essayisten: die Führerschichten auf dem Parnaß – sind in letzter Zeit von einem neuerlichen Ausbruch dieser immer wiederkehrenden Epidemie, der französischen Influenza, angesteckt worden. Ihre Symptome sind von der Art, daß der Patient, normalerweise ein ausgeglichener, vorsichtiger, skeptischer Mensch, zur bedingungslosen Aufgabe seiner Kritikfähigkeit verlockt wird, wenn ihm eine Zeile französischer Dichtung oder Prosa unterkommt. So wie beim Heuschnupfen ein Lufthauch ausreicht, um den Anfall hervorzurufen, genügt ein einzelnes Wort wie *bouillabaisse, crève-cœur, patrie* oder *minette,* um die heftigsten Krämpfe zu bewirken: Seine Augen werden feucht, sein Herz zieht sich in bittersüßen Zuckungen zusammen, seine Hormondrüsen überschwemmen die Blutbahn in jugendlicher Ekstase. Wenn ein englischer Dichter es wagt, Worte wie »mein Vaterland«, »meine Seele«, »mein Herz« etc. zu verwenden, ist er erledigt; wenn ein französischer musikalische Plattheiten über *la Patrie, la France, mon cœur* und *mon âme* verbreitet, beginnt der Patient vor Bewunderung zu zittern.
Drei Werke kamen in der letzten Zeit aus dem fesselnden Frankreich, alle drei als literarische Offenbarungen gefeiert: Gides' *Interviews imaginaires,* Aragons Gedichtband *Le Crève-Cœur* und Vercors' *Le Silence de la Mer.*

* Vorwort zur *Danube Edition.*
** Erstmals in *Tribune* erschienen, Nov. 1943.

Der Essay kritisiert die drei Bücher als Schwindel. Tatsächlich wurden sie zu Recht vergessen, ebensowenig wäre der Essay zitierenswert, außer eben, um der Priorität des Begriffs *French'Flu* Geltung zu verschaffen, der unter Literaten noch immer geläufig ist.

4

Daphne und ich haben nie geheiratet, vor allem deshalb nicht, weil ich nach dem Gesetz noch immer mit Dorothy verheiratet war (die die deutsche Besatzung unter falschem Namen in Frankreich überlebte), doch wir betrachteten uns in jeder Hinsicht als Ehepaar, und unsere Freunde sahen es auch so. Diese intensive Beziehung dauerte sechs Jahre: von 1938, als wir uns zum ersten Mal in Paris begegneten, bis 1944, als sie an meiner hartnäckigen, nahezu pathologischen Veranlagung zur Promiskuität in meiner Jugend wie zu Beginn des mittleren Alters zerbrach, was ich in *Pfeil ins Blaue* gebeichtet habe. Als mildernden Umstand möchte ich erwähnen, daß Daphne und ich noch immer enge Freunde sind, fast vierzig Jahre nach dem Bruch unserer Lebensgemeinschaft.

Daphnes Nachfolgerin war Mamaine Paget, eine der hochbegabten Paget-Zwillinge, Sterne – oder vielmehr Zwillingssterne – unter den Debütantinnen der dreißiger Jahre. Sie waren nicht nur genetisch gleich, sondern auch im Aussehen, und zwar in einem solchen Maß, daß es sogar engen Freunden oft schwer fiel zu sagen, ob sie Celia oder Mamaine vor sich hatten. Sie teilten auch die gleiche Leidenschaft für Lyrik und für die Klassik, für das Klavierspiel, Vogelbeobachtung und Fotografie. Beide sprachen fast perfekt Deutsch und Französisch.

Eines Abends lud John Strachey Mamaine und mich zum Abendessen ins Etoile ein, in dem damals hauptsächlich Schriftsteller und Publizisten verkehrten. Strachey war in seiner Eigenschaft als Ernährungsminister in jenen hungrigen, rationierten Tagen oft karikiert worden, daher war seine Anwesenheit nicht unbemerkt geblieben. Ebensowenig wie die von Mamaine – denn ein paar Tische von uns entfernt saß ihr *alter ego,* Celia, genauso gekleidet, mit dem Philosophen Freddie Ayer beim Essen. Strachey, der ein paar Minuten nach uns gekommen war und dessen Stuhl in die entgegengesetzte Richtung wies, hatte die beiden nicht bemerkt. Nachdem wir unser Essen bestellt hatten, entschuldigte sich Strachey und verschwand in Richtung Toilette. Da hatte ich eine herrliche Idee; ich bat Mamaine, mit Celia den Platz zu tauschen. Das Manöver wurde schnell und geschickt durchgeführt, von den Gästen fasziniert beobachtet. Als Strachey zurückkam, nahm er seinen Platz wieder ein und unterhielt sich mit Celia weiter, ohne etwas zu bemerken. Daß er nicht mehr mit Mamaine sprach, erkannte er erst, als Celia und ich in helles Gelächter ausbrachen und die anderen Gäste sich ungeniert anschlossen.

5

Ein Essay in *Der Yogi und der Kommissar* (zuerst im Januar 1944 in der *New York Times* abgedruckt) hieß *On Disbelieving Atrocities (Warum Greueltaten nicht geglaubt werden).* Er erinnerte den Leser daran, daß diejenigen, die in den dreißiger Jahren versucht hatten, den Westen vor Hitler zu warnen, als Hysteriker und Paranoiker abgetan worden waren.

> Und jetzt sind wir von dem Wahn besessen, euch erzählen zu wollen, wie die jüdische Bevölkerung von Europa getötet wird. Bis jetzt sind drei Millionen gestorben. Es ist das größte Massenmorden in der uns überlieferten Geschichte. Und es geht weiter, täglich, stündlich, so regelmäßig wie das Ticken eurer Taschenuhr . . . Kürzlich haben bei einer öffentlichen Meinungsbefragung von zehn amerikanischen Durchschnittsbürgern neun auf die Frage, ob sie glaubten, daß die Nazis Greueltaten begingen, geantwortet . . ., das alles seien bloße Propagandalügen, von denen sie kein Wort glaubten . . . Unterdessen tickt die Uhr immer weiter.

Einige Wochen, nachdem ich dies geschrieben hatte, erfuhr ich, daß die betagte Schwester meiner Mutter und ihre Familie unter den sechs Millionen waren, die in Vernichtungslagern umkamen. Sechs Millionen ist ein Abstraktum;

meine Tante Rose und meine Kusine Margit, wie Ratten vergast, waren die Realität hinter der Abstraktion. Konnte irgendetwas getan werden, um zumindest einige der bisher Überlebenden zu retten?

In den letzten Jahren gab es eine Flut von Büchern und Dokumenten (Morse, Laqueur, Gilbert, Bower und viele andere), in denen nachgewiesen wird, daß eine ganze Menge hätte getan werden können, um viele Menschen in den Satellitenländern der Nazis zu retten – in Ungarn, Bulgarien, Rumänien, Jugoslawien – vorausgesetzt, die Alliierten wären willens gewesen, für sie einen Hafen – in Palästina oder wo auch immer – zur Verfügung zu stellen. Doch alliierte Staatsmänner wiesen alle Pläne dieser Art ab und schoben sie auf die lange Bank. Für sie war der Holocaust tatsächlich eine Abstraktion – sie hatten keine Tante Rose zu betrauern.

Ich hatte Palästina als Sonderkorrespondent des *News Chronicle* im Jahr 1937 noch einmal besucht, vier Jahre nach Hitlers Machtergreifung. Meine Freunde aus alten Zeiten hatten sich verändert:

... In den Straßen von Haifa und Tel Aviv, in den Siedlungen von Shaaron und Galiläa gingen sie ihren Geschäften mit den von der Hitze erzwungenen, ruhigen, langsamen Bewegungen nach, aber innerlich waren sie alle Fanatiker und Besessene. Jeder von ihnen hatte einen Bruder, Vater, Cousin oder Bräutigam in dem Teil Europas, der von Mördern regiert wurde. Es ging nicht mehr darum, ob der Zionismus eine gute oder schlechte Idee war. Sie wußten, daß die Gaskammern kommen würden. Sie waren nicht mehr beim Diskutieren. Wenn man sie herausforderte, zeigten sie die Zähne ... Ich war daher langsam zu der Überzeugung gekommen, daß eine Teilung des Landes, wie sie die Königliche Kommission vorgeschlagen hatte, zwar keine ideale, aber die einzig mögliche Lösung war. (Die Artikelreihe, die ich nach meiner Rückkehr für den *News Chronicle* schrieb, endete mit dem dringenden Appell, die Teilung durchzuführen, und mit einer Warnung vor den Schrecknissen, die weiteres Zögern nach sich ziehen müßte) ... Die Teilung des Landes hätte 1937 mit relativ geringen Schwierigkeiten durchgeführt werden können. Die verantwortlichen jüdischen Organisationen waren bereit, sie anzunehmen. Die gemäßigteren Führer hätten sich diplomatischem Druck gefügt. König Abdullah von Transjordanien, den ich während einer Pause der Unruhen in Amman aufsuchte, gab mir ein Interview, das in etwas verschleierter Form einer Annahme des Teilungsvorschlags gleichkam. Aber die Regierung von Neville Chamberlain weigerte sich, den Plan der Königlichen Kommission durchzuführen, und in den nächsten zehn Jahren war die britische Politik in Palästina von Unentschlossenheit, Irrtum und Voreingenommenheit beherrscht . . .*

1944 war ich mehr denn je überzeugt, daß der Vorschlag der Königlichen Kommission in den Grundzügen richtig war. Aber ich meinte auch, die Regierung könne durch eine Kraftdemonstration der Juden von Palästina dazu gebracht werden, den Vorschlag durchzuführen. Die *Jewish Agency,* die sie offiziell repräsentierte, war jedoch prinzipiell gegen die Anwendung von Gewaltmitteln, genau wie Chaim Weizmann, der Präsident der Zionistischen Organisation (und später Staatspräsident von Israel). Andererseits begingen Begin und seine Irgun wie auch die sogenannte *Stern-Gang* Terrorakte (und wiesen die Teilung zurück). Da ich einmal in Jabotinskys Revisionistischer Partei** aktiv gewesen war, hatte ich einige Sympathie für ihre Nachfolgerin, die Irgun – von ihren neuesten Methoden abgesehen. Aber ich hatte auch den Wunsch, selbst zu sehen, was sich abspielte, und zu versuchen, mir eine faire Meinung zu bilden. Dr. Weizmann, den ich damals recht häufig traf, war mit der Idee einverstanden – obwohl er mir, meiner revisionistischen Vergangenheit wegen, nicht völlig vertraute. »Sprechen Sie mit Ihren verrückten Freunden«, sagte er, »und versuchen Sie, sie zu überzeugen, daß Teilung unsere einzige Chance ist.« Soweit ermutigt und mit einer Akkreditierung der *Times* als Sonderkorrespondent bewaffnet, bestieg ich kurz vor Weihnachten 1944 die SS *Exeter,* die Teil eines Konvois von Liverpool nach Alexandria war. Im Mittelmeer wurde das Schiff hinter uns von einem deutschen U-Boot versenkt, doch wir erreichten sicher unser Ziel.

Von Anfang Januar bis zum 15. August 1945 blieb ich in Palästina – ich erinnere mich an das Datum meiner Abreise, denn es war der Tag, an dem über Hiroshima die erste

* Aus *Die Geheimschrift,* S. 404.
** Siehe *Pfeil ins Blaue* und *Die Geheimschrift* (S. 35).

Atombombe explodierte. Den Großteil dieser siebeneinhalb Monate verbrachte ich damit, Material für *Diebe in der Nacht* zu sammeln und an dem Buch zu schreiben. Bald nach meiner Ankunft stellte ich Kontakte mit der Irgun und der Stern-Gruppe her, die sich beide im Untergrund befanden; eine Belohnung von 500 Pfund war auf die Köpfe ihrer Führer ausgesetzt, Begin und David Friedmann-Yellin; beide traf ich heimlich, gewissermaßen vor der Nase der Polizei. Für mich bedeutete das kein großes Risiko, da mir die Akkreditierung der *Times* einen Hauch von Ehrbarkeit verlieh. Aber das Treffen mit Begin hatte noch eine zusätzliche Würze: Der Leiter der Kriminalpolizei Jerusalems, den ich mehrmals auf Gesellschaften getroffen hatte, kam auf einen Drink in meine Wohnung, kurz bevor der Irgun mich abholte. Für Begin und seine Illegalen war das Risiko naturgemäß unvergleichlich größer, aber sie hatten ein erfinderisches System entwickelt, um den Kontakt mit der Außenwelt aufrecht zu erhalten. Im wesentlichen bestand es darin, daß ich mindestens fünfmal Autos und Mitfahrer wechselte, bis ich von meiner Wohnung in Jerusalem sicher zu dem Haus in einem armseligen Außenbezirk von Tel Aviv gebracht wurde, wobei ich keine Ahnung hatte, wo ich war. Zwei schwere Jungs, die kein Lächeln zeigten, führten mich über ein paar Stufen in einen hohen, nachtschwarzen Raum, wo man mich zum Sitzen aufforderte. In einiger Entfernung spürte ich die Gegenwart eines anderen Menschen – es war Menachem Begin. Ich fragte, ob ich mir eine Zigarette anzünden könne, was einer der schweren Jungs verbot, aber er würde sie mir anzünden – das tat er dann auch, wobei er die Streichholzflamme mit der Hand abschirmte, wie man es bei Luftangriffen in den unbeleuchteten Straßen von London getan hatte. Den Grund für diese Vorsichtsmaßnahme erfuhr ich später: Man verbreitete das Gerücht, Begin habe sein Gesicht durch einen Bart oder einen plastischen chirurgischen Eingriff verändert. Begin meint in seinen Memoiren ironisch, ich hätte ein Streichholz anzünden wollen, um mit journalistischer Neugierde einen kurzen Blick auf ihn werfen zu können – während ich in Wirklichkeit viel glücklicher war, nicht zu wissen, wo ich mich befand und wie er aussah, besonders für den Fall, daß ich Probleme mit der Polizei bekäme.

Wir unterhielten uns etwa eine Stunde lang. Ich versuchte ihn davon zu überzeugen, daß sich die britische Politik gegenüber Palästina ändern würde, sobald der Krieg vorbei sei, und daß die einzige Hoffnung in der Teilung bestünde, wobei Israel dann zu einem Dominion des britischen *Commonwealth* würde. Begin antwortete im wesentlichen, daß er nicht glaube, die britische Politik werde sich ändern, selbst wenn die Labour Party an die Macht käme (was sich tragischerweise als richtige Voraussage erwies). Doch selbst wenn ich recht hätte, sei es seine Aufgabe, gegen die britische Verwaltung von Palästina zu kämpfen, die sich weigere, Überlebende des Holocaust einreisen zu lassen, und daß er seine Jungs nicht dazu kriegen könnte, Kopf und Kragen zu riskieren, wenn er ihnen sagte, alles sei ein Mißverständnis und die Engländer seien im Grunde sehr nette Leute.

Als das Treffen vorbei war, erkannte ich, wie naiv meine Vorstellung gewesen war, meine Argumente könnten auch nur den geringsten Einfluß haben. Vor etwa 20 Jahren war ich Wladimir Jabotinsky, dem Gründervater der Irgun, nahegestanden,* aber Begin und seine Männer gehörten einer anderen Generation an: hart, bitter, fanatisch.

Das Treffen mit Friedmann-Yellin verlief ähnlich. Danach beschloß ich, meine fruchtlosen Bemühungen aufzugeben und das Buch zu schreiben, das seit einiger Zeit in meinem Kopf gereift war. Es war ein Roman, *Diebe in der Nacht;* sein Titel stammte aus 2 Petrus 3, 10: »Es wird aber des Herrn Tag kommen, als ein Dieb in der Nacht.« Die Doppeldeutigkeit des Zitats spiegelte die Ambivalenz meiner eigenen Gefühle – genau wie Joseph, die Hauptfigur, den ich zu einem halben Engländer und halben Juden machte. Das Hauptthema ist die Geburt und friedliche Evolution des Kibbuz Ezras Turm und, als Kontrapunkt, das Anwachsen des jüdischen und arabischen Terrorismus auf vergifteter Erde.

Das zentrale Thema der früheren Triologie – *Die Gladiatoren, Sonnenfinsternis, Ein Mann springt in die Tiefe* – war die Moral der

* Siehe *Pfeil ins Blaue,* S. 64.

Revolution; das zentrale Thema von *Diebe in der Nacht* ist die Moral des Überlebens. Wenn Macht korrumpiert, dann stimmt auch das Gegenteil: Verfolgung korrumpiert das Opfer, wenn auch in differenzierterer Form. In beiden Fällen trägt das Dilemma edler Ziele, die unedle Mittel zeugen, den Stempel der Unausweichlichkeit.

Der Roman wurde in Jerusalem geschrieben, in der qualvollen, vergifteten Atmosphäre des Dreiecks von Terrorismus, Barbarei und Trauer. Es war das Jahr 1945; Auschwitz und Belsen hatten ihr obszönes Geheimnis preisgegeben, es gab kaum eine Familie europäischen Ursprungs, die nicht nahe Verwandte oder Freunde für die Gaskammer beigesteuert hätte.

Was auch immer der künstlerische Wert oder Unwert von *Diebe in der Nacht* war, das Buch hatte einen gewissen politischen Widerhall. So erfuhr ich, daß mehrere Mitglieder der *United Nations Palestine Commission* von 1947 (die die historische Empfehlung für die Teilung und die Errichtung des jüdischen Staates gab) die Mühe auf sich genommen hatten, das Buch zu lesen, und daß es sogar bis zu einem gewissen Grad ihre Beschlüsse beeinflußt hat. Der Vorsitzende dieser von elf Nationen beschickten Kommission, Richter Sandstrom aus Schweden, ärgerte wiederholt Mitglieder der späteren israelischen Regierung, indem er ihnen sagte, daß die Geschichte von Ezras Turm ihn mehr beeindruckt habe als ihre offiziellen Memoranden; und wenn er dies auch zweifellos nur ironisch meinte, rührte es mich mehr als das Lob und der Tadel der Literaturkritiker.*

Nach meiner Rückkehr aus Palästina nach London im August 1945 schrieb ich zwei lange Artikel für *The Times* (26. und 28. September 1945), setzte die arabische und auch die jüdische Sache, so objektiv ich konnte, auseinander und befürwortete nochmals die Teilung des Landes als einzig lebensfähige Lösung. Die *Times* publizierte die Artikel anonym (»Von unserem soeben aus Palästina zurückgekehrten Sonderkorrespondenten«), was einen ziemlichen Aufruhr bewirkte; denn zum ersten Mal hatte der alte Donnerer die Teilung klar unterstützt.

* *Diebe in der Nacht,* Nachwort der *Danube Edition,* S. 335; siehe auch *Die Geheimschrift,* S. 404.

6

Nachdem ich diese Pflicht erfüllt und dazu dem Verlag *Diebe in der Nacht* übergeben hatte, fühlte ich mich frei, einem Buchthema nachzugehen, das ich schon jahrelang im Sinn hatte: einer Theorie des Humors, die mir auch, ganz allgemein, Einblicke in die Psychologie der Kreativität zu ermöglichen schien. Es war ein ehrgeiziges Projekt, für das ich, so dachte ich, ein Jahr brauchen würde (tatsächlich benötigte ich zweieinhalb Jahre dafür),* und um es durchzuführen, müßte ich mich wohl aufs Land zurückziehen, weit weg vom hektischen Treiben Londons. Mamaine liebte London, doch das Land liebte sie noch viel mehr, und anläßlich eines Besuchs bei Freunden im nördlichen Wales hatten wir ein Bauernhaus gefunden, das zu vermieten war und für den Zweck ideal zu sein schien. Es war ein wildromantischer Ort in den Hügeln von Snowdonia, völlig abgelegen, mit keiner anderen menschlichen Behausung in Sichtweite noch irgendwelchen Lebewesen – außer den Schafen, die auf den nahen Wiesen grasten. Selbst die Postadresse klang exotisch: Bwlch Ocyn, Blaenau Ffestiniog, Merioneth, North Wales. Das Bauerhaus – es stammte aus dem 17. oder 18. Jahrhhundert – war auf einem kleinen Hügel aus großen, groben Sandsteinblöcken gebaut in einem Stil, den Architekten als willkürliches Bruchsteinmauerwerk bezeichnen würden. Sein Eigentümer war der Manager des herrlichen Port Meirion-Hotels, Jim Wyllie, der das Interieur des Hauses modernisiert und mit rustikalen Möbeln ausgestattet hatte – und obendrein, was völlig unsinnig war, mit einer Sänger-Empore, die, solange wir dort wohnten, in der ehemaligen Heuscheune abgestellt war. Wyllie war auf den Geschmack derart amüsanter Experimente durch Clough Williams Ellis gekommen, den exzentrischen Architekten, der Port Meirion entworfen hatte – ein italienisches Dorf mit Campanile, Piazza und pastellfarbenen Villen, am Ufer der Cardigan Bay gelegen, zwanzig Autominuten von uns entfernt. Port Meirion und sein luxuriöses Hotel bildeten einen verblüffenden Kontrast zu Blaenau Ffestiniog – ein primitives Schieferbergbau-Städtchen

* *Insight and Outlook.*

mit einem hohen Prozentsatz von Grubenarbeitern, die an Silikose litten, und einem einzigen Kino zur Unterhaltung, in dem fast nur zweitklassige Western liefen. Die handgemalten Reklamebilder wurden als Diapositive auf die Leinwand projiziert, und bei den seltenen Gelegenheiten, zu denen wir uns ins Kino wagten, gelang es uns irgendwie immer, in dem Augenblick hineinzukommen, wenn auf der Leinwand das Foto einer nachdenklichen Dame mit dem Bildtext *NURSE DREW – COLONIC IRRIGATIONS* erschien (Pflegerin Drew – Darmspülungen – d. Übers.). An Sonntagvormittagen, wenn die Grubenarbeiter ihre wohlverdiente Stunde der Entspannung bei ein paar Gläsern genossen, machten die Methodistenpfarrer des Ortes ihre Runden durch die Pubs und erinnerten die Gäste daran, daß Alkohol der kürzeste Weg ins Verderben sei. Es war gewiß keine Stadt für Hedonisten.

So lag Bwlch Ocyn* inmitten des grimmigen, puritanischen Ffestiniog und des Pseudo-Mittelmeerdorfes Port Meirion, während das Haus selbst mit seiner drohenden Fassade aus Stein und der Sänger-Empore im Inneren den Kontrast symbolisierte – genau wie das Leben, das wir führten. Wochenlanges spartanisches Leben, Einsamkeit und intensive Arbeit wechselten mit Zeiten ab, in denen der Strom der Gäste nie zu versiegen schien. Insgesamt verbrachten wir zwei Jahre in Bwlch Ocyn, nur von gelegentlichen Besuchen in London abgesehen und von zwei Reisen nach Paris. Aber Mamaine, die an Asthma litt, verbrachte auch ein paar Wochen in der Schweiz und in Südfrankreich, und in diesen Zeiten mußte ich die Festung allein mit unseren drei Hunden halten. Haushaltshilfe stand, wenn überhaupt, nur zur Verfügung, wenn Mamaine hier war: Mrs. Lloyd oder Mrs. Jones konnten doch nicht ihren Ruf riskieren, indem sie ein Haus betraten, das ein Strohwitwer bewohnte. Komischerweise kamen Cyril Conolly und seine Freundin Lis für ein Wochenende (Februar 1946) in einer Zeit, da Mamaine abwesend war. Ich mußte also für den berüchtigsten Gourmet unter den englischen Literaten ko-

* Ein walisischer Experte nahm an, das der Name vielleicht »Das Joch oder der Sattel von Joacin« bedeutet – aber darauf schwören könnte ich nicht.

chen. Erstaunlicherweise überlebte unsere Freundschaft diese Feuerprobe.

Vier oder fünf Meilen von Blaenau Ffestiniog entfernt liegt Llan Ffestiniog, wo damals Bertrand Russel mit seiner dritten Frau Peter und ihrem kleinen Sohn Conrad lebte. Russel war Mitte siebzig – koboldartig, bissig, pedantisch, und für einen Großmeister derart vieler humanitärer Anliegen, vom Pazifismus bis zur freien Liebe, fehlte es ihm eigenartigerweise an menschlicher Wärme. (Genau das gleiche Paradox galt übrigens für George Orwell; aber möglicherweise ist das gar nicht paradox.) Beim Versuch, mich an sein Gesicht zu erinnern, kann ich es bloß im Profil sehen – die scharfe, schmale Silhouette eines aggressiven Spötters, äußerst witzig, aber völlig humorlos.

Gegen Ende 1945 hatten George Orwell und ich gemeinsam ein Projekt begonnen, das ich ihm vorgeschlagen hatte und für das wir uns um Russels Unterstützung bemühten. Die Idee bestand darin, unter einem anderen Namen die alte Liga der Menschenrechte wiederzubeleben, die vor dem Krieg großes internationales Prestige genossen hatte, aber seit dem Krieg von den Kommunisten übernommen worden war. George blieb über die Weihnachtsferien bei uns in Bwlch Ocyn; ich habe ihn niemals so begeistert gesehen wie damals, als wir das Ligaprojekt diskutierten. Nach London zurückgekehrt, schrieb er einen Programmentwurf, den er verschiedenen Leuten zeigte, darunter Michael Foot, der begeistert dafür war, Barbara Ward und Tom Hopkinson (Herausgeber der *Picture Post),* die, wie George am 2. Januar berichtete, »beide ein wenig zurückhaltend waren, weil ihnen klar ist, daß eine Organisation dieser Art praktisch antirussisch wäre oder dazu verurteilt sei, antirussisch zu werden . . .« Ein paar Tage später teilte ich George mit:

Ich hatte zwei lange Gespräche mit Russel. Er ist mit unseren Zielen völlig einverstanden, aber nicht mit der Methode, wie wir herangehen. Er meint, es sei zu spät, um irgendeine ethische Bewegung auf die Beine zu bringen, daß bei uns bald Krieg sein werde und eine direktere politische Tätigkeit notwendig sei, um ihn zu verhindern. Er schlägt vor, daß eine Konferenz mit nicht mehr als einem Dutzend Leuten, alle Experten, einberufen werden soll – ein Experte für den Fernen Osten, einer für die Wirtschaft, für die

Propaganda usw., um ein Aktionsprogramm auszuarbeiten. Er selbst ist bereit, ein Referat zu halten, will aber nicht der Veranstalter sein. Er ist müde und überarbeitet, aber gleichzeitig liegt ihm sehr viel daran, etwas zu tun ... Ich glaube, seine Idee von der Konferenz kann in unseren Plan eingebaut werden und daß die Leute auf einer solchen Konferenz dafür wären, eine Organisation in unserem Sinne ins Leben zu rufen.

So machten wir uns daran, die Konferenz zu organisieren. Sie sollte über die Osterfeiertage in Snowdonia abgehalten werden. Wir wollten drei oder vier Leute in Bwlch Ocyn einquartieren, weitere acht in Hotels der Umgebung. Wir fanden auch einen Sponsor, der bereit war, die Kosten zu übernehmen. Aber in der letzten Minute bekam der Sponsor kalte Füße, und die Konferenz war geplatzt. Das ursprüngliche Ligaprojekt lief jedoch noch immer, und Russel war weiterhin bereit, es zu unterstützen, bis eine groteske Episode passierte, die die Pointe dieser Geschichte ist. Bis Ende April hatte Orwells Originalentwurf verschiedene Modifikationen durchgemacht, um Einwänden, die von zukünftigen Unterzeichnern gemacht werden könnten, vorzubeugen. Insbesondere Russel hatte zwei Einwände gegen den folgenden Auszug aus dem Entwurf:

Seit Kriegsende haben einige der Siegernationen gewisse territoriale Ansprüche erhoben. Großbritannien, das keine territorialen Ansprüche hat, sollte die Forderung nach einer allgemeinen psychologischen Abrüstung stellen, deren erster Schritt ein Übereinkommen zwischen Großbritannien und der UdSSR, basierend auf folgenden Punkten, wäre:
a) Freier Zugang zu britischen Zeitungen, Magazinen, Büchern und Filmen für die breite Öffentlichkeit der UdSSR und der von ihr besetzten und kontrollierten Länder; und vice versa.
b) Modifikationen der bestehenden Zensurvorschriften, um freie Verbreitung von Nachrichten über die Außenwelt in beiden Ländern und in den von ihnen besetzten und kontrollierten Gebieten zu ermöglichen.
c) Der Abschluß einer Übereinkunft zwischen den Agenturen Reuter und TASS, wonach jede dieser beiden Agenturen eine Zusammenfassung von Meldungen in 500 bis 1000 Wörtern pro Tag herstellt, die die andere Agentur intern verbreiten soll. Die Zusammenfassung der Meldungen sollte auf eine sachliche Darstellung von Themen beschränkt sein, die sich auf Entwicklungen in der

Innenpolitik, der Wirtschaft, der Kunst und im Sport beziehen, und ihre Publikation sollte in den Zeitungen beider Regierungsparteien ermutigt werden sowie in der nationalen Presse . . .

Russel wandte ein, daß der erste Absatz so klinge, als ob man »psychologische Abrüstung als ein *quid pro quo* für territoriale Zugeständnisse benützte«, und daß »der Abschnitt über Reuter und TASS (ihm) undurchführbar erscheint«. Beiden Einwänden wäre leicht durch das Auswechseln einiger Worte abzuhelfen gewesen, aber Russel mußte nach Cambridge reisen, und bei einem freundschaftlichen Abendessen in Bwlch Ocyn einigten wir uns darauf, daß Peter, seine Frau, die diskutierten Punkte neu formulieren sollte. Doch als Peter ein paar Tage später abends zum Essen kam, lehnte sie, statt diese beiden wesentlichen Punkte nach Russels Wunsch umformuliert zu haben, den Begriff »psychologische Abrüstung« ab, der in dem Entwurf mittlerweile eine wichtige Position einnahm, nachdem Orwell und ich das Ganze drei- bis viermal umgeschrieben hatten. Peter wollte, daß das ganze Programm von Anfang an neu entworfen werde. Sie war eine attraktive Rothaarige mit einem starken Willen, konnte aber auch ein Störenfried sein, und bei der Gelegenheit spielte sie diese Rolle. Als ich sah, daß wir so nicht weiterkamen, schlug ich vor, die Diskussion bis zu Russels Rückkehr zu verschieben. Etwa eine Woche danach (am 3. Mai 1946) schrieb mir Russel aus Cambridge:

Ich war erstaunt, von meiner Frau zu hören, daß Sie sich geweigert hatten, sie als meine Bevollmächtigte (sic) zu akzeptieren, nachdem Sie selbst vorgeschlagen hatten, daß sie mich repräsentieren solle, und daß Sie ihr vorwarfen, meine Ansichten bezüglich des Entwurfs nicht exakt wiederzugeben.
Ich hoffe, daß Sie bei einigem Nachdenken erkennen werden, daß eine Kooperation unmöglich ist, und daß Sie sich sowohl bei meiner Frau als auch bei mir zu entschuldigen haben.

Ich schrieb zurück, falls ich Peters oder Russels Gefühle unabsichtlich verletzt hätte, täte mir das sehr leid. Danach normalisierte sich unser Verhältnis wieder mehr oder weniger (bis auf eine Beschwerde von Mamaine bei ihrer Zwillingsschwester Celia: »Arthur hat Russel zum Dinner eingeladen, als wir gerade nichts zu essen hatten«); doch hatte mir die Episode klargemacht – was andere im Verlauf anderer Kampagnen herausfinden sollten –, daß eine enge politische Zusammenarbeit mit Russel unmöglich war. Nach einigen weiteren Enttäuschungen versandete das Projekt – tatsächlich war es ein gescheiterter Versuch, der *Amnesty International* und der Haltung des Westens zum Helsinki-Abkommen um Jahrzehnte vorausging, aber doch schon auf das gleiche Ziel gerichtet war.

Vier Jahre nach der Totgeburt des Ligaprojekts wurde ich einer der Geburtshelfer des erfolgreichen Berliner Kongresses für Kulturelle Freiheit, der ebenfalls durch das eigenwillige, vernunftwidrig unlogische Verhalten des Prinzen der Logistik gefährdet wurde.

7

Um den ersten Jahrestag unseres Einzugs in Bwlch Ocyn zu feiern, schrieb Mamaine einen Knittelvers, der keine große literarische Anerkennung beansprucht, aber einiges von der Atmosphäre des Hauses vermittelt. Hier sind einige Auszüge daraus, zusammen mit ein paar unvermeidlichen erklärenden Fußnoten:

Bwlch Ocyn, Manod Blaenau
Ffestiniog, Merionethshire – genau:
Der Wohnsitz ist's von Arthur K.
Am heut'gen Tag vor einem Jahr
Kam A. vom Sonnenland nach hier
Und fand in *CAMBRIA* sein Quartier.
Mit seiner *NIXE** fing er dann
Ein sündenvolles Leben an.

Im alten Haus da war ein kleines Zimmer,
Ganz neu, denn K. sagt seinem Freund *JIM* immer,
Was er so braucht; und dort arbeitet Arthur.
Er will nicht Geld, noch Ruhm, nein – schreiben nur
Für unsre Nachwelt eine Lit'ratur.

* Mein Spitzname für Mamaine (mermaid = Nixe; d. Übers.).

Des Abends oft mit seinen treuen Hunden
JOSEPH, DIANA, dreht K. seine Runden.

Und von den Zinnen sieht man sie dann blicken
Auf Farne, blutrot, über sanften Hügelrücken.
Und manchmal, wenn K. Sorgen hat, nimmt er den Wagen,
Fährt zur *PORT MEIRIONS* Bar und spült dort mit Behagen
Mit Orange Curaçao, Whisky, Rum und Gin,
Apricot Brandy, und die Sorgen sind dahin.

Es üb'n beim Aufstand gegens All sich unser Weiser,
LORD RUSSEL, und auch K. die Stimmen heiser.
Die sanfte *PETER* zeigt, daß auch ihr Geist nicht ruhte;
Sie spricht bisweilen übers Absolute.
Und wenn am späten Abend K. zieht heim,
Singt er im Geist, wie zu sich selbst, den Reim:

*Bi*ologie, *Neu*rologie,
*Ä*sthetik und *Psy*chologie,
*E*thik und Erkennt*nis*theorie,
Und die Kunst der Ter*mi*nologie.
Mit ihrer Hilfe wird es mir gelingen,
Der Welten Rätsel zu bezwingen.

Die Zeit verging, es kamen dann
So manche Pilger in Bwlch Ocyn an.
ROTHSCHILD, CROSSMAN, ORWELL, CELIA, FREDDY**,*
*BRENDA, WANDA, DOMINIQUE**** und *TEDDY*****.
So manchen Abend fühlten wir das Glück
Bei Essen, Trinken, Diskussion, Musik.

Von heute an wird daher *ARTHUR K.*
mit seiner *NIXE* trinken auf den Tag im Jahr.
Sie werden feiern ihn, wo immer sie auch sei'n,
Zusammen glücklich mit Gesang und Wein.

* Guy, Oberhaupt der französischen Linie der Rothschilds.
** A. J. Ayer, der Philosoph.
*** Dominique Aury, französischer Schriftsteller.
**** Teddy Kollek, später Bürgermeister von Jerusalem.

Ein erhoffter Gast, der nie erschien, war Dylan Thomas. Wir hatten geplant, mit den Thomas' nach Irland in die Ferien zu fahren, aber aus irgendeinem Grund, den ich vergessen habe, mußten wir das Projekt streichen – ich schickte ein Telegramm mit nachfolgendem Brief, in dem ich sie einlud, stattdessen unterwegs ein paar Tage in Bwlch Ocyn zu verbringen. Lange Zeit erhielten wir keine Antwort – bis ein Brief mit Dylans wunderbar feiner Handschrift ankam, der zitierenswert ist:

26. August 46

Blaen Cwm
Llangain
bei Carmarthen

Lieber Arthur,
es tut mir so leid, daß ich nicht Ihr Telegramm beantwortet oder geschrieben oder irgendetwas getan habe. Ich habe Eure beiden Adressen von London und Wales verloren, und erst jetzt fand ich sie in meinem besten Mantel: der mit dem Regimentszeichen. Und es tut uns sehr, sehr leid, daß Ihr nicht mit uns nach Irland kommen konntet: die ganze Zeit aßen und tranken wir, gingen spazieren und kletterten, schwammen und segelten. Vielleicht im nächsten Frühling, wenn wir uns schon lange im voraus um alle Bewilligungen kümmern? Ich hoffe es sehr. Wir hätten die Reise ohnehin nicht für ein paar Tage unterbrechen können, um Euch in Wales zu besuchen, da wir nicht das Schiff genommen haben, sondern von Croydon hinüberflogen . . .

Ihr
Dylan

8

Trotz Schwärmen von Gästen, der Liga und vielen anderen Ablenkungen machte *Insight and Outlook* ständig Fortschritte; es war gegen Ende 1947 fertig, und einige Tage nach der Korrektur der letzten Seite machten Mamaine und ich eine völlig planlose Reise auf den Kontinent. Paris, Burgund, die Provence, Mailand, Florenz und Rom sorgten für eine gehörige Abwechslung gegenüber Blaenau Ffestiniog. *Sonnenfinsternis* und *Der Yogi und der Kommissar* waren in Frankreich und Italien vieldiskutierte Bestseller gewesen, und meine verschiedenen Verleger bewiesen uns eine verschwenderische Gastfreundschaft. Auch gab es ein

Wiedersehen mit Freunden aus der Vorkriegszeit, bei denen ich im Lauf des Krieges alle Hoffnung aufgegeben hatte, sie je noch einmal wiederzusehen – Silone, Malraux, Leo Valiani (der Mario in *Abschaum der Erde*), Manès Sperber – und neue Freundschaften, kurzlebig, aber intensiv: mit Camus, Sartre, Simone de Beauvoir – doch davon später. Wir lebten also hektisch und, alles in allem, sehr vergnüglich, bis ich im Frühling 1948 zu einer sogar noch hektischeren Vortragstournee in die Vereinigten Staaten reiste, um Geld zu sammeln für die IRRC (International Rescue and Relief Committee), das internationale Rettungs- und Hilfskomitee für Flüchtlinge aus Osteuropa.

Nach meiner Rückkehr zu Mamaine und Bwlch Ocyn hatten wir uns kaum wieder zusammengelebt, als im Juni der jüdisch-arabische Krieg ausbrach und Israel seine Unabhängigkeit erklärte. Wir verabschiedeten uns einmal mehr von Nordwales, ab ging's nach Paris, von wo uns ein Charterflugzeug in den neugeborenen Staat brachte – der wahrgewordene Traum meiner Zionistenzeit. Mamaine hatte vom israelischen Konsulat in Paris das Visum Nr. 5 bekommen, ich hatte Nr. 6. Damals gab es in London noch kein Konsulat.

Der vorgebliche Grund für die Reise war meine Tätigkeit als Kriegsberichterstatter für *Manchester Guardian, New York Herald Tribune* und *Le Figaro;* meine persönlichen Motive waren verworrener. Ich hatte die unbestimmte Hoffnung, irgendetwas Positives zum Überlebenskampf der wiedergeborenen Nation beitragen zu können. Mamaine teilte aufrichtig meine Gefühle, obwohl sie eine blaublütige Nichtjüdin war und trotz der Tatsache, daß der Großteil der Freunde aus ihrem Milieu mit der arabischen Sache sympathisierten. Wir besprachen sogar halb im Ernst die Möglichkeit, uns im Gelobten Land niederzulassen, falls sich irgendeine Gelegenheit ergäbe, uns auf kreativem Gebiet nützlich zu machen, zum Beispiel in der Erziehung oder Öffentlichkeitsarbeit. Einige Monate danach, als der Krieg vorbei war und wir uns wieder in Europa befanden, erkannte ich, wie naiv diese Idee gewesen war. Ich bewunderte den Heroismus der israelischen Jugend, die einen Krieg gegen einen scheinbar übermächtigen Gegner gewonnen hatte, gleichzeitig erkannte ich aber – genau wie vor zwanzig Jahren nach meinem ersten Aufenthalt in Palästina, den ich immer wieder verlängert hatte –, daß ich mich in diesem Land niemals niederlassen konnte, so sehr ich auch sein Volk bewunderte. Als Architekt oder Wissenschaftler wäre das möglich gewesen, doch niemals konnte ich ein hebräischer Schriftsteller werden, und die jüdische Tradition war mir durch meine Erziehung fremd. Ich war ein politischer Zionist, kulturell jedoch in Europa verwurzelt, und ich fühle mich in London oder Paris, Berlin oder Wien beinahe in der gleichen Weise zu Hause – nur in Tel Aviv konnte ich mich nie zu Hause fühlen. Mamaine war wieder einmal der gleichen Ansicht. Da sie Britin *und* Nichtjüdin war *und* während des Kriegs für eine halbgeheime Organisation gearbeitet hatte, wurde sie mit Mißtrauen – um nicht zu sagen: mit Feindseligkeit – von den Politikern und Bürokraten des neugeborenen Israel behandelt, die dazu neigten, sich wie *nouveaux riches* zu gebärden – nicht was das Geld anbetraf, aber die Macht. Antisemitismus war Mamaines Naturell immer völlig fremd gewesen, jetzt mußte sie das Gegenteil erfahren, was sie aufrichtig verabscheute. Ich wiederum konnte den Einfluß der unaufgeklärten Orthodoxie der Rabbiner und ihr weltliches Äquivalent, den kulturellen Chauvinisumus, nicht ausstehen, der sogar die Sozialisten und die Gewerkschaften befallen hatte. Es war eine Geisteshaltung, verständlich und vielleicht unvermeidbar in einem Land, das sich in einem mehr oder weniger permanenten Belagerungszustand befand, aber das Verständnis machte es dennoch nicht zu einer anziehenderen Alternative als Land, in dem man leben könnte.

9

Bei unserer Rückkehr nach Europa im Herbst 1948 gaben wir unser Haus in Bwlch Ocyn auf und ließen uns vorübergehend in einem Gartenhäuschen des alten *chateau* von Chartrettes in der Gegend von Fontainebleau nieder. Das *chateau* gehörte einem ungarischen Freund, Paul Winkler, der es zum französischen Zeitungsmagnaten gebracht hatte, und das Häuschen war zum Arbeiten ideal. Das Buch, das ich dort schrieb, war *Promise and Fulfilment – Palestine 1917–49**. Es bestand aus drei Teilen. Der erste, »Background«, enthielt eine kurze Geschichte des Landes von der Balfour-Deklaration bis zur Unabhängigkeit. Der zweite, »Close-up«, bestand aus meinen Kriegstagebüchern und Frontberichten für den *Manchester Guardian.* Der dritte Teil, »Perspektive« überschrieben, war, wie ich im Vorwort erklärte, »ein Versuch, dem Leser einen umfassenden Überblick über die soziale und politische Struktur, die kulturellen Trends und die Zukunftsaussichten des jüdischen Staats zu präsentieren.«

Heute, nach mehr als dreißig Jahren, haben sich die Vorhersagen, vor allem in ihrem Optimismus, als Irrtum erwiesen. Aber der umstrittenste Teil des Buches ist sein Epilog, der mich noch Jahre später in Polemiken verwickeln sollte.

Promise and Fulfilment schrieb ich im Januar 1949 fertig. Was nun? Ich war Mitte vierzig und konnte mir aussuchen, ich welchem Land ich leben wollte. Israel war aus der Liste der Möglichkeiten ausgeschieden. Amerika hatte in mir bei meinem ersten Besuch gemischte Gefühle erweckt. Seit 1940 hatte ich in England (und Wales) gelebt, in englischer Sprache geschrieben, und ich war bis zu einem gewissen Grad anglisiert. Aber sobald der Krieg vorbei und der Kontinent befreit war, verursachte mir England ein Gefühl der Klaustrophobie. Mit der Regierung der Labour Party unter der nicht gerade begeisternden Führung von Clem Atlee war England das »Land der Tugend und des Trübsinns« geworden, wie ich es in meiner Zeit als Londoner Korrespondent der *Partisan Review* beschrieb (ein unbezahlter Job, den mir George Orwell vermachte hatte). Die Regierung beklebte Mauern mit Plakaten, die drohten: »Arbeit oder Armut« (*Work or Want)* – ein Slogan, der für eine Jugendstrafanstalt passender war als für ein siegreiches sozialistisches Land. Mamaine und ich würden schließlich nach England zurückkehren, aber im Augenblick war uns danach, frei nach Sankt Augustin zu sagen: Herr, gib mir

* Koestler erklärte in dem vier Seiten langen Epilog, die Juden müßten mit der Bildung des Staates Israel die Wahl treffen, ob sie sich dort ansiedeln oder ihre Religion aufgeben – d. Herausgeber.

Enthaltsamkeit – aber nicht sofort. Und überhaupt, was sprach gegen Frankreich – außer daß die Kommunisten die stärkste Partei in der Nationalversammlung bildeten, die *intellectuels* allesamt mit ihnen sympathisierten und mein Name im Café Flore einen Dreck wert war?

Während ich immer noch unentschlossen in die Zukunft sah, nahmen wir, bloß so zum Spaß, Kontakt mit einem Grundstücksmakler auf. Er zeigte uns eine abscheuliche Villa im französischen Stil der zwanziger Jahre, aber an einer unendlich reizvollen Stelle gelegen – direkt an der Seine, mit einem großen Landungssteg und dem Wald von Fontainebleau auf dem Ufer gegenüber. Ich verliebte mich auf den ersten Blick in Verte Rive und kaufte es buchstäblich vom Fleck weg. Wir zogen ein, sobald die Verträge unterschrieben waren, im Frühling 1949.

Das erste, was ich in Verte Rive schrieb, war ein Beitrag für *Ein Gott, der keiner war,* einer Anthologie von sechs exkommunistischen Intellektuellen – Ignazio Silone, André Gide, Richard Wright, Louis Fischer, Stephen Spender und mir – mit einer Einführung von Richard Crossman. Dick Crossman war einer meiner engsten Freunde gewesen; die Idee zu der Anthologie war an einem späten Abend in Bwlch Ocyn entstanden, als er und seine Frau Zita bei uns übernachteten. Sie gehörten auch zu unseren ersten Wochenendgästen in Verte Rive, zusammen mit Michael Foot – ebenfalls ein enger Freund der damaligen Zeit – und seiner Frau Jill. Dick war ein hochbegabter, offener und warmer Mensch, doch er war auch ein unverbesserlich opportunistischer Politiker, wie die Tagebücher aus seiner Zeit als Kabinettminister recht deutlich zeigen. So ist es amüsant, in seiner Einführung in das Buch – nach der Beschreibung jenes Abends in Wales, an dem das Projekt ausgebrütet wurde – zu lesen: »Wir waren nicht im geringsten daran interessiert . . . die Flut der antikommunistischen Propaganda ansteigen zu lassen.« Natürlich waren wir genau daran interessiert, aber ein Parlamentsmitglied der Labour Party konnte das einfach nicht so deutlich sagen. Auf jeden Fall wurde *The God that Failed* (Dick hatte den Titel erfunden) fast zum geflügelten Wort und schien recht wirkungsvoll »die Flut der antikommunistischen Propaganda ansteigen zu lassen«, beurteilt man es nach der Zahl der Neuauflagen und Übersetzungen.

Als ich meinen Beitrag zu *Ein Gott, der keiner war* abgeschlossen hatte, dachte ich, jetzt hätte ich bis zum Ende meines Lebens genug von politischen Themen. Ich hatte mit der gleichen Illusion zu kämpfen gehabt, als ich von London nach Wales flüchtete, um *Insight and Outlook* zu schreiben. Im Vorwort hatte ich den Lesern einen zweiten Band versprochen, »der in Vorbereitung ist und, wie ich hoffe, zwölf Monate nach dem ersten erscheinen wird.« Aber alles, was ich für Band zwei vorzuzeigen hatte, war ein Chaos von Notizen, dessen bloßer Anblick mir Verdauungsstörungen verursachte. Nach einem hoffnungslosen Kampf mußte ich den zweiten Band „für diesmal" aufschieben. In Wirklichkeit hat er nie das Licht der Welt erblickt. Seinen Platz nahm dann *Der göttliche Funke* ein, der fünfzehn Jahre später veröffentlicht wurde. 1949 war ich offenbar noch nicht so weit, in dieses doch recht ehrgeizige Unternehmen einzusteigen, und so blieb ich im Leerlauf, sozusagen im Vakuum, zurück. Genau damals – im Juli 1949 – trat ein Neuankömmling aus Pretoria bescheiden in mein Leben.

2

Wie peinlich, Mr. Koestler kennenzulernen

Von C. K.

1

Ich wurde am 9. Mai 1927 in Südafrika geboren. Ende Januar 1948 verließ ich Kapstadt zum letzten Mal, um nach Paris zu meiner Mutter zu fahren. Als das Schiff auslief, blieb ich an Deck und sah zu, wie das Land sich entfernte, bis das, was übrig blieb, nur mehr wie ein kleiner *plumpudding* aussah, eingehüllt in den Dunst am Horizont des Meeres. Ich wußte, ich würde nie zurückkehren.

In Paris besuchte ich die *Alliance Française,* um mein Französisch aufzupolieren. Zwar hatte ich 1938 lange Sommerferien in der Normandie verbracht, war aber noch nie in Paris gewesen. Als der Frühling kam, war ich voller Euphorie, die man nach dem Winterende auf der südlichen Halbkugel niemals spürt. Ich fand einen Job als Sekretär bei der Filmgesellschaft Warner Brothers. Die Arbeit stellte sich wider Erwarten als langweilig heraus, da sie bloß mit dem Filmvertrieb zu tun hatte. Ich arbeitete für zwei leitende amerikanische Angestellte deutscher Abstammung und mußte ihr ziemlich schlechtes Englisch in den Briefen, die sie mir diktierten, korrigieren. Vielleicht hätte ich die Aufgabe nicht so verachtet, wenn ich erkannt hätte, daß die beiden vermutlich zu den Glücklichen gehörten, die vor der Judenvernichtung aus Deutschland entkommen waren.

Nach ein paar Monaten sah ich in der *Herald Tribune* eine Annonce, die mir zusagte. Ein Schriftsteller suchte eine englische Sekretärin, und ich bewarb mich eifrig um den Posten. Ein wenig enttäuscht war ich, als ich entdeckte, daß er kein »richtiger Schriftsteller«, wie ich ihn mir naiv vorgestellt hatte, war, sondern ein Psychologe, der ein Buch über die Pawlow'sche Theorie schrieb. Er hieß Dr. Ishlonsky, war Weißrusse mit amerikanischem Paß und lebte mit seinem Bruder in einer Wohnung im obersten Stockwerk eines Hauses in der Avenue Georges Mandel, das auf ein Meer von blühenden Kastanien blickte. Ich arbeitete einen Monat lang täglich für ihn, tippte sein Buch und erfuhr alles über Pawlow und seine Hund-und-Glocke-Experimente.

Nach drei Wochen entließ er mich mit einer Woche Kündigungsfrist und erklärte, er verlasse Paris und fahre nach Südfrankreich. Das kam wie ein Blitz aus heiterem Himmel, denn als er mich einstellte, hatte er mir nicht gesagt, daß der Job nur vorübergehend sei. Nach der Arbeit ging ich hinunter zum Trocadero und besorgte mir wieder einmal die *Herald Tribune,* schlug sofort unter »Offene Stellen« nach und fand folgende Annonce: »Schriftsteller, Fontainebleau-Gegend, sucht Teilzeitsekretärin. Schriftlich an Postfach . . .«

In diesem Moment war ich aus einem Zustand der Depression in den höchster Aufregung versetzt. Ich eilte zum *Rond Point,* wo ein rumänischer Freund wohnte, um auf dessen Schreibmaschine meine Bewerbung zu tippen. Etwa eine Stunde lang kämpfte ich mit der miserablen Maschine, aber sie war zu alt, und da sie vom Kontinent stammte, war jeder Buchstabe an der falschen Stelle. Schließlich gab ich es auf und schrieb meine Bewerbung mit der Hand, so klar und ordentlich ich konnte. Name, Geburtsdatum, Nationalität, Ausbildung und frühere Stellungen; ich war sehr stolz auf meine lange Liste: eine Anwaltskanzlei, eine Kunstgalerie, Warner Brothers und Dr. Ishlonsky. Dem Lebenslauf fügte ich noch einen kurzen Brief hinzu.

Was ich in dieser Zusammenfassung meines Lebens nicht erwähnte, war, daß ich schon lange den Ehrgeiz hatte, für einen Schriftsteller zu arbeiten. Als Kind war ich am glücklichsten, wenn ich las, und meine liebsten Menschen waren eher Phantasiehelden aus Büchern als jene, die um mich herum lebten. Mit zwölf beschloß ich, ein Buch zu schreiben, eine historische Romanze, ähnlich den Romanen der Georgette Heyer, die wir in der Schule lasen. Ich hielt mich von den anderen Mädchen fern, indem ich mich mit Bleistift und Notizheft auf dem Klo einschloß. Der erste Absatz sollte den Helden beschreiben – ein verwegener Haudegen des Königs – und die Kleidung, die er trug. Ich kam bis zu seinem »himmelblauen Wams«, aber die Worte, die mir, wie ich gehofft hatte, nur so aus der Feder fließen würden, blieben aus, und ich mußte es aufgeben. Mit fünfzehn hatte ich die fixe Idee, ein Drama zu schreiben: die Bühnenhelden galoppierten auf ihren feurigen Rössern daher und benutzten Worte wie »Bei Gott!», »mich dünkt« und »fürwahr«. Ich zerriß es. Ich konnte dem Schreiben nur nahekommen, wenn ich für einen Schriftsteller arbeitete.

Etwa drei Wochen vergingen, bis ich auf meine Bewerbung eine Antwort bekam. Es war ein Brief, der mich einlud, mich bei einer Adresse im 17. *arrondissement* vorzustellen; er war mit »Daphne Woodward« unterzeichnet. Aus irgendeinem Grund, an den ich mich nicht erinnern kann, kam ich eine halbe Stunde zu spät, was mir sehr peinlich war. Mrs. Woodward sagte mir, der Name des Autors sei Arthur Koestler, sie sei seine Sekretärin, ginge aber zurück nach England. Um meine Stenographie-Kenntnisse zu testen, diktierte sie einen Auszug aus der *Sonnenfinsternis,* den ich dann in die Maschine schrieb. Das war in Ordnung, nur ein Wort verstand ich falsch: ich schrieb »effix« statt »ethics«. Sie sagte dann noch, Mr. Koestler werde in ein paar Tagen einige Bewerberinnen im Hotel Montalembert interviewen, ich solle um fünf Uhr nachmittags dort sein.

Nach der Vorstellung bei Daphne Woodward besuchte ich meinen rumänischen Freund, um ihn nach diesem Autor zu fragen. »Ah, Arthur Koestler . . .«, sagte er, und an seinem Ausdruck merkte ich, daß er sehr beindruckt war.

Ich überlegte, wie er wohl aussah. Ein Mann namens Arthur mußte sehr groß sein und ein rotes Gesicht haben. Ich stellte mir sein Arbeitszimmer vor, in einer Mansardenwohnung, vollgestopft mit Büchern, und neben dem kleinen Fenster sein Schreibtisch, auf dem eine Lampe stand.

Die passende Kleidung für das Vorstellungsgespräch war vermutlich ein schlichtes Mausgrau; daher zog ich mein graues Kostüm und einen hellgrauen Pullover an und setzte eine graue Baskenmütze auf. Ein Bus brachte mich vom rechten auf das linke Seine-Ufer. Als er die Seine überquerte, dachte ich daran, wie wohl alles ablaufen werde, und war ganz aufgeregt; ich war entschlossen, den Job zu kriegen. Auf dem Boulevard St. Germain stieg ich aus und spazierte zum Hotel Montalembert. Ich war, weil ich mich bemühte, die verspätete halbe Stunde bei der ersten Vorstellung wettzumachen, diesmal eine halbe Stunde zu früh. Ich ging zur Hotelrezeption und erklärte, ich sei mit Mr. Koestler verabredet, es sei aber noch zu früh. Ich fragte, in welchem der beiden Gesellschaftsräume er sei, und die Empfangsdame deutete auf einen Raum, der von der Eingangshalle abging. Erleichtert setzte ich mich an einen Tisch nahe den Eingängen, um zu warten.

Der Raum war zu dieser Nachmittagsstunde fast leer. Mir gegenüber auf der anderen Seite der Halle saß ein Paar. Die Frau war dunkel und attraktiv, wirkte angespannt und beugte sich zu dem Mann vor, der sich zu langweilen schien. Ich fing an, mir über die beiden Gedanken zu machen. Offenbar kannten sie einander nicht gut; vielleicht ging er auch zum ersten Mal mit ihr aus. Ich nahm an, daß sie untereinander Englisch sprachen, was das Ganze noch interessanter machte. Die Frau hatte einen amerikanischen Akzent. Ich war ganz darin vertieft, sie zu beobachten. Dann schwirrten ein paar Worte durch den Raum – »Melun«, »Fontainebleau«, »Zug«. Mir wurde mit Erschrecken klar, daß ich Mr. Koestler angestarrt hatte, während er eine andere Bewerberin befragte. Im gleichen Moment bemerkte er mich und rief zum Empfangspult hinüber: *»Concierge«* – seine Stimme erreichte mühelos ihr Ziel – *»est-ce que quelqu'un m'attend?«* Der Akzent klang sehr französisch.

Ich stand auf und ging zu ihm hinüber. »Es tut mir furchtbar leid«, sagte ich, »ich bin früh dran, und ich dachte, Sie wären im anderen Raum. Ich gehe nach nebenan und warte.«

Als die Mitbewerberin gegangen war, kam ich an die Reihe. Ich setzte mich an Mr. Koestlers Tisch und sah einen müde wirkenden Mann mit rot umränderten Augen. Er sagte nichts Höfliches oder Beruhigendes zu mir. Er erklärte, daß Mrs. Woodward über den Sommer fort sein werde und er jemanden brauche, der ihren Platz einnehme. Es werde eine provisorische Stellung sein. Sein Benehmen war von enervierender Direktheit. Keine Spur von konventionellem Gerede; er sagte nur das, was er wirklich meinte.

»Glauben sie, daß Sie die Arbeit leisten können?« fragte er. »Sie scheinen nicht viel Selbstvertrauen zu haben.« Ich gab ihm stillschweigend recht und errötete leicht, eine lästige Gewohnheit, die mich seit meinem siebzehnten Lebensjahr quälte. Er fragte, ob ich etwas trinken möchte, aber ich verneinte. Nochmals drang er in mich, aber ich blieb unnachgiebig, also bestellte er etwas für sich. Er sah unzufrieden drein. Ich hatte, das konnte ich sehen, das Falsche getan, doch es war zu spät, daran etwas zu ändern. Ich wies Gastfreundschaft immer zurück, wenn ich verlegen war. Er schien zu zweifeln, ob ich die Richtige für den Job wäre, und beschloß, es einen Tag lang mit mir zu versuchen. Er fahre am nächsten Morgen in sein Haus bei Fontaine-le-Port, in der Nähe von Fontainebleau, zurück, ich solle ihn in einer Wohnung von Freunden treffen, dann würden wir gemeinsam fahren. Er wolle mir einige Briefe zum Tippen geben und dann entscheiden, ob ich geeignet sei.

Ich ging nach Hause in die solide, bourgeoise Rue Copernic, wo ich mit meiner Mutter wohnte. Ich selbst zweifelte nicht daran, für die Arbeit zu taugen. Ich hatte von meinen Fähigkeiten als Sekretärin eine hohe Meinung – tatsächlich dachte ich, ich sei die beste Sekretärin der Welt.

Ich verbrachte eine schlaflose Nacht mit einem Anfall von Heuschnupfen und vertrieb mir die Zeit, indem ich an Gesprächsthemen für die Fahrt nach Fontaine-le-Port zu denken versuchte. Ich hatte die Angewohnheit, endlose Phantasiedialoge mit mir selbst zu führen, aber die halfen mir nie im Alltag, wenn ich sie am nötigsten brauchte und stumm blieb. Vergeblich bemühte ich mich, an etwas zu denken, worüber ich mich unterhalten könnte, doch erschien mir alles zu banal.

Am Morgen ging ich, mein Taschentuch und den Benzedrininhalator umklammernd, um den Heuschnupfen in Schach zu halten, zu der Wohnung, die in der Nähe der Oper lag. Mr. Koestler war dort bei seinen Freunden, Paul Winkler, Leiter der *Opera Mundi,* und dessen Frau. Wir brachen gleich auf, aber ehe wir Paris verließen, mußte Koestler im Galeries Lafayette, das in der Nähe war, noch einiges einkaufen. Er fegte mit Riesenschritten durch das Geschäft und steuerte auf die Abteilung Gartenmöbel im oberen Stockwerk zu, wo er nach zwei dunkelblauen Luftpolstern fragte. Sie wurden gebracht, und er kaufte sie. Minuten später rasten wir schon aus dem Geschäft hinaus und gingen zum Auto.

Die Sonne strahlte, und das Land sah aus wie auf den idyllischen Gemälden, die ich im *Jeu de Paume* gesehen hatte. Mir fiel kein einziges Wort ein, und er schwieg auch. Er fuhr sehr schnell auf den geraden, menschenleeren französischen Straßen, die von Bäumen gesäumt waren, die manchmal einen grünen Tunnel bildeten. Schließlich sagte ich: »Dieses Auto fährt gut«, und er antwortete kurz: »Es hat gute Bremsen.« Ich überlegte vage, wie man es manchmal tut, wie er wohl im Bett wäre; aber so etwas lag jenseits aller Vorstellungskraft.

Ehe wir ankamen, erzählte er mir, er habe zum Mittagessen unerwartete Gäste – eine frühere Freundin, Daphne, und ihren Mann. Sein Haus, Verte Rive, stand ein bißchen zurückgesetzt an einer schmalen Straße. Bäume beschatteten die Kiesauffahrt. Als wir um das Haus zur Vorderseite gingen, dachte ich daran, ob er wohl Kinder hätte. Ich wußte, daß seine Frau zur Zeit in England war. Zu meiner Erleichterung waren keine Kinderstimmen zu hören, nur das Willkommensgebell seines herrlichen Boxers Sabby draußen in der Hundehütte. Der Garten erstreckte sich vom Haus einen Hang hinunter zu einem Landungssteg an der Seine. Der Fluß sah breit und friedlich aus. Auf dem anderen Ufer stand endlos – so weit man schauen konnte – der Wald.

Oberhalb des Landungssteges lag im Garten ein kanadisches Kanu umgekippt auf dem Boden. Es war aus Holz, mit langen, fließenden Linien und anmutigen Kurven, und schien in der heißen Sonne einen zarten Glanz zu verbreiten. Mr. Koestler verzog das Gesicht, als er das Kanu ansah. Er murmelte etwas über diese verdammte Frau, die es da draußen in der Sonne liegen ließ. Ich vermutete, daß seine Haushälterin die Untat begangen hatte. Gewiß würde ihm ein bißchen Sonne nicht schaden, dachte ich, ohne zu begreifen, daß Holz sich zusammenziehen und das Kanu dadurch leck werden könnte. Er eilte ziemlich zornig ins Haus.

Bald kamen die Gäste. Daphne hatte dunkle Augen und einen leicht melancholischen Ausdruck. Ihr Benehmen war sachlich, ein wenig schroff, und sie zögerte nicht, ihre Gedanken auszusprechen. Sie war Bildhauerin. Ihr Mann, Henri Henrion, war Industriedesigner, ein attraktiver, liebenswerter Mensch mit einer unbeschwerten Art. Beide waren gerade aus Italien zurückgekommen, und das Gespräch beim Mittagessen drehte sich ausnahmslos um Kunst -- italienische Kirchen, Malerei und Plastik. Das Essen wurde von einer verdrießlichen alten Frau hereingebracht, die schwarz gekleidet war und Madame Grandin hieß. Wir aßen Blutwurst, gefolgt von einem Schmortopf, dazu Salat aus dunkelgrünen, mit Öl angemachten Kopfsalatblättern. Die Gäste schwärmten über das Essen, ganz besonders über den Salat, und Madame Grandin wurde als Schatz bezeichnet.

Nach dem Essen kletterten wir in ein großes Ruderboot, und Mr. Koestler fuhr uns über den Fluß zum Wald von Fontainebleau auf der anderen Seite. Wir spazierten zwischen den Bäumen, bis wir eine Lichtung fanden, breiteten Decken aus und setzten uns in den Schatten. Keiner redete. Nach ein paar Minuten schlief Mr. Koestler ein. Er lag auf dem Rücken, die Augen fest geschlossen, und atmete rasch. Ich war nicht müde und die Henrions ebensowenig. Sie stellten mir Fragen, woher ich käme und wo ich in Paris lebte. So schnell wie er eingeschlafen war, wachte Mr. Koestler wieder auf. Wir kehrten zum Haus zurück, und die Gäste reisten nach Paris ab.

Mr. Koestler zeigte wenig Lust, Briefe zu schreiben. Er fischte einige aus einem Ordner und diktierte sechs kurze Antworten, die jeweils aus einem Satz bestanden. Sein Arbeitszimmer lag im ersten Stock, sein Tisch neben dem Fenster sah auf die Seine hinaus. Als ich die Briefe getippt hatte, las er sie durch und unterschrieb sie. Es war kein großer Test meiner Fähigkeiten gewesen. Er meinte das auch und beschloß widerstrebend, mich einzustellen: ich solle an zwei Tagen in der Woche mit dem Zug herauskommen. Die nächste Verabredung wurde arrangiert, und er fuhr mich zum Bahnhof von Fontaine-le-Port. Ich saß auf einer Bank am Bahnsteig und wartete auf den Zug. Es war ein winziger französischer ländlicher Bahnhof, verlassen, mit einer gestutzten Baumreihe zu beiden Seiten der Schienen. Der Heuschnupfen war schlimmer denn je, und das reichliche Schnüffeln am Benzedrin-Inhalator half wenig. Ich war über meinen neuen Job beunruhigt. Mr. Koestler erschreckte mich. Ich wußte nie, was er als nächstes sagen würde. Jedesmal, wenn er das Wort an mich richtete, fuhr ich fast aus der Haut. Aber schließlich war es nur für zwei Monate. Ich begann zu wünschen, die Zeit wäre schon vorbei.

2

Zweimal in der Woche stand ich zeitig auf und ging gegen sieben Uhr aus dem Haus. Ich fuhr mit der Metro auf der Neuilly-Vincennes-Linie zum Gare de Lyons, wo ich in den Zug nach Melun stieg. Die deprimierenden Vorstädte rollten vorbei. Sie hatten so pittoreske Namen wie Maisons Alfort (der schrecklichste) und Villeneuve St. Georges. Nach Brunoy kam Combela-Ville-Quincy, und die Landschaft begann auszusehen wie eine dieser düsteren ländlichen Szenen von Pissaro, dunstig im Sonnenlicht. Der Zug ratterte endlos dahin, bis er schließlich Melun erreichte. Die Holzbänke der Abteile dritter Klasse waren sehr hart. In Melun stieg ich in eine kleine Lokalbahn, die kreuz und quer über die Seine führte und in Livry, Chartrettes und dann in Fontaine-le-Port hielt.

Verte Rive war eine häßliche französische Villa, harmlos freilich, verglich man sie mit der Nachbarvilla, die einem Zahnarzt gehörte. Glücklicherweise war sie von Verte Rive aus nicht zu sehen, da sie durch dicke Hecken und Gestrüpp abgeschirmt war. Aber ein kurzer Blick von einer bestimmten Stelle des Gartens aus offenbarte dem Auge einen monströsen kleinen knallgelben Würfel, den die Franzosen damals wohl als *très coquette* bezeichneten. Arthur hatte Verte Rive einschließlich der Möbel Anfang des Jahres gekauft. Was ihn reizte, war die Nähe des Flusses mit dem Landungssteg, der Wald von Fontainebleau auf dem anderen Ufer und sein Arbseitszimmer im ersten Stock, von wo aus er die

Seine überblickte. Es war für ihn entscheidend, von seinem Schreibtisch aus eine gute Aussicht zu haben, während er arbeitete; das Strömen des Wassers hatte eine beruhigende Wirkung auf ihn, wie er sagte. Das Wohnzimmer mit seinen roten Läufern ging auf eine Veranda mit Tischen und Stühlen hinaus, wo man am Abend etwas trinken und beobachten konnte, wie der Sonnenuntergang den Fluß färbte. Vom Wohnzimmer führte ein gewölbter Gang in das Eßzimmer hinüber; dort stand in einer Ecke eine Bar, deren Seiten Schlingen aus schweren Seilen schmückten, auch die Barhocker waren mit diesen Tauen herausgeputzt, was dem Ganzen ein nautisches Gepräge gab. Die Bar war eine Quelle großer Heiterkeit für viele englische Freunde, obwohl manche von ihr zu schockiert waren, um amüsiert zu sein. Das größte Gästezimmer war im Erdgeschoß. Oben war Arthurs Arbeitszimmer, das seiner Frau Mamaine, ihr Schlafzimmer und zwei Reserve-Schlafzimmer. Ich arbeitete in einem davon, das wegen seiner rosa Wände Fegefeuer genannt wurde.

Es gab eine Menge zu tun, als ich ankam. Am Morgen stenographierte ich Antworten auf Briefe – an Verleger, Literaturagenten, Freunde und Leser. Am Nachmittag schrieb ich sie in die Maschine, und wenn ich um etwa 19 Uhr fortging, nahm ich sie zum Abschicken mit nach Paris.

Eines Tages bat mich Arthur zu meiner Überraschung, zum Abendessen zu bleiben; er erwartete Freunde aus England, die hier übernachten sollten, und brauchte »moralische Unterstützung«. Ich überlegte, wie meine Anwesenheit ihm denn überhaupt irgendeine Unterstützung sein könnte. Die Freunde waren Hamish Hamilton, der Verleger, seine Frau Yvonne, ihr Sohn Alastair, ein hinreißender Junge von acht Jahren, und das Kindermädchen, vielleicht die Gouvernante.

Wir setzten uns alle zu einem orgiastischen Mahl an den Tisch, der von Kerzen erhellt war. Erst Suppe, dann Fisch und *entrée* wurden von Madame Grandin hereingebracht – dieser alten Vogelscheuche, wie Arthur sie nannte. Weißen und roten Wein gab es im Überfluß. Das Gespräch war lebhaft – alles schien mir wie ein Traum, als hätte ich eine Rolle in einem aufregenden Roman. Die Gäste genossen dieses Essen und den Wein, den man in England nicht bekommen konnte, wo die Lebensmittelrationierung jetzt noch strenger war als während des Krieges. Nach der Fleischspeise waren sie so weit, daß sie nichts mehr hinunterbrachten, und sie erklärten ihrem Gastgeber entschuldigend, daß sie durch das Leben im puritanischen England nicht mehr in Übung seien. Da sagte Arthur, er werde ihnen etwas geben, was das Gefühl, sich überfressen zu haben, sofort beseitige; es werde einen Weg durch die Speiseröhre brennen und sie könnten den Rest der Mahlzeit genießen. Er machte eine dramatische Pause: es heiße *»trou Normand«*. Dann holte er vier kleine Gläser und füllte sie mit Calvados. Er drängte alle, seinem Beispiel zu folgen und sie mit einem Schluck auszutrinken. Die Wirkung werde sofort einsetzen. Einer so sanften Überredung konnte man unmöglich widerstehen, und die Gäste, zweifellos nervös, versuchten es auch gar nicht. Leider muß ich sagen, daß der *»trou Normand«* nur auf den Gastgeber die gewünschte Wirkung hatte, der mit Genuß weiter aß und trank. Nach der Mahlzeit (Fontainebleau-Eis und Champagner) zogen sich die Hamiltons rasch zum Schlafengehen zurück.

Am nächsten Vormittag unterhielt sich der kleine Alastair mit mir über die Vorschule, die er im Herbst besuchen sollte, und so entging mir ein erinnernswerter Anblick, den Arthur oft beschrieben hat:

Nach dem Frühstück bat ich Jamie Hamilton, meinen Einerkajak als Mittel gegen den Kater auszuprobieren. Ich war sehr stolz auf meine Tüchtigkeit als Rudersportler und prahlte Jamie gegenüber, daß es mir durch ausdauerndes Training gelungen sei, die Zeit, die ich von Verte Rive zur Schleuse in Samois brauchte, von dreizehn auf elf Minuten herunterzudrücken. Er war einverstanden, es zu versuchen, ging hinauf, um sich umzuziehen, und kam in kurzen Ruderhosen wieder. Das hätte mich mißtrauisch machen sollen – Verleger reisen normalerweise nicht mit Ruderkleidung im Gepäck. Wir stiegen in den Einerkajak – ich fungierte als Steuermann –, und zu meiner größten Schande schaffte er die Strecke ohne sichtliche Anstrengung in neun Minuten. Aber es war mir ein kleiner Trost, als er gestand, er habe einmal bei den Olympischen Spielen die Silbermedaille im Einerkajak gewonnen.

Der Sommer 1949 war herrlich, und er brachte eine der

ganz großen Weinernten. Wenn ich mich recht erinnere, hat es nie geregnet. Die blasse europäische Sonne schien, und die Besucher von Verte Rive – Engländer, Amerikaner, Mitteleuropäer und Franzosen – saßen auf dem Landungssteg herum, plauderten und tranken Champagner, der im Fluß gekühlt war; sie schwammen in der Seine oder gingen mit Sabby im Wald spazieren. Ich hörte Arthur oft beim Abendessen in politischen Diskussionen mit einer leidenschaftlichen Klarheit sprechen, die, wie ich glühend empfand, Berge versetzen konnte. Auf meinen Eisenbahnfahrten nach Fontaine-le-Port war mein Herz leicht, meine Rückreisen nach Paris waren traurig. Arthurs kanadisches Kanu hatte ein Segel, und er brachte es sich bei, mit einem Buch in der einen Hand und dem Steuerruder in der anderen zu segeln.

Mein rumänischer Freund fragte mich, ob er eine Pistole bei sich trage, und war erstaunt zu hören, daß er keine besaß. Gewiß sei rund um das Haus ein elektrischer Zaun gezogen, sagte er. Es gab keinen, die Eingangstore waren stets geöffnet. Aber wenn ich nach dem Mittagessen in sein Arbeitszimmer kam, um ihn nach einer kurzen Siesta zu wecken, bemerkte ich doch, wie er immer aus dem Schlaf aufschreckte.

Der Grund für die Besorgnis meines Freundes war natürlich der, daß der Name Arthur Koestler in Frankreich sehr umstritten war. *Sonnenfinsternis,* erstmals 1940 in England publiziert, wurde in Frankreich von Calmann-Lévy unter dem Titel *Zéro et l'Infini* erst nach dem Krieg veröffentlicht. Die Kommunisten kauften alle Exemplare auf, die sie in Buchhandlungen finden konnten, und verbrannten sie. Calmann-Lévy beschloß tapfer, eine Neuauflage zu drucken. Das Ergebnis war, daß sich der Roman zwischen den beiden Auflagen zu Schwarzmarktpreisen verkaufte. Es machte ungeheuren Eindruck, und jedermann in Frankreich kannte das Buch und den Namen des Autors. Daher mußte ich alle Briefe von Paris aus abschicken. Aus dem Dorf Fontaine-le-Port wurde nie etwas abgesendet, weil die Angestellten in dem kleinen Postamt angeblich Mitglieder der KP waren. Nur Briefe an persönliche Freunde wurden auf Schreibpapier mit der Adresse als Briefkopf getippt. Alle anderen

Briefe hatten die Adresse »c/o A. D. Peters«, der Arthurs literarischer Agent war.

Arthur pflegte oft Mozarts Klavierkonzert in C-Dur auf den Plattenspieler zu legen. Manchmal saß er abends allein da, wenn alle zu Bett gegangen waren, und spielte es immer wieder. Wenn ich heute das C-Dur-Konzert höre, lebe ich wieder in diesem magischen Hochsommer: die Seine mit ihrem Geruch von *la vase* und Arthurs drei Boote, die in ihrer Vertäuung auf den Wellen hüpfen; Heuschnupfen (er ist wie das Einatmen von Wasser durch die Nase); zum ersten Mal der Geschmack von Pernod; und zu wissen, daß es, obwohl dieses Dasein bald Vergangenheit sein würde, mir nichts ausmacht, daß ich nur für den Augenblick lebe.

Fontaine-le-Port lag in der Brie-Region. In der Nähe waren das Châtelet-en-Brie und Brie-Comte-Robert, ein sehr hübsches Dorf. Ach – all der gute Brie ging nach Paris, und in der Region war nur verschrumpeltes altes Zeug zu finden. Arthur mochte Käse, inbesondere *chèvre,* und er merkte sehr schnell, daß auf meinem Teller niemals Käse war.

»Nehmen Sie«, sagte er und schob mir das Brett zu.

»Ich esse nie Käse«, sagte ich, wobei ich ziemlich stolz auf meinen eigenwilligen Geschmack war.

»Kommen Sie«, drängte er ungeduldig. »Probieren Sie doch.«

»Aber ich mag ihn nicht«, antwortete ich selbstbewußt.

Es war ein großer Fehler, das zu sagen, denn nun war er fest entschlossen, mich zu bekehren. Wie konnte nur irgendjemand Käse nicht mögen? Ich mußte einfach kosten, weil er wußte, daß ich ihn mögen würde. Schließlich mußte ich nachgeben, und von da an aß ich immer Käse. Ich hatte unter dieser entwaffnenden Tyrannei auch zu leiden, als es um Würstchen ging, die ich schon immer gehaßt hatte.

Eines Abends in Paris erzählte mir mein rumänischer Freund, daß Bekannte des Dichters Supervielle mit ihm über Arthur gesprochen hätten. »Koestler«, sagte er streng zu mir, »hat einen sehr schlechten Ruf«. Es war aber ohnehin zu spät.

In diesem Sommer schrieb er wenig, und ich war mit Briefschreiben und Einordnen von Papieren beschäftigt.

Aber eines Nachmittags las er mir ein paar Seiten vor, die auf liniertes Manuskriptpapier geschrieben waren. Er wollte sie in einen neuartigen Apparat diktieren, den man Drahtmagnetophon nannte, einen Vorläufer des Tonbandgerätes; ich sollte das dann abtippen. Aber beim Diktieren wollte er Korrekturen machen, was sich als Zeitverschwendung herausstellte und seine Konzentration störte. Schließlich gab er es auf, und ich stenographierte das Ganze mit. Er blieb bei dieser Methode, und das Drahtmagnetophon fand eine andere Verwendung: es wurde eine Art Gästebuch daraus gemacht, ein Apparat also, in den Besucher ihre Namen und Kommentare sprachen – dumme, witzige oder kluge.

Das Buch, das Arthur begonnen hatte und das ich an jenem Nachmittag zu tippen anfing, war seine Autobiographie *Pfeil ins Blaue.* Das erste Kapitel, »Das Horoskop«, und das dritte, »Die Fallen der Selbstbiographie«, die zusammen zwölf Seiten ausmachten, waren alles , was er im Juli und August schrieb. »Das Horoskop« beschreibt einen Besuch bei der *Times*, wo er sich die Ausgabe ansah, die am Tage seiner Geburt – dem 5. September 1905 – erschienen war, um sein »irdisches Horoskop« auszurechnen.

3

Im August kehrte Arthurs Frau Mamaine aus England zurück. Als ich am Morgen anlangte, bekam ich sie nicht zu Gesicht. Arthur diktierte in seinem Arbeitszimmer eine Menge Briefe. Ich traf sie zum ersten Mal, als ich zum Mittagessen hinunterging, doch ich hatte ein Foto von ihr gesehen und wußte daher, wie sie aussah. Ich spürte sogleich, daß Arthur meine Reaktion kurz beobachtete und daß er stolz auf ihr Aussehen war. Sie hatte hellbraunes Haar, das gerade auf ihre Schultern herabfiel. Ihre Augen waren blau und ihre Nase ein wenig nach oben gekehrt. Ich konnte mich nicht entscheiden, ob es das Profil war, das mir an ihr am besten gefiel; sie hatte ein kleines, ovales Gesicht, und wenn sie ernst dreinschaute, machte sie einen kleinen Schmollmund. Ich war zutiefst beeindruckt von dem perfekten Französisch, in dem sie Madame Grandin Anweisungen gab.

Sie war im Juni in Verte Rive sehr krank gewesen, und Arthur hatte sie zur Behandlung ihres Asthmas nach London gebracht. Sie und Arthur schienen so unterschiedlich zu sein. Er besaß eine geradezu übermenschliche Energie; er war außerordentlich beweglich, und wenn man dachte, er werde etwas anfangen, entdeckte man, daß er es schon vor zehn Minuten getan hatte. Sie war nach ihrer Krankheit sehr schlank und ermüdete schnell. Aber eines Sonntags sah ich, wie sie aufblühte, als eine Gruppe ihrer englischen Freunde zum Mittagessen nach Verte Rive kam. Sie war sehr musikalisch und eine perfekte Imitatorin. Einmal hörte ich, wie sie die in Italien geborene Frau eines Freundes nachahmte, die eine große Klatschbase war. Mamaine plapperte pausenlos vor sich hin und fing jede Nuance ihres Akzents und Ausdrucks ein, bis wir uns vor Gekicher nicht mehr halten konnten.

Sie erzählte mir oft Geschichten aus ihrer Kindheit. Ihre Mutter, eine Paget, hatte einen Paget geheiratet. Sie mußten entfernt Cousin und Cousine gewesen sein, doch lernten sie einander erst während eines Urlaubs in der Schweiz kennen. Ihre Mutter hatte sie nie gekannt; sie war bei der Geburt der Zwillingsschwestern gestorben, und der Vater starb, als sie elf Jahre alt waren. Ein Onkel, den sie verabscheute, wurde ihr Vormund.

Am 5. September 1949 kam ich am späten Nachmittag in Verte Rive an. Das Haus lag still da, als ich eintraf. Ich ging die Treppe hinauf und öffnete die Tür zu Arthurs Arbeitszimmer. Er saß an seinem Schreibtisch. »Alles Gute zum Geburtstag«, sagte ich. Er sah überrascht drein, stürzte zur Tür und schrie: »Liebling, ich habe Geburtstag!« Mamaine kam aus ihrem Arbeitszimmer und lief über den Korridor. »Oh – oh – oh – mein Liebster!« rief sie und umarmte ihn, »Du hast Geburtstag, und ich habe es total vergessen.« Diese nonchalante Einstellung zu Geburtstagen erfüllte mich mit Bewunderung – um so mehr, als ich entdeckte, daß Mamaine zwei Tage später Geburtstag hatte; zweifellos wäre auch er vergessen worden.

Mamaines Zwillingsschwester Celia kam anschließend an

einen Urlaub am Mittelmeer nach Verte Rive. Ich betrachtete abwechselnd die Gesichter der Zwillinge und versuchte, irgendeinen kleinen Unterschied zu finden, aber es gelang mir nicht. Celia war temperamentvoll, Mamaine ernster, was nicht bedeuten sollte, daß sie nicht manchmal die Rollen vertauschten. Celias schlanke, sonnengebräunte Arme sahen im Vergleich zu Mamaines Armen geradezu füllig aus. »Celia, du siehst wirklich wie eine Rubensfigur aus!« rief Arthur. Die Zwillinge spazierten stundenlang gemeinsam durch den Wald von Fontainebleau. Ich stellte mir vor, wie sie sich über die Vogelwelt unterhielten, über Musik, über ihre Freunde (beide waren äußerst loyal und schätzten Freundschaft über alles), über vergangene wie auch über gegenwärtige Liebesbeziehungen, denn nicht wenige Männer waren hoffnungslos in die Zwillinge verliebt.

Arthur und Mamaine lebten seit etwa fünf Jahren zusammen. Leute, die bereits so lange verheiratet sind, langweilen sich normalerweise ziemlich, dachte ich. Bei ihnen war es nicht so. Aber inmitten der langen friedlichen und glücklichen Perioden gab es gelegentlich auch Streit.

Die erste Auseinandersetzung, deren Zeuge ich wurde, fand beim Mittagessen statt. Ich erinnere mich nur noch, daß ich unter den Eßzimmertisch versinken wollte. Es war mir unerträglich, sie streiten zu sehen.

Eines Morgens kam ich nach Verte Rive, und ein Sturm brach auf mich los. Ein wichtiger Brief war falsch adressiert und an den Absender zurückgeschickt worden. Arthur holte das Kuvert hervor. Ich konnte sehen, daß nicht ich es getippt hatte, und das sagte ich ihm auch. Als Arthur aufstand, um Mamaine zu suchen und seinen Ärger an ihr auszulassen, erkannte ich, was ich getan hatte. Ich hätte die Schuld auf mich nehmen sollen – warum war ich nur so blöd gewesen? Aber Mamaine trug es mir nicht nach.

Am Ende des schwelgerischen Sommers begann Arthur zum ersten Mal in seinem Leben eine Diätkur. Das machte die Arbeit praktisch unmöglich. Die Stunden schleppten sich dahin, und er warf immer wieder mit einem schmerzlichen, halb schuldbewußten Lächeln einen kurzen Blick auf die Uhr. Ich mußte über ihn lachen, und er mochte es, wenn man sich über ihn lustig machte. An einem schönen, sonnigen Tag meinte er, wir sollten uns das Vergnügen eines Picknicks gönnen. Wir kletterten ins Boot und fuhren flußaufwärts. Auf einer grasbewachsenen Böschung packten wir den Picknick-Korb aus. Mamaine und ich aßen *terrine* (delikates Fleisch in kleinen Schüsseln) mit dicken Brotstücken und *cantal* – genau die Art von französischem Essen, das besonders im Freien so herrlich schmeckt. Arthurs Mahlzeit bestand, entsprechend seiner Diät, aus Rettichen. Dazu gab es nicht einmal Butter, dabei mochte er *radis au beurre,* dieses billige *prix fixe hors d'œuvre,* ganz besonders. Er betrachtete die Rettiche und verzog das Gesicht. Sollten die für ihn sein? Er wandte sich Mamaine zu und starrte sie vorwurfsvoll an. Die Landschaft wirkte in der Sonne wie vergoldet, die Vögel sangen, als wollten sie sich die Kehle verrenken. »Aber wie kannst du nur erwarten, daß man nichts als Rettiche ißt!« rief er erbittert aus. Wir aßen unser Picknick zu Ende und ruderten in düsterem Schweigen nach Verte Rive zurück. Die Auseinandersetzungen schienen sich stets um triviale Dinge zu drehen, und meine Sympathien waren immer bei Mamaine. So paradox es auch scheinen mag: das veränderte meine Gefühle zu Arthur in keiner Weise.

3

Sartre und Simone

Von A. K.

1

Der erste Eindruck, den ich von der jungen Bewerberin um den Posten einer Aushilfssekretärin beim Gespräch in der Halle des Hotels Montalembert gewann, war ihre extreme Schüchternheit. In der schriftlichen Bewerbung hatte sie ihr Alter mit zweiundzwanzig angegeben, aber sie wirkte und benahm sich eher wie eine Achtzehnjährige. Vom beruflichen Standpunkt aus fand ich eine andere Eigenschaft wichtiger – ihre Unaufdringlichkeit, fast eine Art Zurückhaltung, die mir vielversprechend erschien, mich in den entspannten Geisteszustand versetzen zu können, den ich nun einmal brauchte, wenn ich Briefe diktierte oder Rohentwürfe von Manuskripten überarbeitete. Um diesen Zustand zu erreichen, benötige ich einen gewissen Bezug zu der Person, der ich diktiere. Sie darf weder gelangweilt noch übereifrig wirken, auch nicht ungeduldig, wenn ich steckenbleibe (denn ich bin ein furchtbar langsamer Autor). Miß Cynthia May Jefferies aus Pretoria, Südafrika, besaß, das spürte ich ganz intuitiv, die notwendigen Qualitäten, um ein solches Verhältnis herzustellen. Und es war ja ohnehin nur eine Angelegenheit von zwei Monaten. (Aus heutiger Sicht betrachtet, hat diese »Angelegenheit« dreiunddreißig Jahre lang gedauert.)

Aber ehe ich die Geschichte vom Leben in Verte Rive fortsetze, muß ich einige Lücken in den vorigen Kapiteln, schließen. Es handelt sich um meine Aufenthalte in Frankreich zu der Zeit, als Mamaine und ich noch in Bwlch Ocyn lebten. Der erste dieser Besuche fand 1947 statt und hatte alle Anzeichen eines billigen Melodramas. Ich war 1939 als »unverwünschter Ausländer« in Frankreich interniert gewesen und als *outcast* aus dem Land geflüchtet. Jetzt kehrte ich nach sechs Jahren und einem Weltkrieg als literarische

Berühmtheit zurück – der räudige Hund hatte sich in einen Salonlöwen verwandelt. Um das Melodrama perfekt zu machen, wurde ich an meinem ersten Abend in Paris von Guy und Alix de Rothschild zum Abendessen ins Grand Vefour ausgeführt – das beste Drei-Sterne-Restaurant von Paris – und mit Kaviar, Steak und Walderdbeeren bewirtet.

Guy de Rothschild besaß einen militärischen Verdienstorden – *Croix de Guerre* mit Ordensspange. Als Frankreich kapitulierte, flüchtete er in die Vereinigten Staaten, kehrte jedoch kurze Zeit später mit einem Schiffskonvoi nach Großbritannien zurück, um de Gaulles Befreiungsarmee, die im Entstehen war, beizutreten. Sein Schiff wurde im Atlantik versenkt. Als es ohne Vorwarnung von einem U-Boot-Torpedo getroffen wurde, las er gerade *Abschaum der Erde,* das soeben erschienen war. Er verbrachte fünf Stunden im öligen Wasser, ehe er gerettet wurde; irgendwann in diesen fünf Stunden schwor er sich, daß ich, falls er überleben sollte, der erste wäre, den er in London aufsuchen würde. So entstand eine lange und enge Freundschaft, auch mit seiner Frau Alix, die aus Österreich stammte – ein ganz bezaubernder Mensch und eine große Wohltäterin von Künstlern, die in Schwierigkeiten waren.

Die ersten Tage dieses Nachkriegsbesuches vergingen in einer Art alkoholischem Wirbel. Nach einer Woche schrieb ich an Mamaine (die in London war und ein paar Tage später zu mir kommen sollte):

Hotel Montalembert 9. Oktober 1946

. . . Die ersten drei Tage waren himmlisch, aber dann wurde ich etwas deprimiert. Ein Salonlöwe zu sein ist nur für ganz kurze Zeit lustig, es sei denn, man ist jünger oder die Eitelkeiten sind von simplerer Art. Ich hatte die Nase derart voll, daß ich einen großen Presseempfang absagte, alle Interviews, Radio etc. verweigerte . . . und mich völlig abkapselte. Mein wahres Problem ist, daß ein Teil meiner Freunde von der alten *Abschaum*-Partie bereits tot ist, und mit denen, die noch da sind, kann ich den alten Kontakt und die Wärme nicht wiederfinden. Ich habe mich so sehr darauf gefreut, - - - - - und - - - - - und zwei oder drei andere wiederzusehen, aber es ist alles ziemlich gräßlich. Sie leben in größerem Elend als je zuvor, und ich bin für sie ein *arriviste* geworden. Das macht alles kaputt. Ich habe mich, wenn ich mich einsam fühlte, immer damit

getröstet, daß diese Leute im Hintergrund sind, daß ich auf sie zurückgreifen kann, und nun fühle ich mich von ihnen weiter entfernt als je zuvor.
Camus ist charmant – aber um wirklich Freundschaft zu schließen, muß man mit zwanzig anfangen. Ich gehe morgen abend mit ihm essen, und heute abend mit Malraux ... Ich habe in der (britischen) Botschaft zu Abend gegessen, was absolut grauenhaft war, und Dunstan lud mich zum Dinner mit Merleau-Ponty und einigen Kommunisten ein, die ebenfalls anwesend waren, was in gewisser Hinsicht amüsant war, und meine vier Verleger veranstalteten eine ganze Reihe von Mittag- und Abendessen – aber es ist alles nicht das Wahre. Was scharlachrote Frauen betrifft, so sind es hauptsächlich literarische Nutten aus dem Café Flore etc., und sie bewirken eine Katerstimmung, die schlimmer ist als nach einer Sauftour in Port Meirion. Wenn ich mich nicht schämte, würde ich sofort in unser Haus zurückkehren, das mir von hier aus wie das Paradies erscheint. Natürlich färbt das alles auf die erschreckende politische Situation ab – es gibt kein Wort für den wirtschaftlichen und sozialen Dschungel, in den sich dieses Land verwandelt hat.
Vielleicht wird diese Depression in ein bis zwei Tagen vorüber sein. Das Komische ist, daß ich mehr oder weniger voraussah, daß es so kommen würde, als ich hierher fuhr. Deswegen hatte ich solche Angst davor. Ich verließ Frankreich damals mit einem Tritt in den Hintern, und nun empfangen sie mich wie Frank Sinatra, aber irgendwie verwandelt sich das Gold in *merde* ...

Doch nach dem anfänglichen Schock wurde alles leichter, mein Kater ließ nach. Trotz der pessimistischen Bemerkungen, man müsse mit zwanzig anfangen, um wirklich Freundschaft zu schließen, scheint es mir gelungen zu sein, die verschollenen Kumpel der *Abschaum*-Zeiten bei diesen Besuchen von 1946 und 1947 durch neue Freunde zu ersetzen. Abgesehen von Guy und Alix waren die bemerkenswertesten unter ihnen Malraux, den ich vor dem Krieg kaum gekannt hatte, Camus, Sartre und Simone de Beauvoir. Einige Episoden aus den Begegnungen mit den drei zuletzt Erwähnten spiegeln sich in traurig verzerrter Weise im dritten Band der Memoiren der Beauvoir, *Der Lauf der Dinge,* und in ihrem Hauptwerk, *Die Mandarins von Paris,* wider.

Man würde es kaum wagen, zwei körperlich so konträre Gestalten wie Sartre und Camus in einem Drama zu erfinden. Sartre sah wie ein bösartiger Kobold oder Wasserspeier aus, Camus wie ein junger Apoll. Sartres schielende

Glotzaugen blinzelten verwirrend, sein ganzer Körper war durch stummelartige Arme und Beine verunstaltet; der junge Camus war in seiner Heimatstadt Oran ein Fußballstar gewesen, vergöttert von Mädchen aller Altersgruppen. Er besaß etwas spanisches Blut, was seiner Haltung zusätzliche Verwegenheit verlieh, und man wußte, daß er an Tbc litt, was zu seiner romantischen Aura beitrug. Es konnte keine sexuelle Eifersucht oder irgendeine sublimierte Abart davon zwischen dem häßlichen *professeur de lycée* und dem *beau garçon d'Oran* geben. Ebensowenig war ihre Freundschaft durch berufliche Rivalität getrübt. Sie waren die Zwillingssterne am Zenith des marxistisch-existentialistischen Himmels der französischen Nachkriegsintelligenz – und Simone de Beauvoir ein eher blasserer dritter, der sich wie ein Planet im Licht der anderen spiegelt. Als Sartre und Camus sich schließlich entzweiten, brach dieses ganze Universum zusammen, und die französische extreme Linke war nie mehr das, was sie einmal gewesen war; in Frankreich werden die Intellektuellen und ihre Streitigkeiten ernst genommen.

Ich bewunderte sie beide als Romanciers und Dramatiker, obgleich nicht als Philosophen. (Ich hielt die Lektüre von Camus' *Der Mensch in der Revolte* oder Sartres *Das Sein und das Nichts* niemals bis zum Ende durch.) Aber meine Beziehung zu beiden war unterschiedlich. Mit Camus entwickelte sich schon bei unserer ersten Begegnung eine unbeschwerte Kameradschaft. Wir duzten einander und hatten so ziemlich den gleichen Geschmack, was Wein, Weib und Gesang betraf. Aber obwohl wir das brüderliche »Du« benutzten, war die Beziehung mehr eng als tief, in Wirklichkeit waren wir eher Kumpels als Freunde – *copains.* Was er selbst in *Der Fall* mit so erschütternder Ehrlichkeit bloßlegte, mag für Camus' Charakter typisch gewesen sein und hielt ihn davon ab, tiefer in menschliche Beziehungen einzutreten.

Mit Sartre war die Sache ganz anders. Obwohl uns politisch viel mehr trennte, bestand zwischen uns eine gefühlsmäßige Wärme und Zuneigung, die alle Merkmale einer echten Freundschaft trug. Das spiegelt sich in einer merkwürdigen Episode wieder, die sich 1946 abspielte, kurz nachdem wir uns das erste Mal begegnet waren. Den unschuldigen Anlaß für den kleinen Zwischenfall bildete ein recht netter amerikanischer Journalist, den ich X nennen werde, und es geschah bei den Camus' während eines Picknicks. Neben Mamaine und mir waren die anderen Gäste Sartre und Simone (de Beauvoir), X, seine Frau und Celia (die damals in Paris lebte). Wir hatten alle eine Menge getrunken, und am späteren Abend, als X und seine Frau gegangen waren, begann Sartre, X auf das Heftigste zu attackieren, und zwar als amerikanischen Feind der Freiheit, während ich Sartre attackierte, weil er Stalins Terrorherrschaft verteidigte. Am nächsten Tag schickte ich Sartre einen Entschuldigungsbrief wegen meiner kräftigen Ausdrucksweise und erhielt wiederum einen langen Brief in seiner kleinen, säuberlichen Handschrift, der sowohl liebenswert als auch typisch war. Hier sind übersetzte Auszüge daraus:

. . . Ich nahm diesen Streit nie ernst, aus dem guten Grund, weil ein Streit nur entstehen kann, wenn es eine strittige Situation gibt, genau wie eine Revolution eine revolutionäre Situation erfordert. Wenn es so ist, dann werden Zwischenfälle aus purem Zufall aufkommen. Es besteht überhaupt kein Grund für eine derart verwickelte Lage zwischen uns, im Gegenteil, ich mag Sie sehr gern, und Sie sollten das wissen. Was mich betrifft, so ist mir vollkommen klar, daß es unrichtig von mir war, meine Abneigung gegen X vor seinen Freunden zum Ausdruck zu bringen. Sie hatten ihn eingeladen, Sie verbürgten sich für ihn, es ging mich nichts an, und es ist nur natürlich, daß Sie sich beleidigt fühlten. Übrigens weiß ich den Grund für meinen Ausbruch: Da ich X nicht ausstehen kann und ihn zwei Jahre lang streng gemieden habe,* war ich verärgert, daß ich mit ihm einen Abend bei Camus verbringen mußte, und, ohne es mir einzugestehen, war ich auch über Sie verärgert, daß Sie ihn eingeladen hatten. Ich betrachte diesen Ärger nicht als stichhaltige Entschuldigung; im Gegenteil, ich versuche bloß, ihn zu erklären. Außerdem hat mich dieser Abend gründlich gelangweilt, an dem niemand Zeit hatte, mit irgendwem zu reden (abgesehen von den zwanzig Minuten, in denen ich mich mit Mamaines Schwester unterhielt, die charmant ist), und ich wünschte mir, daß irgendetwas geschehen würde. Der direkte Anlaß zur Lynchjustiz ist immer

* »Das stimmt nicht ganz: Ich aß einmal mit ihm zu Abend, aber die ganze Sache wurde dadurch um nichts besser.« (Sartres Fußnote im Brief.)

die Langeweile. In einem gewissen Sinn benahmen wir zwei uns wie in einer Komödie. Die Realität hinter dem Ganzen sind bestimmte, ganz fundamentale Differenzen zwischen uns, durch die es garantiert noch andere Gelegenheiten geben wird, bei denen wir uns gegeneinander aufgebracht fühlen werden. Das kann uns aber, meinem Empfinden nach, nicht davon abhalten, Freunde zu sein: Sie sind von *einer Partei* geformt worden, Sie haben gelernt, persönliche Beziehungen *als Teil* einer gemeinsamen Vorgangsweise zu betrachten. Und für ein Mitglied der kommunistischen Partei muß gewiß jede psychologische Einschätzung eines Parteigenossen als Verunglimpfung erscheinen. Ich wiederum wurde in der individualistischen Kultur des französischen Bürgertums erzogen, das persönliche Beziehungen als das Wichtigste erachtet und damit psychologischen Erwägungen Raum gibt. Wir erlebten jenen Unterschied bereits im *Sheherezade* (Nachtklub), als ich Ihnen meine Freundschaft anbot (aufgrund einer persönlichen Anerkennung, die das genaue Gegenteil von Verunglimpfung ist, aber zum gleichen Prinzip gehört), und sie zögerten, sie zu akzeptieren (weil ich mich nicht *a priori* auf eine gemeinsame Vorgangsweise festlegte, die die Grundlagen unserer Freundschaft schaffen konnte). Ich glaube nicht, daß mein Standpunkt besser ist als der Ihre oder daß Ihrer besser ist als meiner: ich denke, daß beide unvollständig sind, und das ist weder Ihre noch meine Schuld. Solange es keine konkrete Gesellschaft gibt, in der das Individuum und seine Handlungsweisen wirklich nicht mehr unterscheidbar sind, wird ein Konflikt dieser Art weiter bestehen. Ich möchte hinzufügen, daß er für uns gar keine besondere Bedeutung hat und daß er, im Gegenteil, nützlich sein könnte ... All das sei gesagt, um den Vorfall zu begraben. Es bleibt nur noch, gemeinsam darüber zu lachen ... Ich werde Sie morgen früh im Pont Royal anrufen und einen gemeinsamen Drink vorschlagen ...
Vertrauen Sie meiner Freundschaft und seien Sie versichert, daß dieser Zwischenfall vorbei ist ...

Die Ironie dieser Episode liegt darin, daß Sartre selbst einige Jahre später zuerst die Beziehung zu mir und danach zu Camus abbrach – aus rein politischen Gründen. Ich glaubte daran, und glaube es noch heute, daß die Freundschaft über Politik hinausgeht – aber nicht, wenn Politik Festlegung auf eine totalitäre Ideologie bedeutet, sei es die der Nazis oder die stalinistische Ideologie. Das ist der springende Punkt, den die Sartres, bei all ihrer geistigen Differenziertheit, niemals verstanden haben – wie Sartres herzlicher, aber verworrener Brief und Simone de Beauvoirs weniger herzliche Bemerkungen über Camus und mich in ihren Memoiren beweisen. Über den Bruch mit Camus schrieb sie:

> Und damit war zwischen ihnen alles aus. Diese Freundschaft nahm eigentlich nur deshalb ein so plötzliches Ende, weil schon seit einiger Zeit nicht mehr viel von ihr übriggeblieben war. Der ideologische und politische Gegensatz, der bereits 1945 zwischen Sartre und Camus bestanden hatte, war von Jahr zu Jahr deutlicher geworden . . . Während Sartre an die Wahrheit des Sozialismus glaubte, verteidigte Camus immer entschlossener die bürgerlichen Werte. In *Der Mensch in der Revolte* bekannte er sich zu ihnen. Da eine neutrale Haltung zwischen den beiden Blöcken unmöglich geworden war, näherte sich Sartre der UdSSR. Camus verabscheute sie, und obwohl er die USA nicht liebte, stellte er sich praktisch auf ihre Seite.*

Was die Gründe für den Bruch mit mir betrifft, schreibt sie, daß ich ihr die Initiative dafür »fälschlich« zugeschrieben hätte.** Im gleichen Absatz schildert sie eine absurde Episode als die wahre Ursache des Bruches: Ein gaullistischer Freund von mir, der gern beleidigende Witze riß, traf sie in meiner Gesellschaft in der Pont Royal-Bar, wo er sich über sie lustig machte, indem er behauptete, Sartre sei ein heimlicher Anhänger des Generals – während ich bloß lachte, statt sie und Sartre empört zu verteidigen. Die Geschichte war zu dumm, um ernst genommen zu werden, schon gar nicht als *casus belli.* Aber Sartre war aus Loyalität zu Simone gezwungen, unsere Freundschaft zu beenden.***

Daß er dies nur widerstrebend getan hat, zeigte sich einige Jahre später, als ich ihn zum letzten Mal sah. Es war eigenartigerweise in einem Nachtzug, mit dem Mamaine und ich im Juni 1950 zum Berliner Kongreß für Kulturelle Freiheit fuhren. Rein zufällig reiste Sartre im selben Zug zu einer Konferenz, und sein Schlafwagenabteil lag neben dem unseren. Das Nebenabteil auf der anderen Seite war von un-

* *Der Lauf der Dinge,* S. 142, Hamburg 1970.
** *Der Lauf der Dinge.*
*** Es ergab sich irgendwie, daß wir Simone mit Vornamen und Sartre mit Nachnamen anredeten.

serem Leibwächter belegt, auf dessen Begleitung die französische Sûreté angesichts der vehementen Angriffe in der kommunistischen Presse gegen den kommenden Kongreß bestanden hatte. Da im Zug kein Speisewagen war, hatten wir einen Korb mit Essen und Getränken dabei und luden Sartre ein, das Abendessen mit uns zu teilen – was er mit sichtlichem Vergnügen annahm, ungeachtet des Abbruchs unserer diplomatischen Beziehungen. Wäre *La Simone* bei ihm gewesen, wäre es unmöglich dazu gekommen, doch ohne sie benahm er sich wie ein Schuljunge auf Ferien in verbotener Gesellschaft, und die alte Zuneigung zwischen uns war für eine Nacht wiederhergestellt. Die Sache wurde durch den Leibwächter, den wir ebenfalls zum Abendessen einladen mußten, noch amüsanter, denn wir stellten ihn Sartre als ehemaliges Mitglied der Internationalen Brigaden vor. Noch absurder wurde es, als der Leibwächter uns im Vertrauen erzählte, er bekäme immer epileptische Anfälle, wenn er sich aufrege.

Es wäre sinnlos, Simone de Beauvoirs ziemlich ätzende Karikatur meiner Person in ihren Büchern zu widerlegen; ein einziges, relativ harmloses Beispiel sollte genügen. Bei der Beschreibung eines Abends in einem Nachtklub, der von russischen Emigranten geführt wurde, schreibt sie, ich hätte darauf bestanden, den *maître d'hôtel* »darauf aufmerksam zu machen, er habe die Ehre, Camus, Sartre und Koestler zu bedienen«. Tatsächlich war ich Stammgast dieses Nachtklubs (der »Troika 22« hieß und in *Gottes Thron steht leer* den Namen Kronstadt trägt). Der *maître d'hôtel,* gleichzeitig auch dessen Besitzer, war mein Freund, und ich mußte ihn der Höflichkeit wegen meinen Gästen vorstellen – die er ohnehin erkannt hatte.

Es gab einige private Gründe für Simone de Beauvoirs spätere Feindseligkeit gegen mich, auf die einzugehen mir zu trivial erscheint. Aber ich glaube, das Hauptmotiv war intellektuelle Eifersucht. Sie ärgerte sich darüber, daß Sartre mir wiederholt »bedingungslose Freundschaft« angeboten hatte, und über den Einfluß, den meine antistalinistischen Argumente und Erfahrungen auf ihn ausüben könnten – vor allem deshalb, weil sie ansonsten nur Leute kannten, die der französischen KP angehörten, beziehungsweise mit Stalins Rußland sympathisierten. Simones Einfluß auf Sartre zielte in die entgegengesetzte Richtung, zur extremen Linken. Sie erinnerte mich manchmal an die *tricoteuses* – die ehrenwerten Hausfrauen, die während der mörderischen Sitzungen des Revolutionstribunals dasaßen und strickten.

Doch war ich ebenfalls an der Guillotinierung dieser Freundschaft schuldig; denn ich muß gestehen, daß ich in meinen mittleren Jahren in gewisser Hinsicht genau das war, was man heute als männlichen Chauvinisten bezeichnet, einfach unfähig, Frauen, die sich als politische Philosophen bezeichneten, wirklich ernst zu nehmen. Das war keine bewußte Haltung, und hätte man mir derart reaktionäre Gefühle zum Vorwurf gemacht, so hätte ich das sehr heftig bestritten. Es mag jedoch bei dem Streit mit Peter, Bertrand Russels Frau, und in manchen anderen Fällen eine Rolle gespielt haben.

Andererseits lösten aber die Sartres eine Freundschaft nach der anderen. An jenem Abend im Schlafwagen beklagte sich Sartre, daß sie abends kaum noch ausgingen, weil es nur mehr so wenige Leute gab, mit denen sie politisch übereinstimmten. Das tragische Ende war, daß Sartre sich vor seinem Tod mit Simone entzweite.

2

Fast hätte ich vergessen – vielleicht, weil die Erinnerung schmerzlich ist –, den unmittelbaren Grund für diesen ersten Paris-Besuch zu erwähnen; es ging darum, den Proben für das Stück *Twilight Bar (Bar du Soleil)* unter der Regie von Jean Villar im Théâtre de Clichy beizuwohnen. Es war ein Stück ohne literarischen Anspruch, das ich als Flucht vor Depressionen im Jahre 1934 in Moskau geschrieben hatte; mit dem Rest meiner unveröffentlichten Manuskripte ging es verloren, als ich 1940 aus Frankreich fliehen mußte. Doch schrieb ich eine zweite Fassung – ebenfalls, um gegen Depressionen anzukämpfen, als Details über die Massenvernichtungen bekannt wurden. Die Grundidee war nicht schlecht, finde ich: Zwei zauberhafte Kundschafter kommen aus dem Weltall auf der Suche nach Planeten, die sich zur Kolonisierung eignen; sie behaupten, daß nur glückliche Planeten ein Lebensrecht haben, und geben der Menschheit drei Tage Zeit, um ihr Glück zu organisieren – sonst ... Angesichts dieses Ultimatums tritt die Regierung zurück, die Opposition weigert sich, die Herrschaft zu übernehmen, und ein anarchistischer Dichter namens Glühwurm wird zum Diktator des Glücks ernannt. Seltsamerweise gelingt das Experiment und alle sind glücklich; aber am dritten Tag sickert durch, daß die Kundschafter Betrüger waren, und die Menschheit kehrt mit einem Seufzer der Erleichterung zu ihrer früheren Misere zurück. Ein schleichender Zweifel bleibt allerdings bestehen: Vielleicht waren die Kundschafter doch echt? Die letzten Worte, bevor der Vorhang fällt, spricht der Glühwurm: »Wir werden es bald wissen, Sam. Jetzt ist es elf. In einer Stunde ist Mitternacht.«

Wie ich schon sagte, hatte ich keine Illusionen über die literarischen Qualitäten des Stücks (ich nannte es *Eine Eskapade in vier Akten*); aber Cape publizierte es 1945, und ein Jahr danach erschien eine französische Übersetzung, die Jean Villars Aufmerksamkeit erregte; er war damals ein vielversprechender junger Regisseur, den mir Malraux empfahl, und wurde später Direktor aller staatlichen Bühnen. Villar schlug vor, das Stück zu inszenieren. Ich hatte ein zwiespältiges Gefühl, aber die Eitelkeit siegte über das kritische Urteilsvermögen, und ich stimmte zu. Bei den Proben gelangte ich zu der Überzeugung, daß das Stück ein Flop würde; aber da war es schon zu spät. Ich konnte nur noch alle davor warnen, es sich anzusehen. Trotzdem saßen am Premierenabend André Gide und andere betagte Leuchten in der ersten Reihe, in ihre Mäntel und Schale eingemummt, weil das Theater ungeheizt und wir am Ende eines stürmischen Pariser Oktobers waren. Ich war zu entmutigt, um in der ersten wie auch in allen folgenden Vorstellungen vor den Vorhang zu treten – es gab ohnehin nur wenige, ehe das Stück abgesetzt wurde.

Ein ähnlich trauriges Schicksal war der amerikanischen Inszenierung beschieden. Nur in Skandinavien – in Oslo und Göteborg, soweit ich mich entsinne – scheint das Stück positiv aufgenommen worden zu sein, und später kam es zu einigen sporadischen Wiederbelebungen in Birmingham, im deutschen Fernsehen und als BBC-Hörspiel. Wenn ich diese *Eskapade* heute, nach so vielen Jahren, wieder durchlese, empfinde ich sie in erster Linie als peinlich. Ihre Atmosphäre läßt sich vielleicht am einfachsten durch einen Auszug aus der Anfangsszene des dritten Aktes vermitteln, als Glühwurm bereits Diktator geworden ist. Man sieht einen überfüllten Platz, in dessen Mitte sich ein Karussel zum Klang einer Drehorgel bewegt; im hinteren Teil der Bühne ist die imposante Fassade eines öffentlichen Gebäudes zu sehen, darauf die Aufschrift: *MINISTERIUM FÜR SCHWEISS UND MÜHSAL,* die durchgestrichen und durch die Aufschrift *MINISTERIUM FÜR GLÜCK* ersetzt ist. Der Polizeichef, der immer ein bißchen den Ehrgeiz hatte, ein Operntenor zu werden, der Caruso noch übertrifft, dreht die Kurbel der Drehorgel und singt:

Hark, ye people, lend your ears,
Blow your noses, wipe your tears.
Gods on Olympus are your kin –
Who told you pleasure was a sin?
Who told the maidens to be chaste?
Each unkissed kiss is a deadly waste.
For Man is good and full of cheer,
When no policemen interfere.
Arise from your long penitence –
Long live Homo sapiens!

Hark, ye people, lend your ears,
Wipe off your face those salty tears.
You were deceived, it is a lie
That things must always go awry.
This earth has room for all of us
Enjoy yourselves, don't fret and fuss.
Where gifts abound, all envy pales,
Full stomachs make for empty jails.
A world of plenty knows no thieves –
Who cares for last year's fallen leaves?
For Man is good and full of cheer,
If no policemen interfere.
Arise from your triste penitence –
Long live Homo sapiens!

Lachen und Beifall

3

Ich habe bereits darauf hingewiesen, daß der erste Sommer in Verte Rive eine Zeit der Unentschlossenheit und der falschen Anfänge war, aber das hörte plötzlich auf, als uns ein Verlagsleiter der kanadischen Zweigstelle von Macmillan besuchte, der, wie ich glaube, Mr. Gray oder Grey hieß. Bei einem Drink schlug er, sich fast entschuldigend, das Thema für einen Roman vor: eine Liebesgeschichte zwischen einem russischen Agenten und einem amerikanischen Mädchen. Ich bemerkte etwas ätzend, seit Romeo und Julia gebe es Variationen zu diesem Thema. Aber nachdem er gegangen war, erschien mir die Idee immer attraktiver, gerade *weil* sie archetypische Anklänge in sich barg. So wurde das Mädchen Hydie, eine abgefallene Katholikin, zum Symbol für den Verlust eines universalen Glaubens im Westen, und Fedya ein gläubiger Marxist, dessen Anziehungskraft für sie auf seinem absoluten Glauben an die Partei beruht. Der Schauplatz war Paris, Mitte der fünfziger Jahre – das heißt also fünf bis zehn Jahre nach der Zeit (1949–50), in der ich das Buch schrieb. Der Roman endet mit dem Begräbnis von Monsieur Anatole, dem letzten Repräsentanten einer der Vergangenheit angehörenden Generation liberaler Schriftsteller, unter dem Lärm der Luftschutzsirenen: »Noch immer heulten die Sirenen, und niemand konnte sagen, was sie ankündigten: das Jüngste Gericht oder bloß eine neue Luftschutzübung.«

Überflüssig zu sagen, daß das Buch als Warnung gedacht war, nicht als Prophezeiung. Zwanzig Jahre später wurde es erstmals veröffentlicht, ich schrieb eine neues Vorwort für die *Danube Edition,* in dem ich den Leser an die politische Situation Europas in den ersten Nachkriegsjahren erinnerte:

Sowjetrußland hatte sich mit dramatischer Schroffheit von einem Verbündeten zu einem Feind verwandelt. Der Kalte Krieg war auf seinem Höhepunkt, Stalins Terrorregime ebenfalls. Es war noch immer ein wohlgehütetes Geheimnis, daß er an Paranoia litt, was erst viel später, in den Memoiren seiner Tochter und in den Reden seiner Nachfolger, enthüllt wurde. Aber es brachte für das Leben im Osten wie im Westen unvorhersagbare Gefahren mit sich. In

Rußland hatte ein gefährlicher Wahnsinniger die absolute Macht. Es war überhaupt nicht vorauszusehen, gegen wen er als nächstes loschlagen würde und mit welchen phantastischen Beschuldigungen. Die offenkundige Absurdität der Beschuldigungen und Geständnisse verwandelte sie in eine Art esoterisches Ritual: Die Grenzlinie zwischen dem Glaubwürdigen und dem Unglaubwürdigen war längst ausgewaschen. Es war die Welt von *Neunzehnhundertvierundachtzig* . . .

Außerhalb Rußlands war die Zeit ebenso voller unvorhersagbarer Konfrontationen, Feuersbrünste, Kapitulationen und Abriegelungen. Die Blockade von Berlin. Der Koreakrieg. Die Reihe von *coups d'état,* die Polen, Ungarn und die Tschechoslowakei in Einparteien-»Volksdemokratien« verwandelte. Die Säuberungen und Schauprozesse, in einem Satellitenstaat nach dem anderen neu inszeniert, wobei jedes Land sich streng an die gleiche Formel hielt, als ob es eine TV-Serie von Kafka persönlich wäre. Und sie alle endeten mit der Liquidierung der früheren Regierungschefs, der Helden der Widerstandsbewegung, der Veteranen des spanischen Bürgerkrieges: Rajk, Clementis, Slansky, Katz.

Es war auch die Zeit der Weltfriedensbewegung, die unter dem Banner von Picassos Taube Millionen von Unwissenden zu überzeugen vermochte, daß die Welt nur durch Eiserne Vorhänge, Minenfelder und Stacheldraht befriedet werden könne. Das Kapitel »Hexensabbath« beschreibt ein typisches »Friedenstreffen« dieser Zeit.

Während die Friedensfront sich in erster Linie auf die progressiven Intellektuellen der Mittelschicht konzentrierte, widmete sich die Kominform der Organisierung des »revolutionären Kampfes der Arbeiterklasse« in Westeuropa. In Italien und Frankreich waren die Kommunisten aus dem Krieg als stärkste politische Parteien hervorgegangen, und sie verfolgten eine militante revolutionäre Politik. In den Jahren 1947–48 erschütterten Wellen von politischen Streiks und bewaffneten Aufständen beide Länder mit allen Anzeichen eines Bürgerkriegs.

Angst erzeugt potentielle Kollaborateure und gegenseitiges Mißtrauen. Frankreich war damals übersät von ihnen, und die französische Intelligenz war übersät von Sympathisanten aller Schattierungen, von irregeleiteten Unschuldigen bis zu zynischen Opportunisten. Sartre faßte die Situation in dem Ausspruch zusammen: »Wenn ich zwischen de Gaulle und den Kommunisten wählen muß, wähle ich die Kommunisten.« Sartres marxistisch-existentialistische Zeitschrift *Les Temps Modernes* war das monatliche Evangelium der französischen Intellektuellen. Einer ihrer führenden Denker war Professor Merleau-Ponty, Nachfolger auf Henri Bergsons

Lehrstuhl am *Collège de France,* der in einer Reihe von Artikeln Stalins Säuberungen und seinen Pakt mit Hitler im Namen der historischen Notwendigkeit verteidigte, die anglo-amerikanische Politik als imperialistische Aggression verdammte und jede Kritik an der Sowjetunion als stillschweigenden Kriegsakt brandmarkte. Übrigens war der Titel der Reihe *Le Yogi et le Proletaire* eine polemische Parodie auf mein Buch *Der Yogi und der Kommissar,* das mich in den Augen der französischen Intellektuellen in eine faschistische Hyäne verwandelt hatte. Ein paar Jahre später ging Merleau-Ponty ein Licht auf, und er brach mit Sartre; aber in der fraglichen Zeitspanne war der Hexensabbath in vollem Gang . . . In den späten fünfziger Jahren, als die amerikanische Finanzhilfe, kombiniert mit den Anfängen des gemeinsamen Marktes, ihre stabilisierenden Wirkungen zeigte, wurde der Triumph des Kommunismus in Westeuropa ohne direkte russische Intervention undenkbar; aber zu der Zeit, in der die Handlung des Romans spielt, war das eine klare Möglichkeit. Deshalb die Anzeichen des Verhängnisses bei Monsieur Anatoles Begräbnis.

Im Roman ist es Hydie, die abgefallene Katholikin, die diese Begräbnisstimmung zusammenfaßt:

Hydies Gedanken wanderten den weiten Weg zu Schwester Boutillot; da stand sie in der zum Teich führenden Allee, der Herbstwind wirbelte ihr die welken Blätter vor die Füße . . . Ach, könnten wir doch zu den Tröstungen zurückkehren, die Beichtvater und Mutter Oberin zu spenden vermochten – zurück in den bergenden Schoß einer Hierarchie, die Strafe und Belohnung versprach und die Welt mit Sinn und Gerechtigkeit versorgte. Ja, könnte man doch zu alledem zurückfinden . . . Aber der Fluch der Vernunft lastete auf ihr – der Vernunft, die alles von sich stieß, was ihren Durst stillen konnte, und doch das Verlangen nicht auslöschte – die Antwort verwarf, ohne die Qual des Fragens zu lindern. Denn Gottes Thron stand leer, und durch die Welt wehte ein kalter Zugwind, wie in einer leerstehenden Wohnung vor dem Einzug der neuen Mieter.

Gottes Thron steht leer könnte also als Parabel bezeichnet werden, aber es war auch ein Schlüsselroman. Die meisten Figuren waren Mosaike, aus Teilchen lebender Modelle zusammengesetzt, die ich auseinandergebrochen und in fiktiven Kombinationen wieder zusammengefügt hatte (eine Technik, die meiner Ansicht nach absolut legitim ist und von vielen Schriftstellern angewendet wird, obwohl manche es nicht gerne zugeben). So konnte sich der Leser damit amüsieren, Züge von manchen französischen und englischen Intellektuellen in den Romanfiguren zu entdecken, wie Teile von Phantombildern: ein Stückchen von Sartre hier, von Malraux da, ein Hauch von Rohrenburgs Zynismus oder von der rührenden Naivität der Webbs.

Von den sechs Romanen, die ich geschrieben habe, mag ich *Gottes Thron steht leer* am wenigsten. Ich finde, es sind gute Kapitel darin, aber ein paar gute Kapitel machen noch keinen guten Roman. Er hatte auch gute Kritiken in England, ganz schlechte in den Staaten (die Amerikaner konnten Hydie nicht als repräsentativ für die amerikanischen Frauen verdauen), kletterte aber trotzdem auf den vierten Platz der Bestsellerliste. In Frankreich wurde er vorwiegend feindselig aufgenommen, was zu erwarten war.

Aber zumindest ein Leser verfolgte die Geschichte mit angehaltenem Atem: die schüchterne neue Aushilfssekretärin aus Pretoria. Sie pflege sogar von Hydie und Fedya zu träumen, sagte sie. Obwohl sie nie den Mut zu einer Bemerkung aufbrachte, konnte ich ihre Anteilnahme spüren, und das wirkte sich stimulierend und ermutigend aus.

4

Hochzeitsgäste

Von C. K.

1

Der Herbst senkte sich auf Verte Rive. Die Tage wurden kürzer, und wenn die Sonne unterging, stieg der Nebel aus dem Fluß.

Madame Grandin, die alte Köchin, wurde durch ein polnisches Ehepaar ersetzt. Es passierte aber, daß in einer stürmischen Nacht des Jahres 1949 ein Auto langsam vor dem Garagentor zum Stillstand kam, die Scheinwerfer stachen in die Dunkelheit. Dann fuhr es weiter. Das polnische Paar war durch Gerüchte im Dorf verängstigt, daß Verte Rive von den Kommunisten beobachtet werde und daß es nicht sicher sei. Die Episode mit dem Auto gab ihnen den Rest. Sie kündigten.

Ihr Platz wurde von einem französischen Paar eingenommen – Maxim und Anna. Maxim kam von Nevers an der Loire. Er sammelte für gewöhnlich Schnecken in der Umgebung des Hauses und unterzog sie der üblichen abscheulichen Behandlung, die in Frankreich praktiziert wird, ehe man sie kochen kann. Seine *escargots* waren die besten der Welt. Er bekam eine Tagesration von vier Litern herbem Landwein – Arthur nannte ihn »Château Maxim«. Maxim betete Arthur an.

Ich verließ jetzt morgens noch in der Dunkelheit das Haus, und Maxim holte mich in Melun mit Arthurs schwarzem Citroën ab. Am Abend fuhr er mich dann zum Bahnhof in Fontaine-le-Port, damit ich den Zug nach Paris erreichte. Wir gelangten oft zu spät an; Maxim erreichte den kleinen Bahnhof, als der Zug gerade losfuhr. Das machte ihm nichts aus; er jagte dann dem Zug bis zur nächsten Station, Chartrettes, nach. Er war auch immer in der richtigen Stimmung dazu, nachdem er vor der Abfahrt ein paar Gläser von seinem berühmten Wein gekippt hatte. Auf den geraden

Strecken legte Maxim sich ins Zeug, während der Zug mühelos neben uns herfuhr; dann verschwand er in einem Tunnel, und wir machten ein paar Kurven. Die Sonne ging unter, und ihre Farbe spiegelte sich auf seinem rosigen, gutmütigen Gesicht. Es machte großen Spaß, und er strahlte vor Vergnügen. Wir kamen nach Chartrettes; Maxim bremste hart, und ich wollte schon aussteigen und losstürmen. Aber nein – wir hatten den Zug wieder um Haaresbreite verpaßt. Manchmal ging die Jagd die ganze Strecke bis Melun, doch am Ende holte er den Zug immer ein.

Arthur machte sich wieder ans Schreiben. Es war friedlich im Haus. Er legte die Autobiographie beiseite, mit der er im Sommer begonnen hatte. Das neue Buch war *Gottes Thron steht leer.* Ich kam jede Woche nach Fontaine-le-Port und tippte eine neue Fortsetzung. Ich konnte die nächste kaum erwarten. Es erinnerte mich an meine Kindheit, als Vater jeden Donnerstag meine Lieblings-Comics mit nach Hause brachte – *Tiger Tim, Bubbles* und *Puck.* Ich hatte sie alle im Handumdrehen ausgelesen und mußte dann wieder eine ganze Woche warten, um zu sehen, ob zum Beispiel Pat, der Pirat, nun ins Meer getrieben wurde. Aber jetzt machte ich mir Gedanken, was mit Fedya und Hydie geschehen würde. Während ich auf die nächste Fortsetzung wartete, träumte ich von ihnen. Im siebenten Kapitel, »Kalbskopf und Champagner«, aßen sie zum ersten Mal miteinander zu Abend. Kurz nachdem ich dieses Kapitel getippt hatte, sah ich Arthurs Manuskriptheft offen auf dem Schreibtisch liegen. Mein Blick fiel auf die Überschrift oben auf der Seite: »Liebe am Nachmittag«, und bevor ich mich zurückhalten konnte, hatte ich den ersten Satz gelesen: »Warte doch!« rief Hydie, »warte – Du reißt mir ja die Bluse in Stücke.« Obwohl diese zwei Kapitel nacheinander geschrieben waren, erschienen sie im Roman nicht in dieser Reihenfolge. Ich blieb lange Zeit im Ungewissen und bekam »Liebe am Nachmittag« erst in der endgültigen Reihenfolge zum Abschreiben, und zwar, wie sich herausstellte, hundert Seiten nachdem Fedya Hydie zum ersten Mal zum Abendessen ausgeführt hatte.

Daphne Woodward beabsichtigte, Anfang September nach

Paris zurückzukehren, aber Arthur erhielt einen Brief von ihr, der besagte, daß sie noch einen weiteren Monat aufgehalten werde. Als sie dann zurückkam, wurde beschlossen, daß ich weiterhin Arthurs Sekretärin bleiben sollte. Sie war sehr beschäftigt und konnte nicht so viel Zeit erübrigen, wie Arthur benötigte. Ich war überglücklich – wenn das Leben nur immer so weiterginge!

Meine Mutter entschloß sich, Paris zu verlassen und nach Wien zu ziehen. Ich mietete mir im 17. *arrondissement* ein Zimmer im Appartement einer Madame de Faudoaz. Arthur gab ihr den Spitznamen Madame de Foutaise. Sein Französisch war von einem guten Schuß *argot* gefärbt. Madame de Faudoaz duldete keinerlei Dialekt und korrigierte mich ständig, wenn ich mich damit verständlich zu machen versuchte. Arthur kam oft zu Mittag die Treppe heruntergehüpft und sagte, »*Qu'est-ce qu'on bouffe aujourd'hui?*« *Bouffe* – das war ein ungewöhnliches Wort. Ich hatte es noch nie gehört. Ich probierte es dann bei Madame de Faudoaz aus. Sie war von meiner Begabung für das Französische zweifellos des öfteren beeindruckt. Aber darauf reagierte sie, indem sie entsetzt nach Luft schnappte, und das Wort wurde unter ihrem Dach nie wieder benutzt.

2

Als ich nach Weihnachten nach Verte Rive hinauskam, bemerkte ich, als mir Arthur von seinem Schreibtisch aus Briefe diktierte, daß er eine Schramme auf dem linken Backenknochen hatte.

»Was haben Sie mit Ihrem Gesicht gemacht?« fragte ich. Er winkte ab und murmelte, es sei zu langweilig, um sich damit zu beschäftigen. Aber kurze Zeit später kam die Geschichte doch heraus. Die Agentur für Zeitungsausschnitte schickte Auszüge aus der französischen Presse mit folgenden Schlagzeilen: »*KOESTLER ANGEKLAGT: POLIZEICHEF GEPRÜGELT*«, »*KOESTLER WEGEN TRUNKENHEIT ANGEKLAGT*«, »*YOGI PRÜGELT KOMMISSAR*«. Einige Nachrichtenagenturen berichteten, daß er im Rinnstein liegend aufgefunden worden sei. Natürlich sah ich

Arthur oft eine Menge trinken, aber ich hatte ihn nie betrunken gesehen und bewunderte an ihm, daß er so viel vertrug. Ich wußte, daß er oft verkatert war, und manchmal fragte er mich, ob er Schweinsaugen habe. Das brachte mich oft zum Lachen, aber er glaubte mir nie, wenn ich es bestritt.

Mit jeder Postsendung kamen weitere Zeitungsausschnitte: französische, belgische, holländische, deutsche, englische, dann kanadische und amerikanische mit dem üblichen gemeinen Artikel aus *Time Magazine.* Ein neuer Ordner wurde angelegt, Arthur nannte ihn »Schmerzhaftes Ereignis«.

Was wirklich geschehen war: Er war knapp vor Weihnachten ohne Mamaine nach Paris gefahren, um Freunde zu besuchen und Geschenke für die Kinder des Dorfarztes zu kaufen, der sich im Frühling um Mamaine gekümmert hatte, als sie so krank war. In den frühen Morgenstunden machte er sich auf den Heimweg, das Auto mit Spielzeug beladen, kam aber nur bis zur Pariser Vorstadt. Anscheinend fühlte er sich zu betrunken, um weiterzufahren, und parkte das Auto, um seinen Rausch auszuschlafen. Zwei Polizisten auf Streife fanden den Wagen mit offener Vordertür, aus der ein Paar Füße herausragten. Sie nahmen Arthur zur nächsten Polizeistation mit.

Man kann sich vorstellen, wie er sich fühlte, als er schließlich bei hellem Tageslicht in einer Zelle aufwachte. In einem traumähnlichen Zustand war er wieder ins Gefängnis von Sevilla zurückversetzt. Er wurde einem Kommissar zum Verhör vorgeführt. Als er bat, seine Frau anrufen zu dürfen, um sie wissen zu lassen, was geschehen sei, wurde seine Bitte abgelehnt. In diesem Augenblick versetzte er dem Kommissar einen Fausthieb aufs Auge und kassierte dafür einen Faustschlag von einem *flic.* Er wurde schließlich nach etwa acht Stunden freigelassen, mußte aber, was äußerst unangenehm war, im Frühling vor Gericht erscheinen, wo er eine Geldstrafe erhielt. In Frankreich wurde Trunksucht mit Toleranz betrachtet, und anscheinend war es der Traum jedes Franzosen, einen *flic* zu verprügeln. Maxims Miene sagte alles: M‘sieur war ein Held.

3

Arthurs Hund Sabby war ein besonders lieber, rehbrauner Boxer. Er war kräftig und ungestüm, seinem Herren absolut ergeben, der als einziger Mensch mit ihm fertig wurde. Arthur und Mamaine hatten ihn als Junges in Palästina erworben, als sie während des Krieges 1948 dort waren. Eines Tages nahm ich ihn zum Spazierengehen in den Wald mit. Er sprang vor mir hin und her und blickte von Zeit zu Zeit zurück. Ich war mit meinen Gedanken woanders, als ich plötzlich merkte, daß er mit einem sonderbaren grünlichen Leuchten in den Augen auf mich zukam. Er schnappte mit den Zähnen nach meinem Handgelenk und schüttelte es heftig. Da wußte ich, daß sich Sabby ein übermütiges Tauziehen wünschte, dessen Ziel mein Handgelenk war. Glücklicherweise trug ich eine dicke Jacke, die mich schützte. Es gelang mir, mich zu bücken, einen Stock aufzuheben und ihn weit wegzuschleudern. Sabby jagte hinterher. Den Rest des Spaziergangs war ich damit beschäftigt, Stöcke zu werfen, um Sabby bei Laune zu halten. Genau wie seinem Herrn wurde es auch ihm schnell langweilig.

Zur richtigen Zeit wurde eine Braut für Sabby gefunden. Sie gehörte Professor Mimault, einem Lehrer in Melun. Die arme Lily war keine Schönheit – neben dem hübschen Sabby sah sie alt und häßlich aus. Sie kam nach Verte Rive und blieb bis zu ihrer Niederkunft hier, wobei sie zwölf Junge zur Welt brachte. Zwei davon starben; zwei behielten Arthur und Mamaine, die sie Romeo und Julia nannten; die restlichen acht wurden samt ihrer Mutter zu Professor Mimault zurückgebracht, der sein Einkommen durch den Verkauf von Lilys Nachkommenschaft aufbesserte. Das führte jedoch zu internationalen Verwicklungen – und zu einer weiteren Lieblingsgeschichte Arthurs nach dem Abendessen.

Um die Jungen zu verkaufen, brauchte Professor Mimault ihren offiziellen Stammbaum von der *Société Centrale Canine* – dem französischen Äquivalent des *Kennel Clubs*. Lilys Stammbaum war in Ordnung, aber Sabby war Ausländer. Er war am 29. April in Tel Aviv geboren – das Datum ist wichtig, weil Palästina zu dieser Zeit noch britisches Mandatsgebiet war. Israel entstand erst vierzehn

Tage später (am 14. Mai).
Professor Mimault schrieb an die *Société Centrale Canine* und legte Lilys Stammbaum sowie Sabbys Formular vom *Kennel Club Palestine* bei, das ich beschafft hatte, bevor wir Tel Aviv verließen. Es war ein bemerkenswertes Dokument. Der Züchter, ein deutscher Jude namens Hillel Goldrath, war für seine Boxer international bekannt. Unter Sabbys Ahnen gab es so stolze teutonische Namen wie »Sigurd vom Dom«, »Gretl von Hoheneuffen«, »Alex vom Uracher Wasserfall« usw. Doch dann kam Hitler an die Macht, die Goldraths emigrierten nach Palästina, und Geschichte spiegelte sich in den verschiedenen Namen wider, die bei Sabbys jüngeren Vorfahren auftauchten: »Barek me Beth ha Meginin«, »Zaakan ben Satan«, und »Goliath me Beth ha Giborim«.
Der Stammbaum war in Englisch und Hebräisch aufgeführt und trug mehrere eindrucksvolle Stempelmarken. Doch der französische *Kennel Club* war keineswegs beeindruckt und weigerte sich, den Stammbaum des *Kennel Club Palestine* anzuerkennen, weil letzterer nicht mehr existierte. Professor Mimault war verzweifelt. Ohne Stammbaum waren die acht Jungen unverkäuflich. Also schrieb ich an den britischen *Kennel Club* und erklärte die Situation, wobei ich hervorhob, daß Sabby in der Zeit geboren war, als Israel unter britischem Mandat stand:

»Deshalb nehme ich an, daß ein Stammbaum, der vom *Kennel Club Palestine* unter britischem Mandat ausgestellt wurde, in England gesetzlich Gültigkeit hat. Wenn diese Annahme richtig ist, könnten Sie mir dann, bitte, einen diesbezüglichen Brief senden, den ich an den französischen *Kennel Club* weitergeben kann. Der französische *Kennel Club* sagte mir, wenn Sie bereit wären, die Echtheit des Stammbaumes meines Hundes anzuerkennen, würde er ihn ebenfalls anerkennen. Da mein Hund gerade zehn Junge mit einer französischen Boxerhündin gezeugt hat, hat die Angelegenheit für die Zukunft der Nachkommen gewisse Bedeutung für den Eigentümer der Hündin, Monsieur Mimault, einen Lateinprofessor in Melun.«

Aber selbst dieser herzzerreißende Appell konnte den britischen *Kennel Club* nicht rühren, der zurückschrieb, er könne nicht helfen, denn »es hat doch den Anschein, daß der Hund in diesem Land nie ansässig gewesen ist«.
Dann entdeckte ich, daß es eine internationale Organisation der Hundeclubs gab, die *»Fédération Cynologique Internationale,* deren Präsident Baron Albert Houtart in Brüssel war. Ich schrieb an Baron Houtart, erklärte ihm die Situation und erwähnte so neben-

bei, daß ich, falls man mich nicht zufriedenstellen könnte, gezwungen wäre, mich an den Internationalen Gerichtshof in Den Haag zu wenden. Auf diesen diskreten Erpresserbrief hin erhielt ich eine Antwort von Madame la Baronne, die mich informierte, daß ihr Mann krank sei und ob ich nicht ein wenig Geduld haben könne. Zu meiner Überraschung erhielt Professor Mimault ein paar Tage später einen Brief vom französischen *Kennel Club,* datiert mit 28. Februar 1950, der bewies, daß diplomatischer Erfindungsreichtum in der Welt der Hunde nicht unbekannt ist. Der entscheidende Absatz in dem Brief besagte:
*Bien que la Palestine ne soit pas en relation de reciprocité avec la F.C.I. en accord avec cette dernier, nous reconnaissons courtoisement de facto cette Société.**
Und dies war das glückliche Ende, das die zehn jungen Hunde vor dem Stigma einer Familie mit nur einem Elternteil rettete.

4

Seit einiger Zeit hatte meine Mutter, die in Wien lebte, mich zu überreden versucht, die Ferien mit ihr in St. Anton in den österreichischen Alpen zu verbringen. Ich hatte absolut keine Lust wegzufahren, aber schließlich willigte ich ungern ein, eine Woche zu ihr zu kommen.

Seit meine Mutter Paris verlassen hatte, mußte ich um meinen Lebensunterhalt kämpfen. Da meine Arbeit für Arthur nur ein Teilzeitjob war, verdiente ich gerade genug, um mein Zimmer mit Frühstück zu bezahlen, wobei mir pro Monat eine Summe im Wert von einem Pfund für das Essen blieb. Dieses Pfund gab ich für *rilletes de porc* aus, eine Art fette, köstliche *paté.* Fleisch und Wurst waren selbst damals sehr teuer – Eier zum Beispiel wären zweifellos billiger gewesen; aber weil die *rilletes* hauptsächlich aus Schweinefett bestanden, hatte ich die romantische Illusion, das »Brot der Armen« zu essen. Nicht daß ich mir dieses »Brot der Armen« allzu oft leisten konnte; meine Hauptmahlzeit war das Frühstück, ein gastronomisches Festmahl mit *café au lait, baguette,* Butter und Marmelade.

* »Obwohl der Kennel Club Palästina mit der Federation Cynologique Internationale keine gemeinsamen Beziehungen unterhält, haben wir, mit Zustimmung der letzteren, als Entgegenkommen beschlossen, diese Gesellschaft de facto anzuerkennen.« (D. h. den israelischen Kennel Club).

Das schwedische Mädchen im Zimmer nebenan ernährte sich ebenfalls vom Frühstück. Aber anstatt das bißchen Geld, das sie hatte, für Mahlzeiten zu verschwenden, gab sie es für Getränke aus. Manchmal »speisten« Ingrid und ich abends in ihrem Zimmer gemeinsam *Vieille Cure,* einen süßen Likör, der, zusammen mit *Parfait Amour,* ihr Lieblingsgericht war. Sie kaufte immer spottbilligen Rotwein. Wenn man ein Stück Zucker hineintat, sagte sie, verbessere das den Geschmack. Jeden Morgen quoll ihr Papierkorb von leeren Flaschen über.

Beim Mittagessen in Verte Rive, zweimal in der Woche, mußte ich mich bemühen, nicht gierig über das Essen herzufallen. Es kam mir nie in den Sinn, Arthur und Mamaine von meiner traurigen Situation zu berichten.

Ende Januar fuhr ich zum Urlaub nach St. Anton. Mamaine war für ein paar Wochen in die Schweiz gereist; für Asthmatiker war das Seine-Tal im Winter der schlechteste Platz. Arthur arbeitete viel an dem Buch und führte ein – wie er es nannte – »mönchisches Leben«.

Im eleganten Speisesaal des Hotels in St. Anton mit seinem Maître d'hotel im Frack wurden dreimal täglich riesige Mahlzeiten serviert. Aber ich konnte nichts essen, ich verging vor Gram. Kürzlich stieß ich auf eine rührende Postkarte, die ich Arthur geschickt hatte: »Verbringe eine herrliche Zeit, . . . gehe jede Nacht tanzen«, stand darauf. Doch schloß sie mit den Worten: »Ich rufe sofort an, wenn ich zurück bin, es wird entweder Montag Nacht oder irgendwann am Dienstag sein, dann kann ich Mittwoch und Samst. (?) arbeiten, oder wann immer Sie wollen.« Die langen, enervierenden Tage schienen kein Ende zu nehmen. Ich zählte die Tage und Stunden, bis ich aus diesem beengenden Tal heraushüpfen und nach Frankreich zurückfliegen konnte.

Der Frühling kam, und Arthur hoffte, das Buch bald abschließen zu können. Aber Wochen vergingen, und das Ende war noch immer nicht abzusehen. »Es ist wie ein Bandwurm«, klagte er. »Es wird länger und länger.«

5

In Arthurs Schreibtisch lag ein Ordner, den ich vorher nicht gesehen hatte. Er war blau, und auf seinem Umschlag stand das Wort »Scheidung«. Arthur erklärte, daß er und Mamaine nicht verheiratet seien, weil er und seine frühere Frau ihre Scheidung noch nicht bewilligt bekommen hätten. Aber er erwartete, daß sie bald durchgehen werde, und während er einen diesbezüglichen Brief an den Anwalt diktierte, kam Mamaine ins Zimmer. Sie machte ein langes Gesicht, als sie den geheimen Ordner auf dem Schreibtisch liegen sah, aber Arthur beruhigte sie; Cynthia müsse es ohnehin früher oder später erfahren.

An ihrem Hochzeitstag kamen Mamaine und Arthur nach Paris. Sie wollten am späten Nachmittag nach Verte Rive zurück, und Arthur sagte mir, ich solle mich mit ihnen zum Nachmittagstee im Café Flore treffen, um dann mit hinauszufahren. Er war wie besessen davon, sich gleich am nächsten Morgen wieder in die Arbeit zu stürzen.

Der schwarze Citroën war auf dem Boulevard St. Germain direkt vor dem Café Flore geparkt. Arthur und Mamaine saßen draußen auf der Terrasse mit ein paar Leuten, darunter Stephen Spender, der ein jungenhaftes Gesicht, blonde Locken und ein schüchternes Wesen hatte. Während wir dort saßen und tranken, bemerkte Arthur einen heruntergekommenen, schäbig gekleideten Mann und holte ihn an unseren Tisch. Es stellte sich heraus, daß er ein ehemaliger Genosse Arthurs aus seiner kommunistischen Zelle Anfang der dreißiger Jahre in Berlin war. Er erzählte Arthur, wie er der Gestapo in die Hände gefallen, wie er gefoltert und gezwungen worden war, seine eigenen Exkremente zu essen. Arthur schien den Mann nicht wirklich zu mögen (ich glaube, er war immer noch Parteimitglied), doch anscheinend rührten diese gräßlichen Geschichten alte Erinnerungen in ihm auf. Er bot seinem früheren Genossen immer wieder Drinks an und kippte selbst eine Menge hinunter.

Es wurde spät, und schließlich verließ uns der Deutsche – zur allgemeinen Erleichterung. Man beschloß, erst nach dem Abendessen nach Verte Rive zurückzufahren. Im Restaurant kam es dann zu einem zweiten unangenehmen Zwischenfall. Einer der Gäste – ein Mann, der hinter seiner Frau hertrottete und den Arthur noch nie gesehen hatte – bildete sich ein, Arthur sei grob zu ihm gewesen. Alles geschah ganz plötzlich, und für einen Moment sah es so aus, als würde es eine Schlägerei geben; doch das Paar schob ab und ließ Arthur einigermaßen verwirrt zurück.

Meiner Erinnerung nach endete der Abend damit, daß Mamaine nicht damit einverstanden war, daß Arthur den Wagen chauffierte. Er saß am Steuer des schwarzen Citroën, und als Mamaine sich weigerte einzusteigen, knallte er die Tür zu. Das letzte, was wir von ihm sahen, war, daß er allein in die Nacht davonraste. Mamaine und ich blieben mit Stephen Spender zurück. Für mich war es zu spät, noch nach Hause zu gehen, denn an der Wohnungstür wurde um elf Uhr der Riegel vorgeschoben. Stephen Spender bot Mamaine das Gästezimmer in seiner Wohnung an, und ich schlief auf dem Sofa in seinem Wohnzimmer.

Am nächsten Morgen machte ich mich zeitig auf den Weg nach Fontaine-le-Port. Arthur sah blaß aus und fragte, wo Mamaine sei. Ich erzählte ihm, wo wir die Nacht verbracht hatten. »Warum telefoniert sie denn nicht?« fragte er immer wieder schuldbewußt.

Diese Hochzeitsnacht entsprach wohl nicht ganz den Konventionen, aber ich machte mir darüber keine Gedanken. Arthur und Mamaine feierten ganz einfach keine Hochzeiten – ebensowenig wie Geburtstage. Ein paar Tage später, als Maxim mich vom Bahnhof in Melun abholte, strahlte er. *»Monsieur et Madame sont mariés«,* sagte er in seinem Heimatdialekt. Mein Gesicht blieb gleichgültig, aber in Wirklichkeit war ich entsetzt. Wie war das Geheimnis bekanntgeworden? Maxim holte stolz eine französische Zeitung hervor; ihr Foto nahm eine ganze Seite ein.

6

Arthurs Mutter kam für eine Woche zu Besuch. Am ersten Tag wurde beim Mittagessen nur wenig gesprochen, und ich beobachtete, daß jede ihrer Bemerkungen von Arthur, aber auch von Mamaine kühl aufgenommen wurde. Ich kannte Arthurs Ansichten über Mütter; meine sei entsetzlich, hatte er mir oft gesagt, obwohl er sie damals noch gar nicht kannte; aber ich mußte zugeben, daß wir nur selten völlig übereinstimmten. Arthurs Mutter schien eine charmante alte Dame zu sein, und ich fragte mich, warum Mamaine sie so heftig ablehnte.

Sie war eine Wienerin, ihre blauen Augen und der Knochenbau ihres Gesichts waren ihrem Sohn bemerkenswert ähnlich. Aber vielleicht hatte ein Gen seines Großvaters väterlicherseits, der Russe war, seine Augen schräger und die Backenknochen ausgeprägter geformt. In *Gottes Thron steht leer* gibt es eine Beschreibung von Fedya: »Zwischen den weitgespannten Schläfen und den vorstehenden Backenknochen befand sich eine taillenartige, an eine Sanduhr gemahnende Einbuchtung, die dem Kopf ein leicht mongolisches Gepräge verlieh.« Und später: ». . . die Schrägstellung seiner Augen . . .« Ich fragte Arthur einmal, ob Fedyas Aussehen ein Selbstporträt sei. Aber er sagte, er habe nur den Typus eines osteuropäischen Gesichts beschrieben.

An jenem Abend spielte ich mit Arthurs Mutter Canasta. Während des Spiels wurde auch mir nur allzusehr ihr eigenwilliger Charakter bewußt. Eine Verwandlung war vor sich gegangen; sie nützte jedes Zeichen von Schwäche aus, und ich wurde ganz unbarmherzig vernichtet. Als ich später Mamaine von meinem Debakel erzählte, sagte sie, daß sie Arthurs Mutter hasse, weil sie seine Kindheit zur Hölle gemacht habe.

Arthur schrieb fast jede Woche an die Herren John und Edward Bumpus, die Londoner Buchhändler. Hier ist eine Auswahl der Bücher, die er zwischen Januar und Juni 1950 bestellte:

Concise Oxford Dictionary – »die Ausgabe mit den eingeschnittenen alphabetischen Fingerlöchern«
Freud, *Gesammelte Werke,* Bände I, XVI und XVIII
C. E. M. Joad, *Decadence*
Charlotte Haldanes Autobiographie
Sir Maurice Powicke, *Ways of Mediaeval Life*

R. M. Graves, *Experiment in Anarchy*
B. Ifor Evans, *The Use of English*
Stephen Spenders Autobiographie
Gurdjieff, *All and Everything*
Eliot, *The Cocktail Party*
Hemingway, Across the River and into the Trees
Antonia White, *The Lost Traveller*
Fred Hoyle, *The Nature of the Universe*
Das neueste Buch von Aldous Huxley
Eine englische Übersetzung von Alexander Bloks *Die Zwölf* – neu oder antiquarisch
Joyce Carey, *The Horse's Mouth*
Sir Charles Sherrington und andere, *The Physical Basis of Mind*
Silone, *Der Same unterm Schnee*
Schwarzschildt, *The Red Prussian*
Sartre, *Der Pfahl im Fleische*
Mary McCarthy, *A Pier and a Band*
Henry Green, *Nothing*
Hoyle's Games Modernized
Simenon, *Poisoned Relations.*

7

Ein riesiger Schrank in Verte Rive war voll mit den Ordnern, die sich bei Arthur in den letzten zehn Jahren angesammelt hatten, seit er 1940 aus Frankreich geflohen war und sich in England angesiedelt hatte. Ich erhielt die Aufgabe, sie in mehr oder weniger chronologischer Reihenfolge beziehungsweise nach Themen zu ordnen und in die zur Ablage bestimmten Schachteln zu packen. Auf die Schachteldeckel schrieb ich, was sie enthielten, und heute noch sehe ich diese vertraute, unausgeprägte Handschrift vor mir.

Ich saß auf dem Bett im »Fegefeuer« mit den rosafarbenen Wänden, umgeben von alten Ordnern. Ein Ordner verfolgte mich. Er hieß einfach »Juden« und enthielt ziemlich unscharfe Aufnahmen von Opfern der Konzentrationslager. Einige zeigten dünne, skelettartige Gestalten Habtacht stehen in der schrecklichen Erwartung, erschossen zu werden.

Es gab in den Ordnern Korrespondenzen, die nicht enden wollten. Die meisten Briefe waren abgelegt worden – man würde sie vielleicht irgendwann wieder brauchen – und, einmal eingeordnet, blieben sie für immer dort, denn das Aussortieren wäre viel zu zeitraubend gewesen.

Die Post seiner Fans beantwortete er sehr gewissenhaft. Hier ist ein Brief an einen kleinen Jungen aus Afrika, der Arthur gefragt hatte, ob er sein Brieffreund sein wolle:

Lieber Ebenezer!
Es war sehr nett von Dir, mir zu schreiben. Ich schicke Dir beiliegend ein Bild und hoffe, daß es Dir gefällt. Wenn Du noch andere Brieffreunde haben möchtest, dann versuche es bei:

Mr. Kingsley Martin	und bei:	Mr. André Malraux
10 Great Turnstile		19 bis, Avenue Victor
London WC1		Hugo, Boullonge s/Seine
		France

Beide mögen gern Kokosnüsse und sind sehr liebe Menschen. Alles Liebe an Dich und Deine Freunde.

Im Januar 1950 beantwortete er einen Brief von Professor Dennis Gabor, einem ungarischen Landsmann, der später den Nobelpreis für Physik erhalten sollte:

Methodologisch sind Ihre Bedenken gegen die Beweisqualität hinsichtlich der Telepathie sicher gültig, aber es gibt eine Vielzahl von »aber«, doch es würde zu lang werden, um das brieflich zu diskutieren. Vielleicht werden wir uns eines Tages doch noch treffen – jedenfalls, wenn Sie zufällig nach Frankreich kommen, werden Sie mich das wissen lassen?

Kurze Zeit später kam Dennis Gabor nach Frankreich, und ihre langjährige Freundschaft begann, obwohl sie sich über PSI niemals einig wurden. Es gibt einen langen Brief an Vita Sackville-West, wieder über das Thema Telepathie. Sie hatte einen Artikel über eine telepathische Erfahrung geschrieben und ihre Leser gebeten, sich mit ihr in Verbindung zu setzen, wenn sie irgendeine Erklärung wüßten. Arthur begann seinen Brief mit folgenden Erklärungen:

a) daß ich überzeugt bin, daß Telepathie und Hellsehen empirisch etablierte Fakten sind;

b) daß mehr als 90% der berichteten Fälle von Telepathie und Hellseherei sich im Grund als Selbsttäuschung erweisen;
c) daß die Kraft solcher unbewußten Selbsttäuschungen *bona fide* manchmal ganz erstaunlich ist – wie ich in zwei Fällen herausfand, die im Detail zu untersuchen ich Gelegenheit hatte, und einer davon war dem Ihren recht ähnlich;
d) daß ich glaube, Sie sind ein Opfer einer unbewußten Selbsttäuschung *bona fide* dieser Art.

Da der Vorfall mit der Fehlbarkeit des Gedächtnisvermögens zusammenhing, schlug er vor: »Es gibt einen relativ einfachen Weg, es zu überprüfen: Jeder zuverlässige Hypnotiseur könnte Ihnen in drei oder vier Sitzungen in Erinnerung bringen, was genau passierte . . .«
Er beantwortete den Brief eines jungen Schriftstellers:

Das Gedicht hat mir gefallen, und ich habe den Eindruck, daß Sie wunderbare Prosa schreiben können. Ich meine, Sie sollten versuchen, diesen Roman zu schreiben. Wenn er nicht gelingt, dann schreiben Sie einen anderen. Perfektionismus ist der Tod für den kreativen Impuls. Und die einzige Art, ein Buch zu schreiben, ist, es zu schreiben. Das klingt wie Hemingway, aber tatsächlich hat James Burnham das einmal zu mir gesagt. Falls Sie es irgendwie tröstet, möchte ich Ihnen gestehen, daß meine ersten zweieinhalb Bücher nie veröffentlicht wurden.

Im Januar 1930, kurz bevor George Orwell starb, bekam Arthur einen Brief von Malcolm Muggeridge, auf den er antwortete:

Ich überlege mir, was man mit George tun könnte. Ich weiß, daß bereits alle verfügbaren Spezialisten konsultiert worden sind und daß Sie und seine Freunde alle Möglichkeiten erforscht haben. Doch ich denke noch immer nach, ob das Risiko, ihn per Flugzeug in die Schweiz zu bringen, nicht noch einmal erwogen werden sollte. Als Mamaine im vorigen Jahr sehr krank war, erkundigte ich mich nach Taxi-Flugrettungen und fand heraus, daß dieser Flugdienst relativ billig und sehr effizient ist. Da ich aber die genauen Details seines gegenwärtigen Zustands nicht kenne, ist das alles nur laut gedacht.

Als Orwell starb, schrieb Arthur für den *Observer* den Nachruf. Bald danach antwortete er auf einen Brief seines

Verlegers David Astor, der sowohl Orwells als auch Arthurs enger Freund gewesen war:

Ihr Brief hat mich sehr bewegt. Sonderbarerweise saß ich an jenem Abend, bevor er ankam, vor meinem einsamen Kaminfeuer (Mamaine ist in Garmisch, und ich lebe wie ein Einsiedler im Walde) und schrieb an Sie wegen George mit der Hand einen langen Brief, der mir jedoch am nächsten Morgen zu sentimental vorkam, so daß ich ihn wegwarf. Jetzt kann ich ihn nicht noch einmal schreiben.

Manchmal unterlief mir beim Briefschreiben ein Tippfehler. Passierte das, huschte ein gereizter Ausdruck über Arthurs Gesicht; manchmal schlug er sogar mit der Faust leicht auf den Schreibtisch. Ich sagte mir allerdings, nach so vielen fehlerlos getippten Briefen könne ihm so ein kleiner Fehler doch gewiß nichts ausmachen. Stand im getippten Manuskript eines Buches ein Fehler, stieß er einen Schrei aus, nicht vor Erbitterung, sondern vor Schmerz.

Als Mamaine im Winter in den bayrischen Bergen war, schrieb Arthur ihr oft, und manchmal schickte er ihr mit der Maschine geschriebene Berichte über seine Aktivitäten:

Ich arbeite wie wild an dem Roman und war, seit Du fort bist, nicht mehr in Paris, ebensowenig habe ich die Absicht, in den nächsten Wochen dorthin zu fahren . . .

Ich war noch immer nicht in Paris, ließ mir in Melun einen heroischen Haarschnitt verpassen und sehe aus wie ein geschorener Pudel . . .

Am 1. März sollte er vor Gericht erscheinen. An Mamaine schrieb er im Zusammenhang mit dem »Schmerzhaften Ereignis«:

. . . ich wollte, Du wärest hier zur moralischen Unterstützung . . . Mach Dir keine Sorgen, denn ich habe aufgehört, mir aus der ganzen Sache etwas zu machen. Es wird bloß eine unangenehme halbe Stunde mit Fotografen, Reportern etc. geben, und danach werden wir uns ein außergewöhnlich gutes Champagner-Menü genehmigen.

Der letzte Satz ist ein Beispiel für die Gallizismen, die

damals in Arthurs Stil einflossen, es war der Preis, den er dafür zahlte, in Frankreich zu leben. Der Text von *Gottes Thron steht leer* erhielt dadurch etwas Exotisches, doch er merzte das in der Endfassung des Manuskriptes wieder aus.

Er sorgte sich um Mamaine und schrieb:

Deine letzten Briefe erweckten in mir den Eindruck, daß Du etwas gelangweilt oder deprimiert bist. Falls das der Fall ist, möchtest Du vielleicht den Februar woanders verbringen, wo es mehr Menschen und mehr Leben gibt? *Haute Savoie* zum Beispiel? Du hast überhaupt nichts von diesen Ohrenschmerzen erzählt . . .

Später im Februar schrieb er:

Das Wetter ist immer noch wunderbar, und alles ist in Ordnung, aber ich bin sehr überarbeitet, denn abgesehen von dem Roman, der gut vorangeht, muß ich die französische Übersetzung von *Ein Gott, der keiner war* und die deutsche Übersetzung vom *Yogi* redigieren. Diese Art von Arbeit ist wirklich scheußlich, aber am Ende zahlt sie sich aus – moralisch, meine ich.

Damals bestand Arthur noch darauf, die französischen und deutschen Übersetzungen seiner Bücher zu redigieren, was eine frustrierende und zeitraubende Aufgabe war. Erst vor etwa fünf Jahren gab er das auf.

Wie sehr ihm das Thema der Übersetzungen am Herzen lag, findet in den folgenden Auszügen aus einem Brief an einen jungen ungarischen Schriftsteller seinen Ausdruck:

Ich habe Ihre Manuskripte aufmerksam gelesen und zweifle nicht daran, daß Sie ein sehr begabter Schriftsteller sind . . . Unter normalen Umständen in Ungarn glaube ich nicht, daß Sie irgendwelche Schwierigkeiten hätten, sie von einer Literaturzeitschrift publizieren zu lassen. Aber ich kenne keinen Übersetzer, der eine Übertragung aus dem Ungarischen ins Englische zustandebringt. Die wenigen Leute in London, die das machen, sind Schmieranten. Die Stärke Ihrer Kurzgeschichte liegt in der Atmosphäre und der Feinheit Ihres Stils: beides würde in der Übersetzung verlorengehen. Ich besitze einige Erfahrung bei Versuchen, jungen Schriftstellern zu helfen, und ich weiß, daß es fast unmöglich ist, einen Markt für übersetzte Kurzgeschichten zu finden. Wenn Sie als Schriftsteller Karriere machen wollen, so besteht, wie ich glaube,

die einzige Möglichkeit darin, daß Sie Englisch lernen. Lesen Sie Tag und Nacht Englisch, sowohl Sie als auch Ihre Frau, versuchen Sie, miteinander Englisch zu sprechen, und suchen Sie die Gesellschaft von englischsprechenden Leuten. Ich schrieb mein erstes englisches Buch im Alter von fünfunddreißig Jahren. Ihnen sollte es um so leichter fallen, da Sie ja viel jünger sind. Und dann versuchen Sie, eine Art autobiographischen Roman zu schreiben. Kein Mensch, der Ihre spezifische Entwicklung durchlief, hat das bisher getan. Wenn das ehrlich geschrieben wird – mit furchtloser und rücksichtsloser Ehrlichkeit –, sollte es nicht ausgeschlossen sein, einen amerikanischen Verleger dafür zu interessieren.
Dies ist der schwierige Weg, aber der einzige, den ich sehen kann. In einer Sprache zu schreiben, die keinen literarischen Markt hat, bedeutet, nur für eine einzige Person zu schreiben – den Übersetzer, und ihm völlig ausgeliefert zu sein . . . Zögern Sie nicht, mir wieder zu schreiben, wann immer Ihnen danach ist.

Vita Sackville-West hatte vor, ihre Ferien in Provins zu verbringen, und wollte wissen, ob sie einander treffen könnten. »Verbinde ich Fontaine-le-Port mit Chateaubriand und Mme. Récamier, oder irre ich mich?« fragte sie an. Arthur erwiderte:

Wir wären hocherfreut, wenn Sie und Ihre Freundin für einen Tag oder zum Essen vorbeikämen. Fontaine-le-Port ist ein paar Kilometer von Provins entfernt; wir wohnen am Fluß gegenüber dem Wald von Fontainebleau. Ich habe keinerlei Spuren von Chateaubriand oder Madame de Récamier gefunden, und unser einziger Anspruch auf eine historische Stätte ist, wie ich fürchte, in diesem Satz aus dem Reiseführer enthalten: *Le peintre royal, Martin de Fremines, y fut inhumé en 1619.*

Mrs. Sackville-West und ihre Freundin Violet Trefusis kamen zur erwarteten Zeit zum Mittagessen nach Verte Rive. Ich hörte, Arthur habe sie ziemlich überwältigend gefunden, und nehme an, daß sie über die nautische Bar im Eßzimmer schockiert waren.

Es gab einen Briefwechsel mit der Schwester von Arthurs altem Freund Paul Ignotus, dem ungarischen Schriftsteller. Paul hatte viele Jahre in England gelebt, beschloß aber 1949, zum Begräbnis seines Vaters Budapest wieder zu besuchen. Er wäre ein Narr, wenn er das täte, hatte Arthur zu ihm gesagt, er würde im Gefängnis landen. Paul dachte, Arthur leide unter Verfolgungswahn, aber die Vorhersage bewahrheitete sich. Sari, Pauls Schwester, fürchtete nun, Pauls Leben sei in Gefahr, wenn die britische Presse den Fall aufgriff. Arthur war sicher, daß ihn im Gegenteil nur eine öffentliche Kampagne retten könnte. Schließlich stimmte Sari dem zu, und die Einzelheiten über seinen Fall wurden in England wie auch in Übersee publiziert. Paul wurde schließlich 1956, während der ungarischen Revolution, entlassen.

8

Ende Mai 1950 war Arthur mit dem ersten Entwurf von *Gottes Thron steht leer* fertig. Er schrieb ihn mit der Hand; jedes Mal, wenn ich kam, diktierte er mir die Seiten, die er geschrieben hatte, und nahm dabei Korrekturen vor. Dann las er die Seiten durch, die ich eben getippt hatte, brachte noch ein paar Korrekturen an, wobei er mit Wellenlinien Passagen unterstrich, über die er noch im Zweifel war. Dann begann er, das ganze Buch durchzulesen, führte die letzten Korrekturen durch und benutzte dabei manchmal Schere und Klebstoff. Für diese Arbeit setzte er eine Zeit von etwa zwei Monaten fest. Der erste getippte Entwurf mußte nochmals in die Maschine geschrieben werden, und jedes Mal, wenn ich dort war, warteten eine Menge Seiten auf mich.

Von Mitte Juni an beschäftigte er sich hauptsächlich mit Vorbereitungen zum Kongreß für Kulturelle Freiheit, an dem er und Mamaine Ende des Monats teilnahmen. Er fand, daß der Kongreß mit der Veröffentlichung eines Manifests über intellektuelle Freiheit abgeschlossen werden sollte, das er mir diktierte. Normalerweise legte er beim Diktieren von Briefen häufig Pausen ein und versuchte, die richtigen Worte zu finden, und manchmal beendete er einen Satz wie eine Frage – ob das ausreiche, schien er zu überlegen. Doch jetzt, als er im Zimmer auf und ab ging, wirkte er sicher in allem, was er sagen wollte. Er wird keine Korrekturen machen müssen, dachte ich; der Stil war einfach und klar. Sätze wie »Der Mensch wird zum Sklaven, wenn er des Rechts beraubt wird, ›nein‹ zu sagen« blieben in meinem Gedächtnis haften.

Am Tag vor Arthurs und Mamaines Abreise nach Berlin war ich in Verte Rive und tippte bis zur letzten Minute Briefe, denn Arthur wollte alles Fällige erledigen. Am nächsten Morgen fuhren wir gemeinsam nach Paris. Auf der Fahrt gab Arthur mir Anweisungen, um welche Dinge man sich während seiner Abwesenheit kümmern müsse. Er sagte, falls Mamaine und ihm irgendetwas zustieße, sollte ich das Manuskript von *Gottes Thron steht leer* an A. D. Peters in London schicken. A. D. Peters war sein literarischer Agent und alter Freund.

In den nächsten vierundzwanzig Stunden war es für mich fast unerträglich, eine Zeitung aufzuschlagen. Auf dem Weg nach Berlin mußten Arthur und Mamaine einen Teil von Ostdeutschland überfliegen. Wenn nun jemand aus dem Hinterhalt auf ihr Flugzeug schießen sollte? Ich versuchte, mir derart melodramatische Gedanken aus dem Kopf zu schlagen.

Ein paar Tage später begann der Koreakrieg, und ich wurde von neuen Ängsten geplagt. Ich war sicher, daß dies der Beginn des Dritten Weltkrieges war; sein Schatten, der in *Gottes Thron steht leer* drohend aufzieht, war im Begriff, Realität zu werden. Arthur und Mamaine würden in Berlin in der Falle sitzen. Sie sollten nur eine Woche dort bleiben. Nach drei weiteren Tagen gab es noch immer kein Zeichen von ihnen. Aber schließlich wurde meine düstere Stimmung durch einen Telefonanruf zerstreut: Sie waren wieder zu Hause.

Der Sommer erreichte seinen Höhepunkt. Draußen brannte die Sonne vom Himmel, die Seine schien uns zuzuwinken; doch wir hockten im Haus und arbeiteten. Als ich die letzten Zeilen von *Gottes Thron steht leer* tippte, wurde ich richtig melancholisch. Für Arthur war es noch viel schlimmer. Seine Vitalität schien verebbt zu sein. Er wirkte gedämpft, fast so, als müßte er sich entschuldigen.

5

Der Kongreß für Kulturelle Freiheit

Von A. K.

1

Im März 1950 schrieb ich an Hermon Ould, den Sekretär des PEN-Clubs:

... Ich war einigermaßen schockiert, als ich in den *PEN News* vom Februar auf Seite 5 einen Bericht über »Kultur in der Sowjetunion« fand, der so wirkt, als hätte der Mann im Mond ihn geschrieben. Ich will Sie nicht in einen polemischen Briefwechsel verwickeln, da ich weiß, wie beschäftigt Sie sind, aber ich möchte doch meinen Protest anmelden. Sie erinnern sich vielleicht daran, daß ich einmal eines der aktiveren PEN-Mitglieder war, was dann später aufhörte. Der Grund für diese Entfremdung liegt in dieser neutralen Haltung gegenüber der groteskesten und abscheulichsten Verfolgung von Kunst, Wissenschaft und Literatur, von Genetikern und Musikern bis zu Zirkusclowns.

Neutralismus war in Wirklichkeit die raffinierteste Form des intellektuellen Betrugs und vielleicht die verachtenswerteste. Er zeigte eine vergebende Haltung gegenüber dem totalitären Terror, denunzierte jedoch mit unbarmherziger Gehässigkeit alle Mängel der Ungerechtigkeiten im Westen. Er setzte die Hollywood-Säuberungen von verdächtigen Roten in der Filmindustrie mit jenen Säuberungen auf die gleiche Stufe, welche die Sowjetbevölkerung dezimiert haben.

Diese perverseste Haltung der Nachkriegs-Intelligenz erhielt ihre stärkste geistige und moralische Unterstützung von den diversen Friedensappellen, internationalen Kongressen und pazifistischen Bewegungen, die von den Frontorganisationen der Komintern aufgezogen oder für die eigenen Zwecke ausgenützt wurden. Durch den gleichen semantischen Taschenspielertrick, der Einparteien-Diktaturen als »Volksdemokratien« bezeichnet, wurde der Begriff »Frieden« in einen Slogan verwandelt, der wohlwollende Neutralität gegenüber Tyrannei und Terror implizierte, während jene Intellektuellen, die dagegen protestierten, als Kriegshetzer und Werkzeuge der imperialistischen Aggression gebrandmarkt wurden. Was unter diesen Umständen gebraucht wurde, war eine kraftvolle Demonstration, um die intellektuelle Atmosphäre im Westen zu reinigen. So kam es zum Projekt für den Berliner Kongreß für Kulturelle Freiheit im Juni 1950. Es war eine Ironie des Zufalls, daß Sartre, der Erzsympathisant, und ich, der Kalte Krieger, buchstäblich Reisegefährten in demselben Zug wurden, in dem wir nach Berlin fuhren – zu diamentral entgegengesetzten Zwecken.

Der Kongreß für Kulturelle Freiheit, ein internationales Treffen von Schriftstellern, Politikern und Wissenschaftlern unter der Führung von Bertrand Russel, Benedetto Croce, John Dewey, Karl Jaspers und Jacques Maritain, fand im Juli 1950 in Berlin statt. Seine Eröffnungssitzung deckte sich mit dem Beginn des Koreakrieges. Er diente einem doppelten Zweck: als eine Art geistiger Luftbrücke, als Demonstration westlicher Solidarität mit dem mutigen und mitgenommenen Vorposten Berlin, hundert Meilen hinter dem Eisernen Vorhang, und als Versuch, der von der totalitären Propaganda angestrebten geistigen Verwirrung unter dem Slogan des Friedens entgegenzuwirken. Aus den Überlegungen des Berliner Kongresses entstand eine internationale Bewegung mit Organisationen und Publikationen in einer Reihe von europäischen, amerikanischen und asiatischen Ländern.*

Tatsächlich erwies sich der Berliner Kongreß als aufsehenerregender Erfolg. Und weil jedes populäre Drama einen Bösewicht haben muß, den die Leute am liebsten hassen, wählte die kommunistische und die sympathisierende Presse mich für diese Rolle. Ein typisches Beispiel war ein Artikel in *L'Observateur* unter der Schlagzeile *KKK – Koestlers Kultur Kongreß*. Das offizielle Parteiorgan *L'Humanité* übertraf sie noch. Es veröffentlichte eine Landkarte von Fontaine-le-Port, auf der ein Pfeil nach Verte Rive deutete,

* *Die Spur des Dinosauriers.*

mit der Erklärung: »Dies ist das Hauptquartier des Kalten Krieges. Hier trainiert Chip Bohlen, der amerikanische Botschafter, seine paramilitärische faschistische Miliz.«

Es überraschte mich, daß sie mein Segelkanu nicht als Schlachtschiff ausgaben.

Das Körnchen Wahrheit in dieser Haßkampagne war, daß ich als Mitglied des fünfköpfigen Kongreßleitungs-Komitees tatsächlich eine aktive Rolle bei der Planung und Leitung des Kongresses übernommen hatte. Ich hielt auch eine Eröffnungsrede, dann ein Referat in der politischen Arbeitsgemeinschaft und verlas bei der Abschlußsitzung das Kongreßmanifest, das ich verfaßt hatte und das, zu meiner Überraschung, von den etwa 15.000 Teilnehmern der Veranstaltung auf dem überfüllten Rundfunk-Gelände einstimmig angenommen wurde. Das Manifest schloß mit den Worten:

11.) Wir glauben (aus diesem Grund), daß Theorie und Praxis des totalitären Staates die größte Bedrohung darstellen, der sich der Mensch in seinem geschichtlichen Dasein bisher gegenübergesehen hat.
12.) Gleichgültigkeit und Neutralität kämen angesichts einer solchen Drohung einem Verrat an (den wesentlichsten Werten) der Menschheit gleich, einer Abdankung des freien Geistes. Von unserer Antwort auf diese Bedrohung hängt für Generationen das Schicksal des Menschen ab.*

Es gab keine Zwischenrufe, keine Unterbrechungen, auch keine Anzeichen von Hysterie, trotz der jüngsten Blockade der Lebensadern dieser Stadt zum Westen. Berlin, anno 1950, hatte aus seinen bitteren Erfahrungen gelernt und war gegen das Opium des Neutralismus immun, obwohl es eine isolierte, von politischen Feinden eingeschlossene Enklave war. Die Leute wußten, daß sie die Blockade ohne die alliierte Luftbrücke nicht überlebt hätten, und sie verstanden, daß der Kongreß als eine andere Art von Luftbrücke gedacht war, um zu beweisen, daß die Intellektuellen des Westens sich trotz allem um ihr Schicksal sorgten. Als das Manifest mit Beifall bedacht war und ich

* Der Text dieser Reden ist in *Die Spur des Dinosauriers* abgedruckt.

ausrief: »Die Freiheit hat die Offensive ergriffen«, verwechselte das kein Mensch im Publikum mit einem Slogan des Kalten Krieges, bis auf jene, die es unbedingt mißverstehen wollten.

2

Im Herbst 1950 war ich wieder in New York, diesmal zu einem ausgedehnteren Besuch als bei der hektischen Vorlesungstour vor zwei Jahren. Macmillans bereiteten die Werbung für *Gottes Thron steht leer* vor. Sidney Kingsley arbeitete an der Bühnenfassung von *Sonnenfinsternis,* doch abgesehen von diesen unmittelbaren Angelegenheiten: Mamaine und ich waren noch immer unentschlossen, wo wir uns ansiedeln sollten, und ich spielte vage mit dem Gedanken, einen Teil des Jahres in den Vereinigten Staaten, den anderen in Frankreich zu verbringen. In einem Interview mit der *New York Times* erklärte ich am 1. April 1951:

> Ich würde meine Zeit gern zwischen diesem Land und Europa teilen. Ein politischer Schriftsteller unserer Zeit kann nur hoffen, sich ein ausgeglichenes Bild von der Welt zu machen, wenn er Amerika nicht nur als Besucher kennt, sondern auch als Ansässiger, der ins Alltagsleben integriert ist. Und das gleiche gilt für Europa. Die hoffungslos einseitige und verzerrte Meinung, die der Europäer von Amerika und der Amerikaner vom Europäer hat, ist eine der Hauptquellen für die politische und kulturelle Verwirrung unseres Zeitalters.

So war es ein zusätzliches Ziel der Reise, nach einer Wohnung oder einem Landhaus zu suchen, in dem wir einen Teil des Jahres verbringen konnten; Mamaine sollte zu gegebener Zeit nachkommen.

Doch war ich zu beschäftigt und auch zu unentschlossen, um die Wohnungssuche ernsthaft zu betreiben. Die Häuser auf dem Lande, in die ich manchmal übers Wochenende eingeladen war, gefielen mir nicht, und Mamaine hätten sie noch weniger gefallen – ihnen allen fehlte die Privatsphäre, keine Hecken, Zäune oder Reste von alten Mauern umgaben sie. Sie schienen nackt und entblößt in der offenen

Landschaft zu stehen und weckten die Sehnsucht, auf einer Insel zu leben. So war es eine Insel, die ich schließlich in einem Anfall von Waghalsigkeit kaufte.

Sie lag im Delaware-Fluß in Bucks County, Pennsylvania, hatte eine ovale Form, war eine Meile lang und an ihrer stärksten Stelle eine halbe Meile breit. Sie hatte einmal Hooker's Island geheißen, jetzt war sie einfach als Island Farm bekannt. Durch eine einzige, über sieben Meter lange Hängebrücke aus Stahl war sie mit dem Festland verbunden, die zum Besitz gehörte und gesperrt werden konnte. Hier gab es tatsächlich so etwas wie Privatsphäre. »In der friedlichen Abgeschiedenheit dieser Insel«, begeisterte sich die Broschüre des Auktionators, »könnte die übrige Welt genausogut tausend Meilen weit entfernt sein. Hier können Sie in völliger Zurückgezogenheit und Abgeschiedenheit so leben, wie Sie es wünschen; nichts wird Sie stören – nur der leichte Wind in den Bäumen.«

Ich war im Oktober 1950 übers Wochenende zu Freunden gekommen, die ein Haus in der Nähe von Flemington, New Jersey, hatten. (Jupp Loewengard war Bankier, seine Frau Kathrin schrieb unter dem Pseudonym Martha Albrand.) Beim Abendessen am Freitag erwähnten sie, daß am nächsten Tag – Samstag, den 6. Oktober – nur ein paar Kilometer von ihnen entfernt eine Insel im Delaware auf einer öffentlichen Auktion versteigert werde, und wir beschlossen, uns das aus purer Neugierde probeweise anzusehen. Aber am Samstag trödelten wir beim Mittagessen zu sehr, und als wir auf der Insel ankamen, hatte die Auktion auf einer abgelegenen Wiese am Ende einer Allee bereits begonnen. Etwa zwanzig verschlafen aussehende Leute standen auf dem Rasen herum und bildeten einen Halbkreis um den Auktionator. Die ganze Szene wirkte irgendwie unwirklich, und der unwirklichste Aspekt davon war meine Hand, die bei einer Summe hochschoß, an die ich mich nicht mehr erinnere. Aber woran ich mich erinnere, ist, daß die ganze Angelegenheit in ein paar Minuten vorbei war, und die Summe, für die mir der Versteigerer die Insel voller Bedauern zuschlug, betrug 41.000 Dollar. Mein Gastgeber Jupp, der sich in Immobilien auskannte, meinte, die Insel hätte gute 80.000 Dollar erzielen können. Ich hörte noch, daß die Immobilienagenten und Spekulanten glücklicherweise gerade an diesem Nachmittag ein entscheidendes Baseball-Spiel besuchten.

Ich konnte es einfach nicht glauben, innerhalb weniger Minuten der Herrscher eines Inselkönigreichs geworden zu sein, und dieses Gefühl verstärkte sich noch durch die Tatsache, daß sein Preis fast auf den Dollar genau die Summe ausmachte, die Macmillans, meine amerikanischen Verleger, an akkumulierten Tantiemen für mich horteten. Aber als britischer Staatsbürger durfte ich, nach den komplizierten Devisenbestimmungen, die 1950 noch in Kraft waren, kein amerikanisches Bankkonto besitzen; meine Einkünfte im Ausland sollten, abgesehen von meinen persönlichen Ausgaben, in Pfund Sterling eingewechselt werden. Als mich der Versteigerer also nach der üblichen Anzahlung von 15% fragte, mußte ich erklären, daß ich kein Bankkonto hätte und erst meine Verleger bitten müsse, ihm in ein paar Tagen den Scheck zu schicken.

»Wollen Sie damit sagen, Mister«, fragte der verwirrte Auktionator, »daß Sie *kein Bankkonto* haben?«

Schuldbewußt gab ich zu, daß es so war, und erwartete, daß er die Polente holen und mich als Betrüger verhaften lassen würde. Aber dann hätte er mit der Auktion von neuem beginnen müssen, und mittlerweile waren die potentiellen Bieter auf und davon. »Gehen Sie ins Haus, Mister, und sprechen Sie mit Mrs. King,« sagte er schließlich. Mrs. King war die Besitzerin der Insel – oder war es vielmehr gewesen –, die sie wegen des plötzlichen Todes ihres Mannes verkaufen mußte.

»O. K.«, sagte ich, »aber könnten Sie mir freundlicherweise sagen, wo das Haus ist?«

Der Versteigerer schien einer Herzattacke nahe. »Wollen Sie damit sagen, daß Sie das Haus, das Sie gerade gekauft haben, noch gar nicht gesehen haben?« Wieder bekannte ich mich schuldig und versuchte zu erklären, daß mich das, was ich von der Insel wahrnahm, als ich den Weg entlangfuhr, so umgeworfen hatte, daß ich das Haus gar nicht bemerkte. Glücklicherweise mischten sich in diesem kritischen Moment die Loewengards, die sich diskret im Hintergrund gehalten hatten, ein, und Jupp schrieb einen Scheck für die

Anzahlung in der Höhe der erforderlichen 15% aus.

Als ich das Haus dann wirklich sah, war ich bezaubert. Es war im *Pennsylvania-Dutch*-Stil des vorigen Jahrhunderts gebaut und sorgfältig modernisiert worden, geräumig, aber kompakt, mit vielen Gästezimmern, Dienstbotenquartieren, breiten Veranden und einem Solarium mit Aussicht von drei Seiten auf den Fluß. Die Broschüre des Auktionators informierte mich auch, daß »die Insel insgesamt etwa 45 Hektar umfaßt. Etwa 26 Hektar sind anbaufähig, 16 Hektar wertvoller Baumbestand, drei Hektar Gärten und Rasen« – ganz zu schweigen von Nebengebäuden, Scheunen, Garagen, »150 Apfelbäumen, 100 Birnenbäumen, einer Reihe von Pecanobäumen und Geflügelställen mit einer Kapazität von 2800 Hühnern.« Was kann man sich sonst noch wünschen?

Mamaine kam nach Weihnachten in New York an, und wir zogen Anfang Januar nach Island Farm. Es war aufregend, das Haus einzurichten und sich um den Rasen und die Gärten zu kümmern. Doch hatten wir beide ein ambivalentes Verhältnis zum amerikanischen Lebensstil. Politisch war ich standhaft pro-amerikanisch, aber das änderte wenig daran, daß ich die amerikanische Küche, aber auch die populären kulturellen Wertvorstellungen nicht besonders mochte. Das galt ebenfalls für die Literaturszene.

In dem Interview, das ich oben zitierte, hatte ich gesagt:

Je länger ich hier lebe, um so mehr bekomme ich das Gefühl, daß mit dem literarischen Leben in Amerika irgendetwas nicht stimmt. Ich meine nicht die Qualität der Schriftsteller. Alles in allem haben sie hier eine größere Zahl von erstklassigen Romanciers als irgendein europäisches Land. Was mich irritiert, ist etwas anderes. Lassen Sie es mich so formulieren: Wenn Sie mich fragen, welche Ambitionen ein Schriftsteller im Leben haben soll, würde ich mit einer Formel antworten: Es sollte die Ambition eines Schriftstellers sein, hundert zeitgenössische Leser gegen zehn Leser in zehn Jahren und gegen einen Leser in hundert Jahren einzutauschen.

Aber die allgemeine Atmosphäre in diesem Land lenkt die Ambitionen des Schriftstellers in andere Kanäle. So integer er auch sein mag, Kritiker und Verleger konzentrieren seine Aufmerksamkeit – bewußt oder unbewußt – auf unmittelbaren Erfolg hier und jetzt. Religion und Kunst sind die zwei miteinander absolut nicht konkurrierenden Sphären des menschlichen Strebens, und sie stammen beide aus der gleichen Quelle. Aber das soziale Klima in diesem Land hat das moderne Schaffen grundsätzlich zu einem Konkurrenzgeschäft gemacht. Auf der Bestseller-Liste, diesem Fluch des amerikanischen literarischen Lebens, werden Autoren wie Aktien auf der Börse gehandelt. Die Leute schlagen die Literaturbeilagen der Sonntagszeitungen auf, wie andere sich die Börsenberichte ansehen: Wie steht es heute mit General Electrics? Ist Budd Schulberg Hemingway immer noch voraus? Man kann die Parallele weiterverfolgen. Und man kann spekulative Investitionen tätigen – Robert Penn Warren zum Beispiel, oder man geht auf Nummer Sicher mit Witwenaktien und setzt auf Waltari oder auf Taylor Caldwell.

Das klingt bloß komisch, es ist aber eine Tatsache, daß die Verwandlung von Literatur in ein Konkurrenzspiel die gleiche zerstörerische Wirkung auf Leser, Schriftsteller, Verleger und Kritiker hat. Kein Schriftsteller ist ohne Eitelkeit, die Berufskrankheit des Künstlers. Aber es ist ein Unterschied, ob deine Eitelkeit und dein Ehrgeiz auf den Leser in hundert Jahren gerichtet ist oder auf einen guten Platz auf der Bestseller-Liste. Wenn Sie in diesem Land als Romanschriftsteller leben, mögen Sie ein Heiliger sein, doch Sie werden nicht widerstehen können, einen Blick auf diese teuflische Liste zu werfen, um zu sehen, wo Sie und Ihre Freunde stehen; und Ihre Freunde verwandeln sich auf diese Weise automatisch in Ihre Konkurrenten. Ich kenne einen jungen amerikanischen Schriftsteller, der einmal an der Spitze der Bestseller-Liste stand und der jetzt wie gelähmt und am Rande eines Nervenzusammenbruchs ist, weil er Angst hat, daß er, wenn er seine Leistung nicht wiederholt, automatisch als *passé* gilt – und dieser ganz ausgezeichnete junge Schriftsteller ist noch nicht einmal dreißig. Können Sie sich das ganze Entsetzen vorstellen, das dies impliziert? Und können sie sich die Absurdität eines Hemingway vorstellen –, Amerikas größtem lebenden Romancier, der von seinen Büchern im Sinne einer »Verteidigung des Meistertitels« sprach? Ich weiß natürlich, daß er das im Scherz gesagt hat, aber es ist einfach keiner. Es ist ein Versprecher, er verrät die grundsätzliche Annahme, daß Schreiben ein Konkurrenzgeschäft wie Preisboxen ist.

Ich bin überzeugt, daß in hundert Jahren der Historiker die Degradierung der Kunst auf das Niveau von Konkurrenzen als eine der entscheidenden Verirrungen der heutigen amerikanischen Kultur und die Bestseller-Liste als ihr groteskes Symbol betrachten wird.

Die *New York Times* druckte eine zensierte Fassung des Interviews, was den Interviewer Harvey Breit – ein netter

Kerl, der sich darauf spezialisiert hatte, Schriftsteller auszufragen, die nach New York kamen – sehr wütend machte. Er schrieb mir:

Ich habe einen großen Kampf geführt, der mich sehr zornig gemacht hat ... Die Diskussion, simplifiziert ausgedrückt, ging darum: Wie können wir genau das angreifen, was wir selbst machen? ... Die Herausgeber genehmigten schließlich eine Fassung, die sich wenig, wenn überhaupt, auf die Bestseller-Listen bezieht, jedoch auf die kommerziellen Aspekte unseres literarischen Lebens eingeht. Eingedenk der Idee, daß ein halber Laib Brot besser ist als gar keiner, willigte ich ein.

Es war ein heimtückisches kleines Beispiel von literarischer Zensur. »Wie können wir genau das angreifen, was wir selbst machen?« Man muß diesen Satz in sich einwirken lassen, denn er ist das direkte Gegenteil von Voltaires berühmtem »Ich bin nicht einverstanden mit dem, was Sie sagen, aber ich bin bereit, dafür zu sterben, daß Sie das Recht haben, es zu sagen.« Man konnte mir nebenbei nicht vorwerfen, ich strecke mich nach den sauren Trauben, denn zu meiner großen Befriedigung war *Gottes Thron steht leer* gerade auf den vierten Platz der Bestseller-Liste geklettert. Und im übrigen beweist diese Nebenbemerkung die Feststellung, die ich gemacht habe.

3

Wir waren kaum in Island Farm eingezogen, als Mamaines Asthma sich verschlimmerte und sie mehrere Wochen das Bett hüten mußte. Das war mit quälender Regelmäßigkeit jedes Mal passiert, wenn wir in ein neues Haus einzogen: in Bwlch Ocyn und in Verte Rive. Die Anstrengung der Übersiedlung mochte zu groß für sie gewesen sein, oder es war irgendeine psychosomatische Teufelei am Werk; denn obwohl Mamaine das Reisen liebte, war London der einzige Platz, wo sie wirklich leben wollte.

In Verte Rive hatte ich eine Haushaltshilfe, wenn Mamaine krank war, doch auf den *wuthering heights* von Wales und auf dem Inselkönigreich im Delaware mußte ich selber kochen und die Hausarbeit verrichten, so gut ich eben konnte. Uns wurde jedoch bald klar, daß auch das Beste nicht gut genug war. Ein bis zwei Wochen hatte ich täglich eine Negerin, die mit ihrem Wagen aus dem zehn Meilen entfernten Felmington kam, wenn sie Lust dazu hatte; aber als der Feldweg, der zur Brücke führte, vereist war, blieb sie aus. Um die Wahrheit zu sagen, es gefiel mir ganz gut, Staub zu saugen, *pot-au-feu* zu kochen und den Rasen zu mähen: als Urlaub vom Buch, an dem ich soeben schrieb *(Pfeil ins Blaue)*, und von dem Briefwechsel, den ich zu bewältigen hatte. Als aber der rote Ordner, auf dem »Dringend«, und der graue, auf dem »Unbeantwortet« stand, wie sitzengelassene Mädchen in fortgeschrittener Schwangerschaft dicker und dicker zu werden begannen, gewann das Schuldgefühl die Oberhand. Glücklicherweise gab es für dieses Problem eine naheliegende Lösung: die treue Cynthia. Sie war nicht nur die ideale Sekretärin, sondern auch eine passionierte Gärtnerin und mit dem Staubsauger genau so gut bei der Hand wie mit dem Rasenmäher. Mitte Februar, als Mamaine noch immer bettlägerig war, schrieb ich ihr:

Dieser Brief wird eine große Überraschung sein. Mamaine und ich haben uns entschlossen, Sie zu fragen, ob Sie herüberkommen und bei uns bleiben wollen, bis wir nach Europa zurückfahren ... Wir hoffen sehr, daß Ihnen die Idee gefällt und daß Sie, da die Arbeit drängt, schon gestern eintreffen werden.

Tatsächlich traf sie zehn Tage nach Erhalt des Briefes ein – die Zeit, die sie brauchte, um ein amerikanisches Visum zu bekommen.

Die Krise war vorüber. Als der Druck nachließ, war Mamaine bald auf dem besten Weg zur Gesundung, und ich konnte mich wieder an die Arbeit machen.

Abgesehen davon, daß ich Cynthia einige Kapitel aus dem *Pfeil ins Blaue* im Rohentwurf diktierte und einige Essays schrieb (abgedruckt in *Die Spur des Dinosauriers)*, war meine Hauptbeschäftigung – sehr bald meine fixe Idee – in jenem ersten Frühling auf der Insel ein Unternehmen namens Fond für Intellektuelle Freiheit, kurz FIF, auf die Beine zu bringen. Ich war mit dem Elend meiner Schriftsteller-Kollegen nur allzu vertraut – Russen, Polen, Ungarn,

Tschechen, Rumänen, denen es gelungen war, ihre physische Existenz und ihre geistige Integrität zu retten, indem sie in den Westen flüchteten. Jetzt kämpften sie um das bloße Überleben. Ich kam außerdem immer mehr zur Ansicht, daß wohlhabende Schriftsteller in der freien Welt die spezielle Pflicht hatten, ihren weniger vom Glück begünstigten Kollegen beizustehen – nicht mit Almosen, sondern durch konstruktive Hilfe, die ihnen das Schreiben in der grausamen Übergangszeit, bevor sie auf dem fremden Boden festen Fuß gefaßt hatten, wieder möglich macht.

Das Problem der Wohltätigkeit besteht darin, daß dein Beitrag bloß ein Tropfen auf den heißen Stein ist. Aber die Zahl der wirklich kreativen Schriftsteller unter den Flüchtlingen war begrenzt – vielleicht knapp zweihundert. Andererseits ist das Leben des Exil-Schriftstellers schwieriger als das der Emigranten mit üblichen Berufen. Wohltätige Organisationen, zum Beispiel das *International Rescue and Relief Committee* (IRRC), konnten nur die Grundbedürfnisse befriedigen, um diese Autoren vor dem Verhungern zu bewahren, aber die konnten nicht die Bedingungen schaffen, unter denen sie imstande waren, weiterzuarbeiten. Genau hier setzte der FIF ein. Er verteilte keine Unterstützungsgelder, sondern sorgte für konstruktive Hilfe je nach den individuellen Bedürfnissen, die von Schreibmaschinen (einige mit kyrillischen Buchstaben), Stipendien für die Fertigstellung eines Buches, Mitteln zur Bezahlung von Übersetzern bis zur Herstellung von Verlags- und Rundfunk-Kontakten usw. reichte. Vor allem beschaffte der FIF kreative Betätigungsmöglichkeiten, indem er Emigrantenzeitschriften in mehreren Sprachen herausgab oder subventionierte: russisch (*Literaturny Sovremennik*), auch polnisch (*Kultura*), rumänisch (*Orizontori*) und ungarisch (*Uj Magyar Ut*).

Das ehrgeizigste dieser Unternehmungen, der *Literaturny Sovremennik,* war eine Monatszeitschrift von ungefähr 260 Seiten, die in München erschien. Sie hatte das klassische Format der sogenannten »dicken« Literaturzeitschrift, die seit Beginn des 19. Jahrhunderts eine so zentrale Rolle im kulturellen Leben Rußlands spielte; einige Meisterwerke der großen russischen Romanschriftsteller wurden erstmals

als Fortsetzungsromane in »dicken« Literaturzeitschriften veröffentlicht. Die Geburt einer neuen Literaturzeitschrift ist an sich nichts Aufregendes, aber die Lancierung von *Literaturny Sovremennik* war ein symbolisches Ereignis. Ihre Bedeutung spiegelt sich in den folgenden Auszügen aus einem Brief wider, den der Herausgeber, Boris Yakovlev, an mich richtete:

Die Leute sagen, daß es keine Wunder gibt, am allerwenigsten unter Emigranten. Daher wurden die ersten Nachrichten, daß eine Gruppe von Euch englischen und amerikanischen Autoren beabsichtigt, ein Wunder geschehen zu lassen und uns unsere verlorene Stimme wiederzugeben, mit skeptischem Lächeln aufgenommen. Sie konnten nicht glauben, daß Solidarität, dieses Wort, das wir so oft als politischen Slogan mißbraucht gehört hatten, in der Welt der Tatsachen existieren könnte.

Dann erklärte er, daß die russischen Emigranten nicht in der Lage seien, einen Markt für ihre Arbeit zu finden, weil sie kein Geld für Übersetzer hatten und die Herausgeber und Redakteure nicht dazu bringen konnten, ein Manuskript in russischer Sprache zu lesen. Er beschrieb, wie diese Menschen, die ihr Leben riskierten, um hinauszugelangen und ihre Stimme zu Gehör zu bringen, einer nach dem anderen aus Entmutigung und Verzweiflung das Schreiben aufgegeben hatten. Der Brief schließt:

Und nun ist das Wunder geschehen. Wir haben fünfundzwanzig Jahre lang »drüben« und fünf Jahre lang hier darauf gewartet – auf das Wunder, schreiben zu dürfen, was wir denken, und das, was wir geschrieben haben, veröffentlicht zu sehen. Nun ist es geschehen. Ich glaube, unsere Leute hier haben es verdient. Sie als Schriftsteller werden zweifellos verstehen, was es für uns Schriftsteller und Dichter, die wir aus der UdSSR entkommen sind, bedeutet, zum ersten Mal nach dreißig Jahren die Chance zu haben, in gedruckter Form zu sagen, was wir wollen.

Hochachtungsvoll,
B. Yakovlev

Der FIF hatte keine laufenden Unkosten; die ganze Arbeit wurde von freiwilligen Helfern ausgeführt – hauptsächlich in München und Paris –, die mit den Flüchtlingsorganisationen in engem Kontakt standen und von New York aus von Agnes Knickerbocker (der Witwe des Schriftstellers H. R. Knickerbocker) und mir koordiniert wurden. Beim Start dieses Wagnisses hatte ich die Idee gehabt, nicht um Geldspenden zu appellieren, sondern wohlhabende Schriftsteller zu bitten, dem FIF in Form von Selbstbesteuerung einen Prozentsatz der Tantiemen für ein Buch, eine fremdsprachige Übersetzung oder für Bühnen- oder Filmproduktionen usw. zu überweisen. Die Idee erschien (mir zumindest) gut, aber die Reaktion der amerikanischen Schriftsteller auf den FIF-Appell, der von der *New York Times,* der *Herald Tribune* und *Saturday Review of Literature* veröffentlicht wurde, war trostlos. Ein anonymer Spender schickte einen Fünf-Dollar-Scheck. Ein Spinner, der einen Regenschirm mit einer innen angebrachten elektrischen Glühbirne erfunden hatte, die aufleuchtete, wenn der Schirm geöffnet wurde, schlug vor, daß der FIF seine Erfindung vermarkten und dann 10 Prozent vom Erlös behalten könne. Dieser Brief und der anonyme Scheck waren die einzigen spontanen Reaktionen auf den Appell. Einige Schriftsteller machten Versprechungen, als man individuell an sie herantrat, aber tatsächlich lösten nur Aldous Huxley, Stephen Spender und Budd Schulberg ihr Versprechen ein, finanziell zu helfen.

Was den FIF dennoch am Leben erhielt, war pure Ironie des Schicksals. Um das Abenteuer zu starten, hatte ich dem FIF als eigenen Betrag alle Tantiemen, die die bevorstehende Broadway-Bühnenproduktion von *Sonnenfinsternis* einbringen würde, versprochen. Ich konnte das Stück nicht leiden, weil es für meine Begriffe an der Grenze zum Melodrama stand, und strengte sogar einen Prozeß an (den ich verlor), um von Sidney Kingsley, der die Bühnenbearbeitung besorgt hatte, die Möglichkeit zur Inhaltskontrolle zurückzugewinnen. Doch die Broadway-Produktion wurde ein Riesenerfolg, lief achtzehn Monate lang und brachte dem FIF etwa 40.000 Dollar ein – ungefähr die gleiche Summe, die ich für die Insel bezahlt hatte, damals ein kleines Vermögen. Ich muß allerdings erwähnen, daß ich, als ich meinen Tantiemen-Verzicht beschloß, nicht voraussehen konnte, wie hoch diese Tantiemen sein würden. Jedenfalls sorgte das Stück für 90 Prozent des Budgets des FIF, und er konnte konstruktive Hilfe für eine Reihe von Exilschriftstellern in einer kritischen Phase ihres Lebens leisten.

Nach einigen Jahren hatte der FIF jedoch einen unzumutbar hohen Anteil meiner Arbeitszeit verschlungen, und ich übergab die Administration des Fonds 1952 dem Internationalen PEN-Club. Doch David Carver, der Nachfolger von Hermon Ould als Sekretär des PEN, überlegte es sich anders: Wenn PEN nur Flüchtlingen aus Ländern hinter dem Eisernen Vorhang und nicht aus Ländern mit anderen diktatorischen Regimen half – zum Beispiel aus Lateinamerika –, würde er sich dem Vorwurf, politische Vorurteile zu haben, aussetzen. Daher überwies der PEN-Club 1956 das, was vom Fonds noch übrig war, dem Kongreß für Kulturelle Freiheit.

Das gibt der Geschichte eine weitere ironische Note, denn der Kongreß für Kulturelle Freiheit wurde damals vom CIA finanziert – vermutlich deshalb, weil die amerikanische Regierung keine andere institutionelle Möglichkeit hatte, anspruchswürdigen kulturellen Institutionen in Europa Fonds zuzuleiten – wie etwa der Zeitschrift *Encounter*. Während also Kommunisten und Sympathisanten andeuteten, daß ich »auf der Gehaltsliste des CIA« stehe, war in Wirklichkeit das Gegenteil der Fall: Meine schwerverdienten Tantiemen aus der Bühnenfassung von *Sonnenfinsternis* gingen über den Fond für Kulturelle Freiheit an den Kongreß für Kulturelle Freiheit und kamen somit dem CIA zugute. Es verschafft ein angenehmes Gefühl von Befriedigung, wenn man weiß, daß – um die Sprache derer zu benutzen, die mir Böses wünschten – der CIA auf *meiner* »Gehaltsliste« stand, nicht umgekehrt.

6

Das Leben auf der Insel

Von C. K.

1

Als Arthur Ende September nach New York ging, wußte er nicht, wie lange er fortbleiben würde. Mamaine sollte bei Celia in London bleiben und ihm später folgen. Ich beschloß betrübt, ebenfalls nach London zu fahren und einen neuen Job zu suchen. Um Verte Rive und die Hunde sollten sich Maxim und Anna kümmern.

Als Arthur abgereist war, lebte ich nur noch so dahin. Am Morgen stand ich auf; abends ging ich zu Bett, und es war mir egal, ob ich schlief oder nicht. Bewußt nahm ich nur den Schmerz im Herzen wahr, der auf meine Lunge, den Magen und die Leber ausstrahlte. Konnte denn Kummer nicht nur seelisch erlebt werden, sondern sogar physisch? Nach einiger Zeit bildete sich unter meinem Arm ein Furunkel. Ich nahm die Metro zum Amerikanischen Krankenhaus in Neuilly, um es mir dort aufschneiden zu lassen. Die winzige Narbe erinnert mich noch heute an meine »Herzschmerzen«.

In London fand ich dann Arbeit, dazu die Unterkunft in einem kleinen Hinterhaus auf der Rückseite von Sloane Street, das ich mit zwei Mädchen teilte.

Ich war nun Aushilfssekretärin bei Sidney Bernstein, dem Vorsitzenden der »Granada«-Gruppe. Ich nahm die Arbeit auf Anraten Mamaines an. Ich hatte in Stewart's Grove Nr. 3, dem bezaubernden kleinen Haus, das Celia gehörte, mit ihr zu Mittag gegessen. Mamaine kannte Sidney Bernstein, der, wie sie sagte, charmant sei. Aufgrund der Verbindung zwischen ihm, Mamaine und Arthur nahm ich den Job an.

Das Büro war im Granada House, man überblickte den Golden Square. Sidney Bernstein hatte eine gewinnende, zwanglose Art, war von einer unermüdlichen, ruhelosen

Energie, und es machte viel Spaß, für ihn zu arbeiten. Obwohl ich Gerüchte über sein aufbrausendes Temperament und die daraus entstehenden Gewitter gehört hatte, die das Gebäude erzittern ließen, habe ich selbst nie etwas davon zu spüren bekommen. Als seine Chefsekretärin in Urlaub ging, mußte ich ihre Arbeit übernehmen; trotz meiner fürchterlichen Schnitzer war er geduldig und gut gelaunt.

Im November kam Mamaine, um sich unser kleines Hinterhaus anzusehen. Arthur habe, so sagte sie, gerade eine ganze Insel samt Bauernhaus im Delaware River gekauft. Obwohl ich mir schon Gedanken gemacht hatte, ob ich ihn jemals wiedersehen würde, deprimierte mich diese Nachricht; nun hatte er seine Insel und würde nie mehr nach Europa zurückkommen. Ende Dezember reiste auch Mamaine ab; sie fuhr zu Arthur.

Als ich an einem trostlosen Februarmorgen das Haus verließ, um zur Arbeit zu gehen, fand ich auf dem Teppich im Hauseingang einen Brief, der an mich adressiert war. Er trug eine amerikanische Briefmarke, und während ich zur Bushaltestelle eilte, öffnete ich ihn und las:

Dieser Brief wird Sie sehr überraschen. Mamaine und ich haben uns entschlossen, Sie zu fragen, ob Sie herüberkommen und bei uns bleiben wollen, bis wir nach Europa zurückfahren, was, wenn alles gut geht, irgendwann im April der Fall sein wird.
Natürlich ist dieses Angebot nicht völlig selbstlos. Hier draußen, wo wir leben, ist es unmöglich, eine so effiziente und nette Sekretärin wie in Fontaine-le-Port zu finden. Ich möchte jetzt ernsthaft an der Biographie weiterarbeiten, und mit Ihrer Hilfe könnte ich den Großteil in ein paar Monaten fertighaben, wenn ich diktiere und Sie gleich mitstenographieren. Da es keine Belletristik ist, könnte man genauso vorgehen wie bei Briefen und politischen Flugschriften, aber es gibt niemanden, mit dem ich so an eine Zusammenarbeit gewöhnt bin.

Es folgten einige Abschnitte über die technischen Einzelheiten der Reise, Flugticket usw. und am Schluß:

Na ja, ich sagte Ihnen, das wird ein überraschender Brief sein. Wir hoffen sehr, daß Ihnen die Idee gefällt und daß Sie, da die Arbeit drängt, schon gestern eintreffen werden.

Ich antwortete am selben Abend:

Liebe Mamaine und Arthur!
Es ist zu wunderbar, um Worte dafür zu finden. *ICH KANN ES EINFACH NICHT GLAUBEN!* Ich bin so aufgeregt, seit ich heute morgen Euren Brief erhielt, und hüpfe wie eine Verrückte durch die Straßen – kein Wunder, daß ich schon merke, wie komisch die Leute mich ansehen! Aber wenn ich meine Arbeit getan habe, werde ich versuchen, Euch nicht zu belästigen.
Mir ist klar, je früher ich komme, um so eher werden Sie mit Ihrem Buch vorankommen können, daher mache ich mich ganz schnell daran, alles zu erledigen. Ich war in der Mittagszeit auf dem Konsulat, um herauszubekommen, was ich brauche . . .

Es gab eine ganze Menge zu tun, und es dauerte zehn Tage, bis ich das Besuchervisum hatte. Auf dem amerikanischen Konsulat machten sie ganz feierliche Gesichter, als ich erklärte, Zweck meiner Reise sei es, für Arthur Koestler zu arbeiten, und ich mußte schwören, weder Kommunistin noch Faschistin zu sein. Ich hätte alles geschworen.

Da ich nie zuvor geflogen bin, war ich riesig aufgeregt. Wann immer ich in diesen zehn Tagen mit dem Bus fuhr, ging ich nach oben und setzte mich ganz vorne hin. Hoch über der Straße blickte ich dann auf die Autos und Menschen hinunter; ich stellte mir wie in einem Tagtraum vor, ich säße in einem Flugzeug, während der Bus sich langsam durch die Straßen bewegt. Wenn ich heute an dieses kindische Spiel zurückdenke, kommt es mir vor, als sei hier der Ursprung eines immer wiederkehrenden Alptraums, der mich quält: Ich bin Passagier in einem Flugzeug, das außer Kontrolle geraten ist; es donnert durch eine verkehrsreiche Straße, knapp über dem Boden, und die hohen Häuser auf beiden Seiten sausen beängstigend schnell vorbei.

Die Flugreise dauerte zwölf Stunden, und ich kam am frühen Morgen in New York an. Ich konnte nur ganz wenig von der Stadt sehen, als mich das Taxi zur Pennsylvania Station brachte. Die Sirenen von Rettungsautos und Polizeiwagen hallten unheimlich und hohl zwischen den Wolkenkratzern wider. Auf dem Bahnhof nahm ich einen Zug nach Trenton, New Jersey. Bereits im Flugzeug hatte ich gefrühstückt und zu Mittag gegessen, aber jetzt verdrückte ich noch ein zweites Frühstück, meine erste amerikanische Mahlzeit. Das gekochte Ei war geschält und wurde im Glas serviert, und es gab merkwürdige Dinger, die dort Maiskuchen heißen. Als wir aufs freie Land hinauskamen, erinnerte mich das lange, braune Wintergras an Südafrika.

Arthur wartete am Bahnhof von Trenton, um mich abzuholen. Ich war betroffen, wie fremd sein Akzent klang. War mir das nie aufgefallen, oder hatte ich es vergessen? Ich hatte ihn so lange nicht mehr gesehen, über fünf Monate. Zu meiner Überraschung benutzte er das kurze amerikanische »a«, obwohl es merkwürdig unamerikanisch klang. Er hatte eine braune Lederjacke an, wie ein Motorradfahrer. Er fuhr ein schwarzes Cadillac-Kabriolet, das, verglichen mit seinem alten schwarzen Citroën, schnittig und graziös aussah. Das Öffnen der Fenster und das Schließen der Motorhaube erfolgte auf Knopfdruck. Es gab technische Vorrichtungen, die alles fertigbrachten, sagte Arthur, außer Mayonnaise. Es dauerte eine Dreiviertelstunde bis zur Insel. Unterwegs klagte Arthur über die mangelnde Effizienz der Amerikaner. Ich war erstaunt; machten denn die Amerikaner nicht alles besser als irgend jemand auf der Welt? Das sei ein Irrtum, wurde ich aufgeklärt. Sie wären unfähig, und das fiel ihm bei jeder Gelegenheit auf, beim Hausbau wie bei der Bestellung von Möbeln oder Glühbirnen.

Wir überquerten einen kleinen Kanal. Es war ein herrlicher Tag, der Himmel wolkenlos. Der Fluß kam in Sicht, die Strömung trug ihn über sein seichtes, steiniges Bett. Man könne weder Bootfahren noch darin schwimmen, sagte Arthur. Der schmale Streifen Land zwischen dem Kanal und dem Fluß gehörte ebenfalls ihm. Er bog nach rechts zu einer Hängebrücke aus Stahl ab. Sie war gerade breit genug für das Auto; die Bohlen auf der Brücke krachten furchtbar, als der Wagen darüberfuhr. Die Brücke führte über einen Flußarm, nun waren wir auf der Insel.

Das *Pennsylvania Dutch*-Haus, etwa 1824 erbaut, war mit weißen Schutzbrettern verschalt. Auf zwei Seiten nahmen Veranden die ganze Breite ein, und Wiesen liefen in Hängen zum Fluß hinunter. Eine lange, gerade Allee führte vom Haus, das auf der einen Seite der Insel stand, zur anderen

Seite, die bewaldet war. Es gab eine Scheune und zahlreiche landwirtschaftliche Gebäude. Im Frühling blühten die Obstbäume, und überall wuchs Hartriegel mit seinen hübschen, blassen Einzelblüten. Das Haus hatte drei Stockwerke. Das oberste, direkt unter dem Giebel, war Arthurs Domäne und bestand aus Schlafzimmer, Badezimmer und seinem Arbeitszimmer. Genau wie in Verte Rive stand sein Schreibtisch unter den Fenstern, die auf den Fluß hinausschauten.

Als ich ankam, lag Mamaine mit Bronchitis im Bett. Auf dem Fußboden neben ihrem Bett lag Nellie, eine junge Bernhardinerin – ein »Kalb«, wie Arthur sie nannte. Sie bellte die Fremde wild an. Arthur und Mamaine hatten sie in einem nahen Hundeasyl gefunden. Sie war aus einem Haus gerettet worden, dessen Besitzer ihre Sachen gepackt hatten und einfach ausgezogen waren, wobei sie Nellie, ihre Mutter und die übrigen Jungen ohne Futter allein zurückließen. Nellie war die einzige Überlebende. Eine typisch amerikanische Geschichte, meinte Arthur.

In einer Kasserolle in der Küche gab es Eintopf, den Arthur »zusammengestellt« hatte. Es war ein Phantasieprodukt mit einem guten Schuß Wein und Brandy. Die Haushaltshilfe sei nicht erschienen, sagte er, ihr Auto wäre kaputt. Es sei für Haushaltshilfen hier draußen ganz normal, ein Auto zu besitzen, erzählte er mir, und es beweise nur, wie reich das Land sei.

An diesem ersten Tag auf der Insel brachte Arthur mir bei, wie man einen *Old Fashioned* macht. Es sei wichtig für mich, das zu wissen, bekam ich zu hören, und als er den Drink mixte, warf er mir hin und wieder einen kurzen Blick zu, um festzustellen, ob ich mir alles gemerkt hatte.

2

Arthur begann nun, mir seine Autobiographie zu diktieren. Anfangs hatte sie noch keinen Titel, erst viel später nannte er sie *Pfeil ins Blaue*. Er begann mit dem Kapitel, das er »Die Koestler-Saga« nannte, dessen erster Absatz lautet: »Der

Koestlersche Stammbaum beginnt mit einem Großvater Leopold und endet mit mir.«

Mamaime meinte, Arthur sei ein so komplizierter Charakter, daß sie nicht wüßte, wie er eine Autobiographie schreiben könnte, die eine glaubhafte Ähnlichkeit mit ihm hätte.

Er diktierte morgens ungefähr zwei Stunden und nachmittags ab etwa vier Uhr zwei bis vier Stunden lang. Ich saß zusammengerollt in einem Lehnstuhl neben seinem Schreibtisch, während er auf und ab schritt. Er diktierte niemals schnell, und manchmal gab es lange Schweigepausen; ich hätte ewig da sitzen können. Ich versuchte wie Arlowa zu sein, Rubaschows Sekretärin. Als ich im Sommer 1949 *Sonnenfinsternis* las, erkannte ich, daß sie die Art von Sekretärin war, die Arthur brauchte. Sie sprach nie, reagierte niemals in störender Weise:

... Es dauerte fast einen Monat, bis Rubaschow den ersten persönlichen Satz zu ihr sprach. Er war müde vom Diktieren und vom Aufundabgehen, und es fiel ihm plötzlich auf, wie still es in dem Zimmer war. »Warum sagen Sie eigentlich nie etwas, Bürgerin Arlowa?« fragte er und ließ sich in dem bequemen Armstuhl hinter seinem Schreibtisch nieder. »Wenn Sie wollen,« antwortete sie mit ihrer schläfrigen Stimme, »werde ich immer das letzte Wort des Satzes wiederholen.«

... Manchmal knöpfte er sarkastische Kommentare an das, was er diktierte; dann hörte sie zu schreiben auf und wartete, den Bleistift in der Hand, bis er zu Ende war; aber sie lächelte niemals über seine Sarkasmen, und Rubaschow erfuhr nie, was sie sich dabei dachte.

Es ist furchtbar, diese Sätze aus dem Zusammenhang zu reißen, aber sie veranschaulichen, was ich zu sein versuchte. Ich wünschte mir nur, wie sie eine bestickte Bluse zu tragen.

Das Wohnzimmer führte in das Solarium hinaus. Es war ein großer Raum mit Fenstern an drei Wänden und mit mexikanischen Korbtischen, -stühlen und -truhen; der Fußboden war mit Schilfmatten bedeckt. Hier arbeitete ich an der Schreibmaschine. Manchmal wurde ich von einem Kratzen an einem Fenster unterbrochen: Miss Nellie – sie wurde nicht mehr bloß Nellie genannt; Arthur meinte, dafür sei sie zu würdevoll – versuchte verzweifelt, meine Aufmerksamkeit zu erregen. Sie starrte mich sehnsüchtig an in der Hoffnung, ich werde sie hereinlassen. Eines ihrer braunen Augen schielte ein wenig, was sie noch anziehender machte. Arthur hatte jedoch gesagt, Miss Nellie sei eigentlich ein Hofhund und dürfe nur abends nach der Arbeit hereinkommen. Ursprünglich hatte er Mamaine gefragt, ob sie nicht Sabby von Verte Rive mitbringen könnte; aber sie durfte ihn wegen der Quarantänebestimmungen nicht nach England mitnehmen.

Mamaine hatte im Erdgeschoß ein Musikzimmer, weit weg von allen anderen, damit sie in aller Ruhe üben konnte. Aber bis jetzt hatte sie noch kein Klavier, und das Zimmer war leer. In Verte Rive stand ihr großes Klavier im Wohnzimmer, und sie spielte oft an den Nachmittagen.

Es gab wie immer viele Briefe zu tippen, Arthur überarbeitete außerdem die französische und deutsche Übersetzung von *Gottes Thron steht leer.* In einem Brief an seinen deutschen Verleger schrieb er:

Ich nehme an, Sie wollen meine ehrliche Meinung hören. Der Übersetzer hat saubere Arbeit geleistet. Aber der Stil ist altmodisch, *langatmig,* wortreich, es fehlt an Frische . . . Darüber hinaus hat der Übersetzer offenbar nicht bemerkt, daß Nikitin (der junge Sowjetrusse) im Original eine eigentümliche, gespreizte Art zu sprechen hat, ohne jeden Dialekt, nicht nur, weil er Ausländer ist, sondern auch aufgrund seiner spezifischen Konditionierung. Im deutschen Text ist Nikitins Sprache glatt und fließend. Das würde die Individualität der Figur umbringen.

Hier ist noch ein Brief zum gleichen Thema, an Melvin J. Lasky gerichtet, den Herausgeber der deutschen Zeitschrift *Der Monat:*

Ich habe die Juni-Ausgabe von *Der Monat* erhalten. Würden Sie es in Zukunft *bitte nicht* unterlassen zu erwähnen, daß die Auszüge aus meinem Roman aus dem Englischen übersetzt wurden, da viele deutsche Leser annehmen, daß ich noch immer deutsch schreibe, und weil es sehr unfair ist, einen Autor für den Stil des Übersetzers verantwortlich zu machen – unabhängig von der Qualität der Übersetzung. Ich habe diese Bitte oft wiederholt und bin wütend.

Mel Lasky antwortete auf diesen Ausbruch:

Sie müssen zur Kenntnis nehmen, daß unsere Leser durchaus wissen, daß Sie ein englischer Schriftsteller und die deutschen Texte nur Übersetzungen sind. Wenn wir das ständig wiederholen und unterstreichen (und das *werden* wir tun, wenn Sie es so haben wollen), werden manche glauben, daß wir zu viel reklamieren.

Sidney Kingsleys Dramatisierung von *Sonnenfinsternis* war Anfang Januar am Broadway angelaufen. Es war »offenbar ein großer Erfolg«, schrieb Arthur in einem Brief an seinen französischen Verleger Robert Calmann-Lévy. »Am Eröffnungsabend trafen sich alle New Yorker Berühmtheiten, einschließlich des Herzogs und der Herzogin von Windsor und ausschließlich meiner Person.« Er und Mamaine sahen es sich gegen Ende des Monats an. Manchmal wurde Arthur gefragt, was er darüber denke; er schob das Thema mit einem angeekelten Gesichtsausdruck jedesmal ungeduldig beiseite.

Im März fuhren Arthur und Mamaine zu einer Dinner-Party nach New York, und Arthur beschaffte mir eine Eintrittskarte, so daß ich mir das Stück ansehen konnte. Ich versuchte, es ohne Vorurteile zu betrachten, war dann aber doch von den glatten Liebesszenen nach Art der Hollywood-Filme abgestoßen. Doch die Kritiker liebten es; das Stück bekam den *New York Drama Critics Circle Award.*

Ende März hatte mir Arthur etwa 40.000 Wörter seiner Autobiographie diktiert.

Im neunten Kapitel, »Bildnis des Verfassers mit sechzehn«, erfuhr ich, daß Arthur an Schüchternheit litt. Wenn auch voller Verständnis für diesen Zustand, der ja auch mein Fluch war, war das doch eine erstaunliche Enthüllung. Arthur gab sich so natürlich, sagte immer, was er meinte, war so geradeheraus – konnte eine solche Wandlung zum Besseren auch bei mir stattfinden? Ich war da eher pessimistisch.

Ich erinnere mich speziell an einen Auszug, den er mir diktierte, während er im Zimmer auf und ab ging. »Über zwanzig Jahre später sagte ein scharfsichtiger Agent der Komintern zu mir: ›Wir haben alle Minderwertigkeitskomplexe verschiedenen Umfangs, aber der deinige ist kein Komplex – er ist eine Kathedrale.‹« Als er den Satz beendet hatte, drehte er sich blitzschnell zu mir um und prüfte mit einem amüsierten Lächeln meine Reaktion. Ich kritzelte weiter und lächelte als Antwort unverbindlich in meinen Notizblock hinein. Was meint er wohl? überlegte ich. Einen Minderwertigkeitskomplex wie eine Kathedrale? Es muß sich auf etwas Seltenes und Merkwürdiges beziehen, das nur in Psychologie-Lehrbüchern zu finden ist, irgendein erschreckend kompliziertes Phänomen. Viele Jahre vergingen, ehe mir die wahre Bedeutung dieser Passage aufging. Es war absolut einfach und aufrichtig. Irgendwie war es mir auf wunderbare Weise gelungen, diese Seite in ihm zu übersehen.

Da Arthurs Beschreibung der Qualen seiner Kindheit jedes Selbstmitleid fehlte, dachte ich wahrscheinlich, er habe sein jugendliches Ich auf einen Seziertisch gelegt, wo es zum Objekt einer sowohl neugierigen als auch leidenschaftslosen Untersuchung wurde. Auf diese Weise schien der junge Koestler zu einer isolierten Einheit zu werden und hatte keinerlei Zusammenhang mit dem wirklichen Arthur, den ich sah. Ich empfand so etwas wie Wärme für diesen ein wenig komischen jungen Koestler, und obwohl wir oft über ihn lachten, war mein Lachen liebevoll. In diesem neunten Kapitel faßte Arthur ihn zusammen:

Die Jünglingsjahre sind eine Art Seekrankheit des Gemüts. Beides ist komisch, aber nur in der Rückschau. Der sechzehnjährige Jüngling – der ich einmal war – mit dem pomadisierten Haar, dem anmaßenden und albernen Grinsen, litt an chronischer Seekrankheit des Gefühls: nach Vergnügen hungernd, von Schuldgefühlen gehetzt, schwankend zwischen Minderwertigkeits- und Überlegenheitsgefühlen, zwischen dem Bedürfnis nach Einsamkeit und der Suche nach Geselligkeit . . .

3

Da Arthur die Absicht hatte, einen Teil des Jahres in Amerika zu verbringen, mußte dem Kongreß ein Ad-hoc-Gesetz vorgelegt werden, damit er als Ex-Kommunist das Recht auf ein US-Dauervisum erhielt. Er hatte gehofft, daß das Gesetz bis April durchgehen würde und daß er mit Mamaine über den Sommer nach Verte Rive zurückkehren könnte. Aber die Sache zog sich immer mehr hin.

Bernard Berenson schrieb aus Ischia an Mamaine, um sie zu drängen, »nicht in Amerika zu bleiben«. »Arthurs Bücher werden sich erschöpfen,« sagte er, »und er wird für seine Begabung keinen Stoff finden«. Arthur schrieb ihm:

Mamaine zeigte mir Ihren Brief an sie. Ich verstehe Ihre Warnungen hinsichtlich der Gefahr für einen Schriftsteller, in diesem Land zu leben, sehr gut. Aber Europa hat heutzutage in anderer Form die gleiche verspießernde Wirkung. Sehen Sie sich nur das Zeug an, das französische Romanautoren in den letzten Jahren hervorgebracht haben ... Bevor wir abfuhren, hatte ich schon fast das Gefühl, zu ersticken.
Wir planen, jedes Jahr sieben ober acht Monate hier zu leben und vier oder fünf Monate in Europa. Ich glaube nicht, daß irgendein politischer Schriftsteller eine ausgewogene Meinung über unsere Zeit haben kann, wenn er nicht in beiden Realitäten lebt, in der amerikanischen und der europäischen. Wir werden daher dieses Schema ausprobieren ...

Mamaine hatte in Amerika viele gute Freunde, und irgend jemand war auch, wie immer, rettungslos in sie verliebt. Aber sie sehnte sich nach Europa. Neben ihrem Platz am Frühstückstisch stand ein Glas *Cooper's Oxford*-Marmelade – ein Symbol für ihr Heimweh, dachte ich immer.

Arthur und Mamaine mußten über Nacht in Washington bleiben und nahmen mich mit, damit ich mir die Hauptstadt ansehen konnte. Während der Eisenbahnfahrt sagte Mamaine, sie freue sich schon auf das Alter und auf die friedliche, glückliche Zeit, die sie und Arthur miteinander verbringen würden. Doch das Bild von Arthur und Mamaine, grauhaarig, gebückt und runzelig, warf mich vor lauter Kichern fast um. Mamaine sagte, sie wolle nicht unbedingt Mutter werden, sie sehne sich aber danach, Großmutter zu werden.

Die Bäume, die in Washington die Straßen säumten, standen in voller Blüte. Ich fuhr mit einem Bus, in dem es Dudelsackmusik zu hören gab, und verbrachte einen schönen Abend im Kino, wo ich *Hoffmanns Erzählungen* sah.

Ende März kam Cornelius Ryan auf die Insel, um Arthur zu besuchen. Er wollte ein Sonderheft von *Collier's Maga-*

zine herausgeben, das *Preview of the War We Do Not Want* (Vorschau auf den Krieg, den wir nicht wollen – d. Übers.) heißen sollte. Die Autoren dieser Sonderausgabe sollten über das Leben im Jahre 1961 – also ein Jahrzehnt später, gleich nach dem Ende des Dritten Weltkrieges – schreiben. Das Projekt regte Arthurs Phantasie an, und er sagte seine Mitarbeit zu. Er nannte seinen Beitrag *The Shadow of a Tree.* Als er ihn diktierte, wurde ich in die Welt eines Nachkriegsrußland von 1961 versetzt; er verwendete die Tagebuchform, was diese Welt höchst lebendig machte. In der Tagebucheintragung »Charkow, 5. Juli (Wahltag)« zählte er zwölf »politische Parteien« auf, die sich für die Wahlen zum Charkower Stadtrat bewarben – »die ersten freien Wahlen seit 1917«. Dann heißt es:

Die übrigen »unabhängigen Kandidaten« – komische Käuze, religiöse Sektierer und Weltverbesserer –, die seit der Befreiung wie Pilze nach dem Regen aus dem Boden schießen, können als »religiös und verschiedenartig« eingestuft werden. Dazu gehören:
Die Schüler von Tolstoi (eine Pazifisten- und Vegetariergruppe, die religiösen Dogmatismus ablehnt).
Die Theokraten (Anhänger der orthodoxen Kirche, die der Ansicht sind, daß Rußland von dem Patriarchen Sergej regiert werden soll).
Die Altgläubigen (eine traditionalistische Sekte von religiösen Fanatikern).
Die Diener Gottes (die es ablehnen, Familiennamen zu tragen).
Die Doukhobor (die es ablehnen, Kleider zu tragen).
Die Starosti (die Selbstkastration predigen und auch manchmal praktizieren, weil die Menschheit schlecht ist und aufhören sollte zu existieren).
Die Esperantisten (die glauben, die Einführung einer universalen Sprache würde alle Probleme lösen).
Die Pawlowiten (die glauben, daß die ganze Menschheit durch kontrollierte Neukonditionierung ihrer Reflexe mit Professor Pawlows Methode der Abrichtung von Hunden zu einheitlichen Meinungen gebracht werden soll).
Die Barankawitzi (konnte nie herausfinden, was sie wollen).
Die noch übrigbleibende Partei der *Welterlöser* wurde von einem entsprungenen Insassen einer Irrenanstalt gegründet, der zu toben begann und am Vorabend der Wahl eingesperrt werden mußte.

Riesige Rasenflächen mußten gemäht werden. Arthur tat das mit einer Maschine, auf die er sich setzte. Nachdem das

Gras gemäht war, mußte er es harken. Es machte viel Spaß, in der heißen Sonne zu arbeiten, und unsere Haut hatte bald eine gesunde Bräune. Nachts im Bett fühlte ich mich weniger gesund, wenn ich meinen Heuschnupfen in Schach zu halten versuchte; er war lästig, hielt mich aber keineswegs vom Spaß am Leben ab, den mir das Grasharken bereitete.

Arthur hatte ein Ehepaar engagieren wollen, das sich um die Hausarbeit und den Garten kümmerte, da er aber kein Geld von England nach Amerika transferieren durfte und das Geld der Broadway-Aufführung von *Sonnenfinsternis* an den FIF ging, war er einigermaßen knapp bei Kasse, und die Idee mit dem Ehepaar mußte zunächst einmal aufgeschoben werden.

Riesige Unkrautpflanzen, die mit großer Lebenskraft wucherten, hatten das lange Rhododendronbeet direkt an der Auffahrt erstickt. Arthur war wütend, als er die Zerstörung sah. Wie konnte Mamaine es so weit kommen lassen – die Blumen waren doch ihre Domäne. Er grübelte darüber nach und war durch nichts zu beruhigen. Seine Laune war verdorben, und war es einmal so weit, war sie durch nichts mehr zu ändern. Später sah ich, wie Mamaine ein Rosenbeet jätete an einem Platz, wo die Erde hart und unnachgiebig war. Es erforderte eine Menge Kraft, dabei etwas auszurichten. Sie zerrte in einem Anfall von Erbitterung ungeduldig an diesem Unkraut, was ihre Frustration auszudrücken schien, in einem so fremden Land zu leben.

Ich sollte auch bald drankommen. Eines Tages bürstete ich Miss Nellie draußen vor der Hintertür. Miß Nellie, eitel wie ein Filmstar, liebte es, gebürstet zu werden. Ihr Fell bestand aus langem, fließendem Haar, und sie hatte einen hübschen, weiblichen Kopf. Plötzlich tauchte Arthur an der Hintertür auf. »Um Himmels willen, was treiben Sie da?« rief er. Miß Nellie, die mit ihrem Aussehen zufrieden war, tänzelte umher und stellte ihre Schönheit zur Schau. »Ich brülle seit einer halben Stunde nach Ihnen,« sagte er, während er mich anklagend ansah. Einen schrecklichen Moment lang nahm ich seinen Ausspruch wörtlich; aber nein, erkannte ich erleichtert, er hätte niemals die Geduld, »eine halbe Stunde« lang zu brüllen. Voll Schuldgefühl, weil ich ihn verärgert hatte, eilte ich zur Arbeit zurück.

Der Wohnzimmerteppich war hellblau und bedeckte den ganzen Fußboden. Auch das Sofa war hellblau gehalten und von Arthur ausgesucht worden, obwohl Mamaine ein dunkelblaues wollte. Arthurs Bemühungen, ein Zimmer in Verte Rive neu zu dekorieren, waren weniger erfolgreich gewesen. Er mochte gern Streifen, Karos, Fünf- und Sechsecke; Blumenmuster, die nicht einigermaßen geometrisch waren, nannte er *jeune fille*. Die Wände seines Arbeitszimmers ließ er hellblau mit weißen Streifen tapezieren, sein Diwan war aus dunkelblauem Material mit weißen Streifen. Die Wirkung: es glich Gitterstäben im Gefängnis; obwohl alles andere als gemütlich, war es immerhin koestlerisch.

Er wollte für eine Nische unterhalb der Treppe im Wohnzimmer eine Holzbank anfertigen lassen. Zum Glück fand er einen alten Tischler, der auf seine Arbeit stolz war. Mit Maßstab, Papier und Bleistift entwarfen sie gemeinsam einen Plan, wie sie gebaut werden sollte. Der Tischler schien von Arthurs handwerklichen Kenntnissen überrascht zu sein.

Als der Kochherd zusammenbrach, wurde ein Elektriker zur Reparatur gerufen. Nachdem er aus der Tür war, ging der Herd sogleich in ein Flammenmeer auf, und Arthur mußte sich daranmachen, ihn selbst wieder in Ordnung zu bringen. Er verbrachte, umgeben von Schraubenschlüsseln, Schraubenziehern und Isolierband, einen glücklichen Nachmittag, und wie durch ein Wunder funktionierte der Herd wieder. Außerdem hatte Arthur eine triftige Entschuldigung dafür, eine Schreibpause einlegen zu können.

An einem Wochenende im April fuhren wir mit der Bahn nach Boston, wo Arthur und Mamaine Arthur J. Schlesinger jr. und seine Frau besuchen wollten.

In Trenton stiegen wir in einen Zug, der keine Abteile hatte wie die englischen Züge. Er war ziemlich leer, und wir fanden Sitzplätze, etwas abseits von den anderen Passagieren. Während der Reise beobachtete Arthur die Exemplare amerikanischer Wildnis in unserem Zug. Kein einziger Mensch lese hier, rief er überrascht aus, ebensowenig schaue irgend jemand zum Fenster hinaus in die Landschaft. Ich sah mich um: Manche Passagiere wirkten gelangweilt, andere waren in ihre privaten Sorgen vertieft. Ich beugte mich vor, um Arthur und Mamaine etwas zu sagen, und begann leise zu sprechen.

»Flüstern Sie nicht!« sagte Arthur in einem Ton, der mir unglaublich laut erschien. Flüstern sei auf die Entfernung viel besser zu verstehen als das Sprechen mit normaler Stimme, »so wie jetzt«, erklärte er; übrigens errege es Aufmerksamkeit. Das hatte er in seiner Zeit bei der Kommunistischen Partei gelernt. Mir war aufgefallen, daß er sich, wenn er in einem Restaurant oder sonstwo in der Öffentlichkeit war, manchmal umdrehte und sich über die eigene Schulter hinweg lange umsah, ehe er sprach.

Die Schlesingers wohnten in Cambridge, Massachusetts, ich wurde übers Wochenende in einem nahen Hotel untergebracht. Ihr Haus war groß und bequem, mit einer etwas schäbigen, steifen Atmosphäre. An jenem Abend fand eine Dinner-Party statt, zehn oder zwölf Leute saßen rund um den Eßzimmertisch. Auf Arthurs Seite entspann sich eine lebhafte Diskussion. Ich versuchte zu hören, was er sagte, aber das Gemurmel machte es unmöglich; zu weit entfernt, um einen seiner sprühenden Funken aufzufangen, fror ich, ausgeschlossen, im Schatten. Aber meinen sympathischen Nachbarn mochte ich. Gutaussehend, mit ausdrucksvollen Augen, mußte er in seiner Jugend ein ganz flotter Typ gewesen sein, dachte ich. Er hieß Thornton Wilder.

Am nächsten Tag führten die Schlesingers eine Gruppe von Freunden zum Mittagessen in ein Restaurant. Das war mit einer fast 50 Kilometer langen Autofahrt hin und einer Rückfahrt von 50 Kilometern verbunden – was für Amerikaner nichts Besonderes sei, meinte Arthur; es werde als »in der Nähe« betrachtet.

Mary McCarthy und ihr Mann boten mir an, mich im Auto mitzunehmen. Wir saßen alle drei auf den Vordersitzen, im amerikanischen Stil. Der Gedanke, 50 Kilometer mit diesem furchtbaren Blaustrumpf zu fahren, erschreckte mich; wenn ich nur auf dem Rücksitz sitzen könnte und nichts reden müßte. Wider mein Erwarten genoß ich jede Minute, und es tat mir wirklich leid, als die Fahrt vorbei war. Sie war ein dunkler, keltischer Typ, interessierte sich brennend für alles. Sie war neugierig auf mich und stellte Fragen, war jedoch freundlich. Jahre später wurde sie in der Besprechung eines ihrer Bücher als »weiblicher Koestler« tituliert (wahrscheinlich von Phillip Toynbee). Vielleicht mochte ich sie deshalb so sehr.

* * *

Miss Nellie wuchs heran und hatte das rebellische Alter der Halbwüchsigen erreicht. Als ich mein Frühstück holte, blickte ich aus dem Küchenfenster, sie stand mit meinem Nachthemd im Maul auf der Wiese. Ich hatte es auf die Wäscheleine gehängt, und dieses Riesenkalb hatte es einfach heruntergerissen. Ich jagte wütend hinter Nellie her. Sie trabte mit stolz erhobenem Kopf durch die Gegend, blieb hier und da stehen, um das Nachthemd wild hin- und herzuschütteln. Nachdem ich es zurückerobert und wütend das riesige Loch darin bemerkt hatte, fand ich, daß sie bestraft werden müsse und gab ihr einen kräftigen Klaps auf das Hinterteil. Das wird ihr eine Lehre sein, dachte ich, doch Miss Nellie blieb völlig ungerührt. Anscheinend hatte ich nicht genügend Kraft hineingelegt, daher probierte ich es noch einmal. Sie war entzückt; das war ein neues und aufregendes Spiel, und sie war sofort ganz dabei, hüpfte herum und lachte mich aus, ohne auch nur die geringste Reue zu zeigen. Ich gab es auf.

Mehrmals in der Woche fuhr ich in unser Dorf, Stockton, um die Briefe aufzugeben. Das bedeutete, daß ich drei Brücken überqueren mußte. Sobald ich einmal die Insel verlassen hatte, begann ich zu merken, daß ich in Amerika war. Ich fuhr den kleinen Delaware-Kanal entlang, der zu Pennsylvania gehörte, über seine Brücke und dann über die große Delaware-Brücke hinein nach Stockton, das in New Jersey lag. Eine eingleisige Bahnlinie führte durch Stockton, es gab keinen Zaun zwischen ihr und der Straße. Wenn die kleine Bahn ihren Weg durch das Dorf nahm, stieß die Dampfpfeife einen melodischen und romantischen Ton aus. Auf dem Heimweg hielt ich beim Schnellimbiß »Mary's Diner« und genehmigte mir einen Scholokaden-Eisdrink.

Manchmal gingen wir zu »Mary's Diner« auf einen Sandwich-Imbiß. Arthur genoß diese Ausflüge wie ein Junge das Schuleschwänzen, wenn auch mit einem schuldbewußten Lächeln, und er plauderte gern mit der Besitzerin, der gemütlichen Mary. Mamaine war, obwohl sie an dem Spaß spielerisch teilnahm, zu hochnäsig für »Mary's Diner«; diese geistig anspruchslosen Unterhaltungsformen waren nichts für sie, und die schmollte dann immer ein wenig – was ihre Schönheit nur steigerte.

Als wir einmal im Garten saßen, erzählte mir Mamaine über ihre erste Begegnung mit Arthur im Jahre 1943. Sie war auf eine Party gegangen, und irgend jemand sagte, Arthur Koestler werde dort sein. Mamaine habe gestöhnt: »Nicht *noch* so ein mitteleuropäischer Intellektueller.« Auf der Party hatte Arthur sie den ganzen Abend angestarrt, bis man sie einander vorstellte.

Häufige Besucher waren Johnnie von Neumann, der Mathematiker, und seine Frau Klara. Beide waren Ungarn und wohnten im nahegelegenen Princeton. Von Neumann war klein und brünett, mit einem runden Gesicht und dunklen Augen, einem warmherzigen Wesen und einem rasend schnellen Verstand. Während ich ihm und Arthur zuhörte, bemerkte ich, daß ich praktisch nichts von einer Unterhaltung verstand, die den ganzen Abend in meiner eigenen Muttersprache geführt wurde. Die Ausnahme war eine gespenstische Science-Fiction-Geschichte, die Arthur über eine Untergrundbahn erzählte, die von einer Station abgefahren war, aber nie ihr Ziel erreichte. Sie war in dem riesigen U-Bahn-Netz mitsamt den Fahrgästen verlorengegangen und niemals wiedergefunden worden. Der Kern dieser Geschichte hatte, wie ich später erfuhr, irgendetwas mit Topologie zu tun.

Während alle beim Abendessen saßen, ging ich für einen Augenblick in die Küche und fand Miß Nellie dabei, die Reste eines Huhns zu verschlingen, das sie vom Küchentisch heruntergezerrt hatte. Ich rettete, was davon noch übrig war. Da der Versuch, sie zu versohlen, nutzlos gewesen wäre, beschimpfte ich sie diesmal ausgiebig. Also, das wird sie nicht wieder tun, dachte ich, als ich den Raum verließ. Doch als ich dann noch einmal zurückkam, hatte die Verbrecherin ein ganzes noch heiles Huhn vom Tisch geholt und schlang es gierig hinunter. Als ich Arthur und Mamaine davon erzählte, fand Arthur das furchtbar komisch. Er war vernarrt in sie.

Im Mai war mein 24. Geburtstag. Wir aßen unser Dinner in der Küche, als ich die Nachricht verkündete: Vierundzwanzig! Arthur schien entsetzt zu sein; er hatte keine Ahnung, daß ich so alt war. Er konnte doch wohl nicht glauben, daß ich noch genau so alt war wie vor zwei Jahren, als ich für ihn zu arbeiten begann; vielmehr war anzunehmen, daß er etwas so Unwesentliches wie mein Alter vergessen hatte.

Vierundzwanzig kam mir alt vor, und ich war ganz zufrieden damit. Aber es störte mich, daß ich manchmal für einen Teenager oder sogar für ein Schulmädchen gehalten wurde. Ich sehnte mich danach, fünfunddreißig zu sein.

Die Hitze auf der Insel wurde unerträglich. Es war keine trockene Hitze, eher schwül, dunstig, dschungelartig. Arthurs Arbeitszimmer unter dem Dach glich einem Ofen. Er zog das Hemd aus, wenn er bei der Arbeit auf und ab schritt. Gelegentlich verschwand er im Badezimmer, um den Kopf in ein Becken mit kaltem Wasser zu tauchen.

Nachts hielt mich mein Heuschnupfen wach, tagsüber machten mich die Heuschnupfen-Tabletten schläfrig. Eines Tages, als Arthur im Auf- und Abgehen diktierte, gab ich der Versuchung nach, meine Augen zu schließen, wenn er mir gerade den Rücken kehrte, und öffnete sie schnell, wenn er sich wieder umwandte. Nach ein paar Minuten sah er mich an und sagte lakonisch und ganz ruhig: »Wissen Sie, wenn man seine Autobiographie jemandem diktiert, der gerade einschläft, dann ist das eher hinderlich.« Ich war niedergeschmettert. Dunkel im Gesicht vor Schuldgefühl, stotterte ich so etwas wie »Ich verspreche, ich werde es nie wieder tun«, kann aber nicht beschwören, daß ich mein Versprechen hielt.

Amerikanische Gäste gingen nie auf der anderen Seite der Insel spazieren aus Angst vor dem giftigen Efeu und der giftigen Eiche (dem amerikanischen Lacksumach). Wir waren keine Einheimischen und daher noch immun dagegen. Wie Mamaine begann nun auch Arthur, sich nach Europa zu sehnen. Fuhr er durch New Jersey, dann machte er oft

Bemerkungen über die stumpfen, verschwommenen Farben dieser Landschaft, denen die Schärfe der Farben Europas fehle. Der ganze amerikanische Kontinent sollte stillgelegt werden, sagte er oft, er sei für Menschen nicht geeignet, weil die Bergketten von Norden nach Süden verlaufen und klimatische Extreme bewirken, während sie in Europa von Osten nach Westen verlaufen.

Obwohl das »Ad-hoc-Gesetz« noch nicht durchgekommen war, konnten wir Ende Juni nach Frankreich abreisen. Miß Nellie sollte von Cornelius Ryan und seiner Frau versorgt werden, die den Sommer auf der Insel verbrachten. Sie beobachtete uns traurig, als wir mit unserem Gepäck in den Wagen stiegen. Ich war so betäubt von den Heuschnupfen-Tabletten, daß ich mich nicht richtig von ihr verabschiedete, was mir noch immer leid tut. Sie muß in diesem Kapitel das letzte Wort bekommen. Hier ist ihr Brief, von Arthur diktiert, an Nancy Hart, die Frau von Arthurs Verleger bei Macmillans:

Ich wurde von Miss Nellie beauftragt, Ihnen für Ihr erlesenes Geschenk zu danken. Dringende Arbeit hindert sie daran, allen ihren Bewunderern persönlich zu danken. Gerüchte, daß ihr ungeduldig erwartetes Buch *Wie es ist, der Hund eines Schriftstellers zu sein* von Mr. Sidney Kingsley dramatisiert wird, sind verfrüht.

Ihr . . .
Sekretär von Miss Nellie

Zweiter Teil
1951–1956
Von Cynthia Koestler

7

Das Ende einer Ehe

1

Nach unserer Ankunft in London schenkten Arthur und Mamaine mir einen eleganten grauen Koffer. Ich hatte bemerkt, wie Arthur einen etwas gequälten Blick auf meinen schäbigen alten Koffer geworfen hatte, aber ich ging darüber hinweg. Ein Koffer war für mich ein Koffer und kein ästhetisches Objekt.

Wenig später lebte ich wieder in Paris und pendelte zwischen der Stadt und Verte Rive hin und her. Ich wohnte nicht mehr bei Madame de Foutaise. Im Frühling 1950 hatte ich ein viel netteres und billigeres Zimmer im 16. *arrondissement* bei Madame Hussenot de Senonge gefunden, und als ich nach Paris zurückkehrte, stand es für mich bereit. Es war geräumig und hatte auch ein *cabinet de toilette,* allerdings gab es kein heißes Wasser. Die Warmwasserinstallation in der Wohnung war im Krieg zusammengebrochen, und Frau Hussenot, eine reiche alte Witwe, war zu geizig, um sie reparieren zu lassen; übrigens benutzte sie die Badewanne zur Aufbewahrung ihrer Hüte.

Arthur und Mamaine waren kaum in Verte Rive angekommen, als Arthurs Mutter für neun Tage zu Besuch kam. Am folgenden Tag (5. Juli 1951) vermerkte Arthur in seinem Tagebuch: »Beschließe, Verte Rive nicht zu verkaufen. Sehr erleichtert.« Und am 6.: »Wieder zu arbeiten begonnen.« An den nächsten drei Tagen wird jede Dinner-Verabredung, die in seinem kleinen Hermès-Tagebuch eingetragen war, als »deprimierend« oder »sogar noch deprimierender« beschrieben. Ein Spaziergang auf dem Boulevard Miche nach einem tristen Dinner in Paris am 9. Juli wird verzweifelt als »noch deprimierender« geschildert. Und am 12. Juli trägt er ein: »Sehr deprimiert. Flucht?« Das gefürchtete Wort »Flucht« schlich sich bisweilen unheilvoll in das Gespräch ein. Er litt, wie Leontiew in *Gottes Thron steht leer,* an einer diffusen Angst, die sich an einer größeren oder kleineren Sorge festhakte, und das wiederum konnte zu einer fixen Idee werden. Quälte ihn etwas Nebensächliches, dann tat es einem leid, daß so viel Leidenschaft und Zeit vergeudet wurde, doch meistens gewann das, was, oberflächlich betrachtet, als trivial erschienen war, eine zusätzliche Dimension, die er vermutlich von Anfang an vorausgesehen hatte.

Am 13. Juli fuhr Mamaine nach London, um sich einer ärztlichen Durchuntersuchung zu unterziehen und einige Zeit mit ihrer Zwillingsschwester und allen ihren Freunden zu verbringen. Als sie auf der Insel waren, hatte Arthur sie für zwei Tage zu Untersuchungen in das Hopkins Medical Center gebracht, doch das Resultat war enttäuschend, weil die Ärzte außerstande waren, irgendetwas gegen ihr Asthma zu tun. Anscheinend vermochte sie einfach kein Gramm Fett anzusetzen; Arthur bedrängte sie dauernd, mehr zu essen, und sie bemühte sich nachzugeben, nur um ihm einen Gefallen zu tun.

Kurz nach ihrer Ankunft in London teilte sie in einem Brief mit, sie habe fünf Plätze für die Überfahrt auf der *Ile de France* gebucht, die am 1. Oktober New York anlaufen würde. Anna, Maxim und ich sollten mit Arthur und Mamaine auf die Insel zurückkehren, und Verte Rive sollte für die Zeit unserer Abwesenheit vermietet werden. Annas Reaktion auf diesen neuen Plan war höfliche Reserviertheit, doch Maxim war aufgeregt wie ein Kind – und mir ging es genauso. Ich hatte Kindheitserinnerungen an das Leben an Bord, war ich doch achtmal zwischen Südafrika und England im Schiff gereist. Arthur und Mamaine schien die Aussicht auf eine Überfahrt nicht zu reizen; die erste Reise in die USA im Jahre 1948 unternahm Arthur auf der *Queen Elizabeth,* wo er sich langweilte und wie ein Gefangener fühlte. Auch Sabby sollte mitkommen – der Fahrpreis für ihn betrug 18 Pfund.

Orwell sagte, »der schwache Punkt in Arthurs Rüstung ist sein Hedonismus.« Wohl typisch für Arthur, daß er den 14. Juli in Paris verbrachte, und er schrieb an Mamaine: »Ich verlebte einen wunderschönen 14. Juli bei den Vallons.« Das erste Kapitel von *Gottes Thron steht leer* heißt

»Bastille Day, 195 . . .«, und seine Stimmung ist ansteckend:

. . . flog die Rakete noch immer wie ein goldener Komet über dem Sternenzelt dahin, dann löste sie sich geräuschlos in einen Sprühregen von grünen und purpurnen Tropfen auf. Irgendwo in der Richtung des Louvre zerplatzte am Firmament eine riesige Leuchtkugel, während unterhalb des Pont-Neuf ein bengalisches Feuer die Seine in ein blaues Flammenmeer verwandelte. Von der überfüllten Uferpromenade drang ein langgezogener Seufzer des Entzückens herauf . . .
Sechs rotierende Feuerräder sprühten bunte Feuergarben vom Geländer des Pont-Royal in die Nacht. Trunken von dieser Farbenorgie und mit schwimmendem Kopf verfolgte Hydie das Himmelsschauspiel. Plötzlich zerriß ein Flammenstoß von fünfzig gleichzeitig abgeschossenen Raketen das dunkle Gewebe des Firmaments, und ein riesenhafter, greller Pfauenschwanz reichte von den Mansarden der Cité bis zur bleichen Mondsichel.
Drunten schrie die Menge vor Begeisterung auf. Den Gästen auf dem Balkon entschlüpfte wie in verhaltener Wollust ein »Ah« des Entzückens; ein paar junge Frauen unter ihnen kreischten und jauchzten wie Kinder bei einer Rutschpartie.
Das Feuerwerk war jetzt nahezu beendet, und die bunten Räder, Sprühgarben, Kometen, Räucherkerzen, Kanonenschläge und Girlandolen fochten bereits einen aussichtslosen Kampf gegen die ersten schweren Regentropfen. Als der Regen sich verstärkte, erlosch eins ums andere, bis der Himmel bei starkem Pulvergeruch in Dämmerung und dann in tiefstes Nachtdunkel überging. Die Haupt- und Schlußattraktion sollte ein Feuerwerksmodell der Bastille bilden, die in Flammen aufging und sich als pyrotechnisches Wunderwerk in die Schlagworte der Französischen Revolution umwandelte. Man kam aber nicht einmal bis zum Ende von LIBERTÉ; das verstümmelte Wort wurde, zusammen mit den künstlichen Fixsternen und den flammenden Springbrunnen und Kaskaden, vom Wolkenbruch ausgelöscht.

2

Arthur meinte, Kingsleys Dramatisierung der *Sonnenfinsternis* sei eine »ordentliche Arbeit« gewesen. Obwohl es Schnitzer gab, erhob er keinen Einwand gegen die Broadway-Inszenierung. Europa war etwas anderes. Regisseure in Deutschland, Frankreich, Italien und Skandinavien waren sehr interessiert daran, das Stück aufzuführen, aber Arthur wollte unter allen Umständen verhindern, daß es in seiner Originalform auf die Bühne kam. Seine Haupteinwände sind zu weitreichend und zu kompliziert, um darauf eingehen zu können (einige Einwände werden im Anhang angeführt – d. Herausgeber). Hier sind einige seiner minder wichtigen kritischen Bemerkungen:

Seite 3: Rubaschow ist ein bedeutender politischer Gefangener, die Wachmannschaft würde es nicht wagen, ihn anzurühren.
Seite 4: Obwohl es in den Bühnenanweisungen heißt, daß er »sich sehr aufrecht hielt und mit grimmiger Autorität auftrat«, sind Rubaschows erste Zeilen klagend und voller Selbstmitleid. Sie würden ihn von vornherein falsch auslegen . . .
Seite 117: Gletkin kommt natürlich nicht dazu, seine Pistole zu ziehen. Untersucher und Vollstrecker können nicht dieselbe Person sein – bei aller dichterischen Freiheit. Das ist jene Art von bühnentechnisch falschem Symbol, das von einem relativ feindseligen Publikum, wie es zum Beispiel in Frankreich zu erwarten ist, mit einem Gelächter beantwortet würde, unter dem das Haus einstürzen könnte.

Er hatte das fertige Stück gar nicht gelesen, bevor es zur Aufführung gelangte. Die Geschichte begann in Wirklichkeit 1950, als Sidney Kingsley Arthur in einem Brief mitteilte, er würde gerne eine dramatisierte Fassung der *Sonnenfinsternis* für das Theater schreiben. Arthur nahm die Idee begeistert auf: Kingsley war ein bekannter Mann, sein *Men in White* hatte den Pulitzer-Preis errungen; es würde Spaß machen, mit ihm zu arbeiten. Im August 1950 kam Kingsley nach Paris, und ich wurde für die Zeit seines Aufenthaltes als seine Sekretärin eingesetzt. Seine hellblauen Augen blickten eher unfreundlich. Ich mochte seine wunderschöne Frau, den ehemaligen Filmstar Madge Evans.

Als ich nach Verte Rive hinauskam, fand ich Arthur mit Ideen für das Stück beschäftigt. Er hatte eine ganze Szene fertig, die zum Abschreiben vorbereitet war. In Paris, im Hotel Prince de Galles, war auch Kingsley fleißig an der Arbeit. Als ich seine Fassung tippte, fragte ich mich, warum er aus *Sonnenfinsternis* ein Stück machen wollte und ob er, als Amerikaner, imstande sein würde, die Stimmung des Buches zu vermitteln.

Vielleicht empfand Arthur dasselbe. Am 20. August schrieb er an Kingsley, der damals wieder in New York war, daß er seinen Entwurf für den zweiten und dritten Akt gelesen habe und daß »der Marathon-Dialog zwischen Rubaschow und Gletkin sowie die Art, ihn zu einem Höhepunkt zu führen«, ihm »glücklich gelöst« zu sein schien. Aber er fügte hinzu:

Einige andere Szenen – besonders die Szenen mit Arlowa und Klein Löwy – sehe ich Ihrem Wunsch gemäß als Rohentwürfe an. Ihnen fehlt die Sprache und Atmosphäre dieses exklusiven Klubs; doch da wir dieses Problem ausführlich diskutiert haben, hat es keinen Sinn, in diesem Stadium mehr darüber zu sagen.

Kingsley versprach, Fachberater zu engagieren, die ihm bei der Überwindung seines Problems, Mentalität und Eigenheiten der Kommunisten genau darzustellen, behilflich sein sollten, doch, wie Arthur sagte, »niemand, und wenn er noch so viel Intuition besitzt, kann innerhalb von wenigen Wochen die Einfühlung in ein schwer faßbares, außerdem noch inzestuöses Milieu gleichsam nach der Berlitz-Methode erwerben.«

Ehe er 1951 New York verließ, konsultierte er einen Rechtsanwalt. Der Streitfall glitt ihm aus den Händen, und er war nicht mehr imstande, ihn abzuschließen. Sein Anwalt riet ihm, das Schiedsgericht anzurufen, und Arthur fühlte sich erleichtert: es würde die Sache, so oder so, zu einem Ende bringen.

Wieder in Verte Rive, kam ihm eines Morgens, als er sich an den Schreibtisch setzte, ein Päckchen unter. Es war ganz offensichtlich, wie wir das unter uns scherzhaft so nannten, »das tägliche Buch«; mindestens eines kam jeden Tag mit der Post. An diesem Morgen war das »tägliche Buch« *Darkness at Noon (Sonnenfinsternis* – d. Übersetzer). *Ein Schauspiel von Sidney Kingsley. Nach einem Buch von Arthur Koestler.* Arthur entfernte rasch die Schutzhülle, starrte auf den Buchrücken, schnappte nach Luft und biß sich auf die Lippen, während er las: *Darkness at Noon – Von Sidney Kingsley.*

Man hatte ihm sein Kind weggenommen. Später sollte Kingsley schreiben:

... *Darkness at Noon,* auf das Koestler hinweist, ist ein zehn Jahre alter Roman. *Darkness at Noon,* von dem wir hier sprechen, ist ein Stück, das ich vor eineinhalb Jahren geschrieben habe und das seine Probe – nicht unverdient – *bestanden hat.* Mein Horizont als Dramatiker ist die Welt. Meine Stücke sind für die Welt bestimmt. Sie haben in der Welt bestanden. Auch bei diesem Stück wird es so sein.

Arthur hatte keine so großartige Meinung von seinem eigenen Stück *Twilight Bar.* In einem Brief an einen deutschen Theaterdirektor verriß er es total:

Ich habe Herrn Brauns Bearbeitung von *Twilight Bar* gelesen. Ich finde, Herr Braun hat gute Arbeit geleistet. Ich habe nichts gegen die Veränderungen, die er vorgenommen hat. Aber *meinem* Empfinden nach gehen sie nicht weit genug, um die Schwächen des Stücks auszugleichen. Ich sage das nicht aus Bescheidenheit, sondern deshalb, weil das Stück überall, wo es aufgeführt wurde – in den Vereinigten Staaten, in Paris, in Oslo etc. – ein totaler Mißerfolg war. Wie ich schon in meinem ersten Brief schrieb, sind die Figuren Marionetten, und der dritte Akt, in dem Utopia entworfen wird, enttäuscht die Publikumserwartungen grausam ... Deshalb glaube ich, daß ich Ihnen wie mir einen gewissen Mißerfolg erspare, wenn ich vorschlage, die Idee fallenzulassen. Das Stück war ein Irrtum ... Es lohnt kaum, sich darüber Gedanken zu machen.

3

Als *Gottes Thron steht leer* in Frankreich unter dem Titel *Les Hommes Ont Soif* erschien, war Malraux sichtlich bestürzt über die Ähnlichkeit, die eine der Figuren mit ihm hatte. Arthur erfuhr davon und schrieb ihm:

Vallon sagte mir, daß Sie nicht da waren, sonst hätte ich versucht, mich mit Ihnen in Verbindung zu setzen. Natürlich gibt es einige Malraux'sche Elemente in der erfundenen Gestalt des St. Hilaire; aber alle, die den Roman gelesen haben, sind sich einig, daß es die sympathischsten Elemente im ganzen Buch sind. Wenn es Ihnen Spaß macht, sich die betreffenden Stellen noch einmal anzusehen: sie sind in den Kapiteln »Une Soirée chez M. Anatole«, »L'Ombre de Neanderthal« (ein furchtbar schlechtes Kapitel) und »L'Enterrement de M. Anatole« enthalten.
Ceci dit ... Sollten wir nicht versuchen, in aller Freundschaft zu

Mittag zu essen? Es sind mindestens vierzehn Tage her, seit wir uns gesehen haben. Ich rufe Sie Montag an, damit ich weiß, ob sich das arrangieren läßt.

Das Thema dieses »furchtbar schlechten« Kapitels »Der Schatten von Neanderthal« sollte ihn jahrelang verfolgen: die Einberufung einer Konferenz von Vertretern der Intelligenz, um Mittel und Wege zu finden, den Westen vor einem drohenden Krieg zu retten. Dieses Thema stand im Vordergrund seines nächsten Romans *The Call Girls (Die Herren Call-Girls),* den er zwanzig Jahre später schrieb, obwohl die Intellektuellen hier einer anderen Kulturphase zugehören.

Was den Malraux'schen Typ betrifft, so handelt es sich um ... einen dunklen, schlanken Menschen, der so energiegeladen ins Zimmer stürmte, daß jedes Glied seines Körpers ein dynamisches Eigenleben zu führen schien. Er verzog ständig das Gesicht zu den ausgefallensten Grimassen, seine Arme und Beine bewegten sich ruckartig wie die eines Pennälers, aber gleichzeitig mit äußerster Energie, und er hielt den Kopf nach vorne geneigt, als wolle er mit ihm jederzeit den Bauch eines Feindes rammen. Die Leute, die noch in kleinen Gruppen umherstanden, machten ihm eilig Platz und fingen an, hinter seinem Rücken zu tuscheln ...
... »Das ist George St. Hilaire, der fahrende Ritter unter den Literaten«, flüsterte Monsieur Anatole. »Wir nennen ihn Sankt Georg, weil er immer drauf und dran ist, irgendeinen Drachen aufzuspießen – mal ist es ein faschistischer, mal ein kommunistischer Drache, oder was sonst gerade für ein Ungeheuer zur Hand ist. Er hat auf seiten der abessinischen Stammesfürsten gekämpft und stand in den Reihen der Sterngruppe in Jerusalem, und letztes Jahr ist er mit einem Einsitzer davongeflogen, um den Kreml in die Luft zu sprengen – aber unterwegs ging ihm das Benzin aus. Er ist ein Esoteriker und Ritter von rein intellektueller Prägung; verglichen mit ihm war Lawrence von Arabien ein armseliger Philister. Wenn er mit Ihnen redet, verstehen Sie höchstens zehn Prozent von dem, was er sagt ...«

In einem späteren Kapitel bezieht sich St. Hilaire auf die »Sprache des Schicksals«: »Die Frage des Schicksals an den Menschen ist immer in schlichte und gerade Worte gekleidet ...« Arthur hatte schon immer einen »vielleicht abergläubischen, aber tiefen Glauben« an die Sprache des

Schicksals. In *Pfeil ins Blaue* schrieb er:

Wenn sich in einer kurzen Zeitspanne größere und kleinere Mißgeschicke häufen, scheinen sie eine symbolische Warnung auszudrücken, als zupfe einen eine stumme Macht am Ärmel. Dann ist es einem aufgegeben, diese wortlose Warnung zu entziffern. Ignoriert man sie, so ... hat man vielleicht eine Gelegenheit zur Umgestaltung seines Lebens versäumt und ist an einem potentiellen Wendepunkt vorbeigegangen, ohne es zu merken. Und das ist wohl kein völlig naiver Aberglaube, wenn man erkennt, daß derartige Serien oft vom Unbewußten her inszeniert werden – daß die Warnung von jener Sphäre ausgehen mag, »die mehr das Selbst ist als man selbst«. Später kam ich darauf, daß André Malraux einem ähnlichen Aberglauben oder Glauben huldigt; er nennt dieses Am-Ärmel-Zupfen des scheinbaren Zufalls *le langage du destin.*

4

In diesem Sommer war die Atmosphäre in Verte Rive nicht gerade ruhig und der Arbeit förderlich. Pässe für Anna und Maxim mußten besorgt werden; wir alle brauchten Einreisevisa für die USA. Ich fegte durch Paris und tat auf dem amerikanischen Konsulat und den verschiedenen französischen bürokratischen Ämtern, was ich konnte, aber Arthur mußte immer noch Briefe an Freunde wie Budd Schulberg und an seinen amerikanischen Verlag schreiben und sie bitten, die Visaanträge für Anna, Maxim und mich zu unterstützen, damit wir den Anforderungen der amerikanischen Einwanderungsbehörde entsprachen. Der Alptraum, der über ihm schwebte, war, ob das Ad-hoc-Gesetz, das ihm den US-Aufenthalt gewähren sollte, rechtzeitig durchkommen würde. Und natürlich war da noch der Fall Kingsley. Das waren bedrückende Gedanken, doch das Schreiben und seine Leidenschaft für das Segeln auf dem Fluß hatten eine stabilisierende Wirkung.

Komischerweise war er, als er von der Insel nach Verte Rive zurückkehrte, in seiner Autobiographie gerade an jenem Zeitpunkt angelangt, an dem er als Auslandskorrespondent vom Nahen Osten nach Paris versetzt wurde. Im Laufe des Juli, den er in Verte Rive verlebte, schrieb er das Kapitel über sein erstes Jahr in Paris als Journalist; damals war er gerade erst vierundzwanzig Jahre alt.

Manchmal fuhr er für eine Nacht nach Paris. Da gibt es Notizen in seinem kleinen Hermès: »Abendessen Voltaire, schlechter Wein; Mittagessen Vieux Paris; Abendessen Dominique, Engels im neuen Boite ›Chaplaine‹ «. Schließlich landet er in den »Hallen«. Am Tag nach diesem letzten Ausflug (einem Sonntag) vermerkt er: »Segeln, endlich einen Tag allein.« Und es gab den üblichen ständigen Strom von Wochenendgästen. Es machte ihm Spaß, vor dem Schlafengehen die Gäste zu einer Fahrt auf dem Fluß mitzunehmen. Es war wunderbar friedlich, im Dunkeln auf dem Wasser zu treiben; die kleinen Wellen reflektierten weich das Licht aus den Fenstern des Hauses.

Eine weitere Sorge war das Geld. Er hatte nicht die Bewilligung der Bank von England erhalten, sein Geld ins Ausland zu transferieren. So war er knapp bei Kasse in den zwei Ländern, in denen er zu leben vorzog – in Frankreich und Amerika –, und wohlhabend in England. Infolgedessen mußte die arme Mamaine, statt ihre Kleider in Paris oder New York zu kaufen, sich mit Kleidung aus den schlecht ausgestatteten Geschäften Londons begnügen. Arthur war allerdings blind für diese femininen Probleme. Wenn Mamaine schrieb, daß es »hier unmöglich sein wird, anständige Kleider zu kaufen, weil es keine gibt«, ließ seine Reaktion nicht gerade Anteilnahme erkennen:

P. S. Tut mir leid wegen der Kleider, aber du mußt versuchen, das, was du brauchst, in England zu bekommen; denn was du über die Devisenvorschriften sagst, heißt doch, daß wir den Gürtel sehr viel enger schnallen müssen.

Er selbst hatte keine Schwierigkeiten, alles, was er brauchte, auf seiner Durchreise Ende Juni in London zu kaufen. Zuunterst in einem Ordner, beschriftet mit »Vorträge und Verschiedenes 1951«, lagen zwei Rechnungen, die Aufschluß darüber geben, wie er seine Einkäufe in einer Blitzaktion tätigte. Am 29. Juni ging er zu Simpson am Picadilly und gab 13 Pfund und 18 Schilling für zwölf Paar Socken, ein Taschentuch, drei paar Unterhosen, zwei Hemden und eine Flanellhose aus. Das Kaufen von Kleidung war ihm lästig und außerdem hinausgeworfenes Geld, das man doch sehr viel vergnüglicher verschwenden konnte, wenn man in ein Restaurant zum Essen ging, was er als »gute Geldanlage« betrachtete. Ich mochte die Sportkleidung, die er zu Hause trug, aber seine verheerenden Anzüge mit den gräßlich gesprenkelten Mustern (die man auf manchen seiner Fotos sehen kann) ließen mich schaudern, so kritiklos ich auch sonst zu sein schien.

Mamaine war besorgt, sie meinte, die Überfahrt nach New York hätte für ein späteres Schiff gebucht werden sollen. Sie schrieb:

Ich glaube wirklich, daß es ein Fehler ist, denn es bleiben uns nur noch knapp über zwei Monate, um alle Papiere in Ordnung zu bringen ... Außerdem ist da noch Dein *Gesetz,* und Du wirst durchdrehen, wenn es Anfang September noch nicht durch ist, ich glaube, wenn du darauf bestehst, daß wir so früh fahren, gehst du das ernsthafte Risiko ein, Dir deine letzten Arbeitswochen in Europa durch Ärger zu verderben ...

Aber Arthur war gegen jede Umbuchung, »denn ich kann den Termin für das Kingsley-Schlichtungsverfahren nicht weiter hinausschieben, ohne meinem Fall zu schaden.«

In sein Tagebuch trug er ein: »Griesgrämig und traurig«; doch am nächsten Tag: »Ausgezeichnete Segelfahrt, Dienerschaft weg; allein, heiter«. Bald war er »in Rousseau vertieft« und fügte in einem Ton von Verzweiflung hinzu: »Briefe, Briefe – wieder Kidney«. Kidney (deutsch: Niere – d. Übersetzer) war sein Spottname für Kingsley, eine Abkürzung von Sidney Kingsley.*

Dann bemerkte er: »Die Arbeit geht langsamer voran; trotzdem 45 Seiten in diesem Monat. Kingsley-Prozeß geht mir auf die Nerven, drückend, schlaflos.«

Als Mamaine von seiner Schlaflosigkeit hörte, schrieb sie ihm postwendend:

Es tut mir so leid, daß Du dir wegen Kingsley solche Sorgen gemacht hast. Ich habe das bei Dir nie gekannt, daß dich irgendetwas länger als eine Minute wachhalten kann, wenn Du einmal im Bett bist; ich kann sehr gut verstehen, wie Dich das verfolgt haben muß ... Ich kann den Gedanken nicht ertragen, daß Dich die Sache so quält ...

* Siehe Anhang – d. Herausgeber.

Die fixe Idee mit der Kingsley-Affäre führte zu einer Krise in der Arbeit, und über die nächsten fünf Tage trug er in sein Tagebuch ein: »Niedergeschlagen« und »Arbeit fast am Stillstand; paddeln; Stimmung besser« und »wieder paddeln; arbeite nicht«, schließlich »neuer Ärger mit Kingsley; arbeite nicht«.

Am 5. August schrieb er jedoch: »Allein, Arbeit am Kapitel ›Bildnis d. Verfassers mit 25‹ wieder begonnen«; und am nächsten Tag: »Allein; gute Fortschritte am gleichen Kapitel«.

So wie im »Bildnis des Verfassers mit sechzehn«, das er auf der Insel geschrieben hatte, hielt er sein früheres Ich zur unvoreingenommenen Erforschung auf dem Seziertisch fest. Doch diesmal wollte er mich nicht dabeihaben. Als ich aus Paris ankam, schloß er sich in seinem Arbeitszimmer ein, murmelte, daß er mich nicht brauche, da er diesen Teil nur *allein* schreiben könne. In meinen Gefühlen verletzt, sah ich mich ins »Fegefeuer« verbannt und wühlte dort weiter im Aktenstaub.

Schließlich bekam ich die handgeschriebenen Seiten zum Tippen. Als ich an die Textstelle kam, wo er erzählt, wie er sich verliebte, ging mir auf, wie störend meine Anwesenheit im Zimmer gewesen wäre. Obwohl ich auf frühere Liebesbeziehungen nicht eifersüchtig war – wahrscheinlich vertieften sie eher den Bann, unter dem ich stand – hielt das verdrängte Gefühl der Kränkung noch eine Weile in mir an, so sehr ich mir auch Mühe gab, es loszuwerden.

Tag für Tag wurden Briefe und Telegramme zwischen Mamaine und Arthur gewechselt, manchmal waren es zwei an einem Tag. Sie war bei ihrem Arzt gewesen, der gesagt hatte, »niemand könnte sich vorstellen, daß mit mir irgendetwas nicht in Ordnung ist. Tatsächlich bin ich in einem wunderbaren Zustand, ich kann mich an keinen besseren erinnern (die Wunder nehmen kein Ende). Hoffe, daß ich eine Möglichkeit finde, etwas mehr zuzunehmen.«

Arthur bat sie, ihn die Resultate der Tests, die sie gemacht hatte, »presto wissen zu lassen«:

Ich bin ein bißchen müde, denn ich kam erst um 3.30 Uhr vom Ball der Hultons heim . . . Der Ball war recht eindrucksvoll . . . Das

Ganze fand im Garten statt, es gab Schaukeln, ein Karussel ... allerlei Dekorationen und Illuminationen, ein großes Tanzparkett in einem kunstvoll dekorierten großen Zelt, zwei Bars und einen Nachtklub – alles im Garten. Das Ergebnis war bezaubernd anzusehen und recht spaßig, aber meiner Ansicht nach nur ein mäßiges Vergnügen, denn auf jede Person, die ich mochte, kamen ungefähr zwanzig, die ich nicht mochte ..

Als sie die Ergebnisse der ärztlichen Untersuchung erfuhr, berichtete sie in einem Brief, man habe ihr empfohlen, etwa ein Jahr lang strenge Diät zu halten und keinen Wein oder andere Alkoholika zu trinken. Ziemlich wehmütig fügte sie hinzu: »Wenn die Aussicht auf ein Jahr ohne Drinks auch tatsächlich traurig ist, so heitert mich doch die Aussicht auf, schließlich normal, stark wie ein Pferd und FETT zu werden.«

Arthur hatte seiner Mutter mehrere mit Autogrammen versehene Exemplare von *Gottes Thron steht leer* für ihre Freunde versprochen. Da es in Verte Rive keine überzähligen Exemplare mehr gab, schrieb er an Margaret Stephens bei A. D. Peters, seinem literarischen Agenten: »Wollen Sie ein Engel sein, meine Unterschrift fälschen und die Exemplare an meine Mutter schicken?« Jedes Exemplar sollte in der gleichen gefälschten Handschrift dem Empfänger namentlich gewidmet werden. Stevie tat ihm den Gefallen, ohne mit der Wimper zu zucken, und in ihrem nächsten Brief standen unter ihrer üblichen Unterschrift die mit der Maschine getippten Worte »Abteilung für Fälschungen«.

Eine Woche, nachdem Mamaine zu ihrer Zwillingsschwester nach London gezogen war, reiste Celia für drei Wochen nach Griechenland. Mamaine schrieb: »Ich werde sie kaum mehr sehen. Also bin ich im Augenblick niedergeschlagen.«

Während der Sommer fortschritt, konnte sie sich nicht entscheiden, wann sie nach Verte Rive zurückfahren sollte. Sie schien hin- und hergerissen. Ende Juli schrieb sie:

Ich glaube, ich sollte sagen, wann ich zurückkomme, anstatt mich so treiben zu lassen, aber ich kann mich nicht für einen Termin entscheiden ... Doch ich will Dich nicht allein lassen ... gib mir also Bescheid, wie Du dich fühlst. Celia kommt am 9. zurück; wäre es möglich, daß ich, sagen wir, bis 11. bleibe, damit ich sie noch einmal sehe vor einer weiteren neunmonatigen Trennung? Die

Tatsache, daß ich ihr meine Kamera geborgt habe und sie dann zurückbekäme, wäre ein zusätzlicher Grund . . .

Und Arthur antwortete: »Bleib auf alle Fälle bis zum 11. oder länger, wenn es Dir Freude macht.«

Wir erwarteten den Besuch von Hamish Hamilton und seiner Familie auf ihrer Durchreise nach Italien. Mamaine schrieb am Ende eines ihrer Briefe: »Beiliegend ein kurzer Brief an Cynthia wegen des Essens für die Hamiltons, damit alles bitte O. K. geht.« Sie trug mir auf:

. . . mit Anna das folgende Menü für den Dienstag, an dem die Hamiltons kommen, festzulegen. Maiskolben (die sie lieben), Steaks, Gemüse (ich versprach es Jamie), Käse: Ziegenkäse und *carré de l'est;* Eis von Soupeault, falls vorhanden, oder Obstsalat mit Rum und Schlagsahne mit etwas Rum darin. Wenn es noch keine Maiskolben gibt, dann wäre es in meiner Abwesenheit am sichersten, von Maxim Fisch besorgen zu lassen, entweder Forelle (was wahrscheinlich zu teuer ist) oder Seezunge. Letztes Mal, als sie da waren, haben sie, soweit ich mich erinnere, Langusten bekommen.

Arthur hoffte, die Hamiltons könnten eine Schreibmaschine mitbringen, die in London repariert worden war und seitdem dort in meiner Wohnung herumstand. Aber Mamaine mußte in einem Telegramm mitteilen, daß die Maschine dort geblieben war:

Tut mir sehr leid wegen d. Maschine: Schuld haben Cynthias verdammte Mitbewohnerinnen, die sagten, sie würden zu einer bestimmten Zeit dort sein, damit ich sie holen und den Hamiltons bringen könnte; waren aber nicht da.

Am 8. August schrieb Arthur in sein Tagebuch: »Parlament stimmt für Gesetz.« Er fuhr für ein paar Tage nach Paris, um zu feiern. Am 14. August kam Mamaine nach Hause.

Am nächsten Tag, einem Mittwoch, traf ich Arthur in düsterer Stimmung an; er war gereizt, als läge jeder Nerv offen auf seiner Haut und wäre wund. Die nebensächlichsten Dinge regten ihn auf. Mitten im Diktieren von Briefen riß er die Tür des Arbeitszimmers auf und rief erregt die

Treppe hinunter nach Mamaine. Seine Beschwerden erschienen mir unsinnig. Mamaine, die Zielscheibe seiner Gereiztheit, wirkte bleich und angespannt. Wie konnte er nur, fragte ich mich, schließlich war Mamaine gerade erst zurückgekommen. So peinlich es war: ich war sicher, es würde sich legen.

Ich blieb über Nacht dort, und am nächsten Tag schrieb ich die restlichen Briefe in die Maschine. Als ich fertig war, brachte ich sie ihm zur Unterschrift. Ich öffnete die Tür und sah Mamaine bei Arthur sitzen. Er sagte: »Lassen Sie uns eine Weile allein – wir halten Kriegsrat.« Mamaine lächelte mir beruhigend zu. Arthur schien nicht mehr in gereizter Stimmung. Sie diskutieren wahrscheinlich finanzielle Dinge, dachte ich.

Etwas später, als Mamaine gegangen war, rief Arthur mich zu sich. Er sagte mir, Mamaine und er würden auseinandergehen; sie verließ ihn. Ich war niedergeschmettert. Sie waren einander so nahe gewesen – fast als wären sie aus dem gleichen Fleisch und Blut. An Arthur ohne Mamaine oder Mamaine ohne Arthur zu denken, schien mir völlig unmöglich. Während ich das zu begreifen versuchte, sagte er mir, er wisse noch nicht, ob er nach Amerika zurückkehre und ob er Anna und Maxim mitnehme. Mich könne er jetzt nicht mitnehmen.

Als geborene Pessimistin hatte ich die ganze Zeit das komische Gefühl gehabt, daß die Schiffsreise auf der *Ile de France* und das idyllische Leben, das ich auf der Insel führen würde, zu schön wären, um wahr zu sein. Als ich aus dem Zimmer ging, traf ich Mamaine vor der Türe. Das Leben hier würde ohne sie nie mehr das gleiche sein. Wie ein treuer Hund war ich am glücklichsten, wenn ich mit beiden zusammen war. Ich versuchte, meine Gefühle zu beherrschen, und auch sie hielt den Atem an.

Mamaine begann zu packen. Sie sollte am nächsten Abend nach London fahren, nur zwei Tage, nachdem sie zurückgekommen war. Arthur bat mich, über Nacht in Verte Rive zu bleiben. Der Gedanke an die letzte gemeinsame Nacht muß unerträglich gewesen sein, und die Anwesenheit einer dritten Person mochte den Schmerz etwas erträglicher machen. Ich zog mich früh zurück. Vielleicht aus Verzweiflung oder in der Hoffnung, irgendeinen Trost zu finden, kamen sie später in mein Zimmer. Ich hörte, wie die Türe aufging und Arthur Mamaine eindringlich bat, doch hereinzukommen. Vielleicht waren sie in ihrem Zwiegespräch an einem toten Punkt angelangt. Sie saßen im Dunkeln ein paar Minuten lang an meinem Bettende. Sie können aus meinen schwachen und einsilbigen Antworten kaum etwas gewonnen haben; ich fühlte mich hilflos und der Sache nicht gewachsen.

Am nächsten Morgen nahmen wir einen Abschiedsdrink an der Bar im Eßzimmer, bevor ich loslief, um den Zug nach Paris zu erreichen. Ich überlegte, wie Mamaine den Gedanken ertragen konnte, daß ein Tag verging, ohne daß sie wußte, welche Meinung Arthur über dies oder jenes hatte. Ich selbst war ja auch so abhängig von ihm – von dem, was er über ein Buch, einen Film, eine neue Sensation dachte –, und seine Reaktionen überraschten und beeindruckten mich jedesmal. Mamaine aber schien irgendwie befreit und unabhängiger, als ich sie jemals gesehen hatte.

* * *

In Arthurs Hermès-Tagebuch steht am 15. August ein Satz: »Mamaine teilt mit, daß sie beschlossen hat, mich zu verlassen.« Die Handschrift ist fast unleserlich, die vollen, runden Buchstaben haben sich in ein dünnes kleines Gekritzel verwandelt, das die Anstrengung ahnen läßt, mit der diese Worte zu Papier gebracht worden sind.

Vier Tage danach schrieb er: »Daheim. Misère.«

Als ich hinauskam, diktierte er einen Brief an A. D. Peters:

Die Privatsache, über die ich Ihnen schrieb, ist leider endgültig. Mamaine wird es Ihnen erklären. Ich werde jetzt mein Leben einfacher leben. Ich will die Insel nicht verkaufen, möchte sie aber auf fünf Jahre oder so vermieten . . .
Ich habe mich noch nicht entschieden, ob ich in Amerika oder in England leben werde. Ich behalte Verte Rive als Urlaubsplatz für den Sommer . . . Doch auf Dauer kann ich nur in einem angelsächsischen Land leben, sonst würde ich mein Englisch wieder verges-

sen ... In London könnte ich eine Zeitlang in einer Mietwohnung leben ... Ich hatte das Gefühl, daß die konkurrenzbeherrschende, kommerzialisierte Atmosphäre in den Staaten – Bestseller-Listen und so – sehr schlecht für einen Schriftsteller ist. Andererseits ist natürlich die Sterilität der englischen Literaturszene auch ziemlich deprimierend. So wäge ich also das Für und Wider ab ... Und hätte gerne Ihren klugen Rat bei einer Flasche Wein. Sie verfügen über eine Menge Erfahrungen hinsichtlich der Bedingungen, die für einen Schriftsteller an Wegkreuzungen günstig sind. Falls es Ihnen zu unbequem ist, einen Tag in Paris oder hier zu verbringen, würde ich vielleicht einmal hinüberkommen ...

Im Nachsatz sprach er von der Last der Besitztümer: »Das alles gehört nicht zu meinem Stil. Ich bin stets mit einem handlichen Koffer gereist.«

Wir spazierten durch den Garten, während er versuchte, seine Pläne zu sondieren. Er werde sich in England niederlassen, sagte er. Welche Ironie, dachte ich; Mamaine hatte immer gehofft, daß sie einmal in England leben würden. Er schrieb in sein Tagebuch: »Spielte mit Cynthia Canasta. Wüste Depression.«

A. D. Peters kam mit dem Flugzeug aus London herüber und blieb schließlich ein paar Nächte in Verte Rive. Obwohl er so typisch englisch wie ein Stockfisch aussah, war er von entwaffnender Warmherzigkeit.* Sein Besuch, schrieb Arthur an ihn, »war nicht bloß eine Wohltat, was die Klärung meiner Pläne betraf, sondern, wie ich fand, auch ein großes Vergnügen.«

Er wollte auf die Insel zurückkehren, um ihre Vermietung in die Wege zu leiten, und das Kingsley-Gerichtsverfahren tauchte drohend vor ihm auf. Er hatte beschlossen, Anna und Maxim nicht mitzunehmen. Da er die Enttäuschung, die Maxim über die plötzliche Änderung der Pläne empfinden würde, nicht ertrug, fand Arthur eine Antwort auf seine Schuldgefühle und auf das Gefühl der Verantwortlichkeit für die Hausgemeinschaft; am 25. August trug er in sein Tagebuch ein: »Die naheliegende Lösung war, ihnen hier ein Haus zu bauen. Habe das Montag mit Maître Guitar

* In Wirklichkeit war er gar kein Engländer, wie Arthur erst nach dessen Tod entdeckte.

arrangiert und fühle mich sehr erleichtert, um so mehr, als der Platz, den wir uns ansahen, wunderschön ist.«*

5

Der *Pfeil ins Blaue* war drei viertel fertig,doch Arthur war nicht in der Stimmung, weiterzuschreiben. Er verbrachte viel Zeit in Paris, und wenn er in Verte Rive war, befaßte er sich mit der Korrektur der deutschen Übersetzung von *Age of Longing,* das unter dem entsetzlichen Titel *Gottes Thron steht leer* herauskam. Am 28. August schrieb er an seinen deutschen Verleger:

Ich fürchte, die Korrektur ... wird ein paar Tage länger dauern, als ich dachte ... natürlich kann für jemanden, der einmal deutsch geschrieben hat, keine Übersetzung seines Werkes ins Deutsche je völlig befriedigend sein. Mir ist das klar, und deshalb nahm ich keine Stiländerung vor. Doch es gibt eine Menge sinnstörender Fehler ...

Eine Woche später mußte er wieder schreiben:

Ich bin unglücklich, daß es notwendig ist, so viele Korrekturen anzubringen ...
Um Ihnen eine Vorstellung von den politischen Verzerrungen in der Übersetzung zu geben: Im englischen Text spreche ich von »nordic industry and diligence«, der einfachen Leute von Paris; das wird mit »germanische Tüchtigkeit« übersetzt. Ich wiederhole, wir sprechen vom Pariser Volk.
Im fünften Kapitel wird der Negerredner auf der Kundgebung, der im Original eine naive und ergreifende Figur ist, mit Hilfe einer Gratiszugabe von herabsetzenden Adjektiven durch den Übersetzer zur boshaften Karikatur ... Da das Negerproblem politisch eine ähnliche Bedeutung hatte wie die Frage des Antisemitismus, werden Sie verstehen, welche Folgen diese Entstellung für meinen politischen Ruf hat.
Weitere politische Entgleisungen gibt es praktisch auf jeder Seite.

* Eine Anmerkung von A. K. für C. K. besagt, sie möge sich um Details und Methoden für den Bau von Bauernhäusern kümmern, doch leider ist das nicht geschehen – d. Herausgeber.

Der Übersetzer ... verkehrt oftmals den Sinn ins direkte Gegenteil, zweifellos aus Unachtsamkeit.
Zweitens der Stil ... er übertrug nicht nur meinen Stil in seine eigene Sprache, sondern er verbesserte ihn auch durch Hinzufügung von farbenprächtigen Beiworten und Ausschmückungen in jedem einzelnen Absatz ... (um) ein paar Beispiele (zu geben): aus »in love« wird »von ganzem Herzen liebt ...«, aus dem bloßen Wort »threat« wird »das Damoklesschwert der Folterung«; es gibt kaum einen Satz im Text, in den der Übersetzer nicht irgendeine eigene Arabeske eingefügt hätte, und so veränderte er den ganzen Charakter des Buches – was knapp war, wurde schwülstig.
In diesem Stadium läßt sich das nicht mehr ändern. Ich bitte Sie, mir zu glauben, daß ich versuche, meine Korrekturen auf ein Minimum zu beschränken, mit dem Blick auf richtige Bedeutung und anständigen Stil.
Manchmal hielt ich es jedoch für notwendig, selbst scheinbar harmlose Worte auszumerzen ... der Grund dafür wird erst klar, wenn Sie den ganzen Absatz oder die Seite in beiden Versionen lesen; dann werden Sie sehen, wie eine Passage durch dergleichen Hinzufügungen einen völlig anderen Charakter und eine andere Atmosphäre erhält und sich so in einen übertriebenen und künstlich dramatisierten Abschnitt verwandelt ...

Wir hatten verabredet, uns am Tag vor Arthurs Abreise aus Paris nach London auf der Terrasse eines Cafés auf den Champs-Elysées zu treffen, damit er mir letzte Anweisungen geben konnte. Es war sonderbar, ihn auf dem rechten Seine-Ufer zu sehen, und ausgerechnet auf den Champs-Elysées. Seine Schlupfwinkel waren auf dem *Rive Gauche,* sein liebster das Café Flore. Neben dem Flore gab es das *Deux Magots,* in dem sich die prominenteren Intellektuellen versammelten, ihre Getränke schlürften und die Kirche betrachteten.

An seinem ersten Abend in London führte Arthur Mamaine ins Etoile zum Essen aus. Offenbar war er noch in London, als ich ankam, denn in seinem Hermès-Tagebuch steht am 19. September: »1 – 2 Cynthia«. Ich muß den Brief getippt haben, den er an jenem Tag an seinen deutschen Verleger schrieb: »Beiliegend weitere Korrekturbogen (Seiten 395–428). Ich hoffe, daß ich Ihnen die restlichen 26 Seiten entweder morgen oder am Samstag von New York aus senden kann ...«

So niedergedrückt ich auch im Jahr zuvor gewesen war, als er nach Amerika fuhr, so wenig erinnere ich mich an meine Gefühle in dieser Situation. Vielleicht wurde mir das Abschiednehmen mit der darauffolgenden Leere bereits zur Alltäglichkeit. Jedenfalls hatte er vor, sehr bald nach London zurückzukehren.

8

Die Montpeliers

1

Ich wohnte wieder in dem kleinen Hinterhaus am Sloane Square, das ich mit zwei Mädchen teilte. »Was Jobs betrifft«, schrieb ich an Arthur, »hatte ich kein Glück. Sidney Bernstein versprach mir eine Stellung, aber es sind fast drei Wochen vergangen, und ich habe nichts von ihm gehört.« Ich nahm eine provisorische Stellung an und brachte meine Tage damit hin, »auf Unmengen von Briefumschlägen Adressen zu tippen.« Es war »eine sehr langweilige und schmutzige Arbeit, aber es macht mir gar nicht mehr so viel aus wie im vorigen Jahr zur gleichen Zeit, denn zumindest weiß man, daß es nur vorübergehend ist.« Ich übersiedelte mit meinen Freundinnen in eine neue Wohnung in Montpelier Walk, drei andere Mädchen kamen noch hinzu, und so wurde die Wohnung im Handumdrehen zu einem schrecklichen Slum. Mit einer Ausnahme waren alle fünf Mitbewohnerinnen Ex-Debütantinnen. Nachdem sie im ersten Jahr in einen Strudel von Parties hineingezogen worden waren, ignorierte man sie jetzt, und eine Einladung zum Abendessen rief bereits ziemliche Aufregung hervor. Einige nahmen den Job als Modell an. Die schlampigste Debütantin verbrachte ihre Zeit damit, völlig frustriert im Wohnzimmer auf und ab zu gehen. Jetzt ist sie die Geliebte eines Herzogs.

Manchmal traf ich mich mit Mamaine im Restaurant, und einmal kam sie zum Mittagessen sogar in unsere neue Wohnung. Sie hatte ein Haus in der Hasker Street nahe von Knightsbridge gekauft und war nun fleißig dabei, es einzurichten. Sie erzählte mir Neuigkeiten von Arthur und amüsierte mich in ihrer gewohnt schnellen Art zu sprechen mit weiteren Geschichten aus der merkwürdigen Kindheit der Zwillinge und aus der kurzen Zeit, die sie als Teenager zusammen in der Schule waren.

Mamaine hatte eine Stellung im Verlagshaus von Derek Verschoyle angenommen, wo sie den Großteil ihrer Zeit damit verbrachte, Bücher zu lesen und Gutachten darüber zu schreiben; viele dieser Bücher waren in französischer und deutscher Sprache verfaßt.

»Heute fragte mich Derek«, schrieb sie an Arthur, »ob ich jemanden wisse, der gerne etwas über FISCHE lesen würde. Also sagte ich ja, ich läse das gern, worauf er mir ein umfangreiches deutsches Werk über dieses Thema brachte; ich freue mich darauf, es zu lesen!«

Hier ein unvergeßlicher Blick auf die Zeitgeschichte: ihr Bericht über das Begräbnis von König George VI:

Wir erleben ein herrliches königliches Begräbnis, es war *prachtvoll,* ich hatte eine gute Sicht auf den Festzug vom Dach meines Bürohauses in der St. James Street. Auf dem Sarg die Krone mit den großen funkelnden Juwelen, von denen schon Heinrich IV. (oder wer es auch immer war) einige in Agincourt zur Schau trug. Ich starrte sie so entzückt durch den Feldstecher an, der dem neben mir sitzenden Mann gehörte, daß ich beinahe die königlichen Herzöge übersah, die düster hinter der Geschützlafette hermarschierten, gefolgt von den Königen. Letztere sahen fast alle wie Lumpensammler aus, und ihr Marschschritt war erbärmlich. Lu* sagte nachher, der König von Dänemark habe den ganzen Ärger verursacht, denn er marschierte schneller als die anderen Könige, die erst mehrere Anläufe machen mußten, um mit ihm Schritt zu halten. Das BBC war in seinem Element, als es das Begräbnis kommentierte: »Der königliche Chauffeur setzt seinen Fuß auf das königliche Pedal des königlichen Wagens« etc., mit Grabesstimme . . . Es war seltsam, die vier russischen Offiziere zu sehen, die dabei waren; ich fand, sie sahen ein bißchen schäbig aus in ihren schlechtsitzenden Uniformen, aber nicht schlimmer als die Könige, nur anders . . .

Vielleicht spiegelten sich ihre damaligen Gefühle im grausigen Licht dieses Traums wider, den sie Arthur beschrieb:

Vergangene Nacht träumte ich, daß ich in der Straßenbahn saß (ich fahre zu meinen Griechischstunden mit der Straßenbahn), neben mir war ein offener Sarg, in dem mein eigener sterbender Körper

* Fürst Louis von Hessen war ein guter Freund der Zwillinge.

lag; der Schaffner fragte: Hat irgendjemand was dagegen, daß ich das zu Ende bringe, gestorben wird ohnehin, kann ich also den Sarg zunageln und hinauswerfen? Ich sagte, in Ordnung, tun Sie's, aber ich wußte, es würde ziemlich scheußlich sein, wenn er das tat, denn ich würde zwar weiterleben, zuerst mußte ich aber die Qual des Sterbens durchmachen. Meinst Du nicht, daß es eigentlich ein schöner Traum ist? Oder ist er genauso arg wie die anderen?

Ich hatte einen neuen Job bei der Huxley-Gruppe, deren Organisationsleiter ein netter junger Mann namens Glyn Seaborn Jones war (er tritt jetzt in Fernsehprogrammen als Psychologe auf). Das wichtigste Projekt der Gruppe, von Julian Huxley selbst ins Leben gerufen, war die Errichtung von »Junior«-Universitäten in Zentren wie London, Paris und New York für besonders intelligente Kinder, weil diese begabten Jugendlichen sich in Klassen mit älteren Schülern entweder unsicher fühlen oder sich in Klassen mit Gleichaltrigen langweilen, faul oder eingebildet werden. Einmal monatlich wurde eine Versammlung der *Huxley Idea Systems Group* abgehalten, wo ich das Protokoll führen mußte; zu den ständigen Versammlungsteilnehmern gehörten Denis Brogan, J. Bronowski und Barbara Wootton.

Ich schrieb oft an Arthur. Wenn ich jetzt, nach dreißig Jahren, diese Briefe durchlese – nein, ich hätte nicht geglaubt, daß ich so ein Quälgeist war. Ich wußte doch, welchen Belastungen er ausgesetzt war, und schrieb sogar: »Sie müssen an tausend Dinge gleichzeitig denken.« Und doch drängte ich ihn: »Wenn und sobald Sie schreiben, geben Sie mir bitte Bescheid, wie sich die Kingsley-Affäre entwickelt«; »Ich wünschte, ich wäre auf der Insel. Ich vermisse Sie so sehr«; »Ich hoffe sehr, daß Sie mir die Autobiographie zum Abschreiben schicken«; »Ich hätte so gern ein Exemplar der amerikanischen Ausgabe von *The Age of Longing.*«

Ich sehnte mich nach der Vergangenheit – nach der Zeit, als ich für ihn gearbeitet hatte, und nach den aufregenden Augenblicken, wenn wir zufällig allein waren. Ich konnte mich nicht mit der Tatsache abfinden, daß es nie wieder so wie früher sein würde.

2

Auf der Insel arbeitete Arthur an *Pfeil ins Blaue* und verbrachte die Abende mit Nachbarn, unter anderem mit Budd und Vicky Schulberg, Johnnie von Neumann und seiner Frau. Am sechsten Tag nach seiner Ankunft schrieb er in sein Hermès-Tagebuch: »Arbeit. 1. Abend zu Hause.« Doch bald war er am »Heckenstutzen, Müllverbrennen usw.« Nach dem Sommer war die Insel ein Dschungel, obwohl Cornelius Ryan und seine Frau alles Mögliche getan hatten, um den Garten nicht verwildern zu lassen. Anfang Oktober gab es eine Hitzewelle. Arthur war gerade von einem zweitägigen Aufenthalt in Washington zurückgekehrt und schrieb: »27° im Schatten. Echte Arbeit. Bäume beschneiden.« Jeden Tag vermerkte er die Abendtemperatur im Schatten: am 5. Oktober hatte es 30°. Das Müllverbrennen wurde fortgesetzt, ebenso das »Mülltonnenreinigen; etc.« Nachdem er die Mülltonnen gereinigt hatte, empfing er abends Gäste; die von Neumanns und Herbert Read, der auf dem Weg nach Princeton war. »Immer noch Neutralist«, schrieb Arthur, »er haßt die USA so sehr.« Herbert Read schrieb, er sei »froh, einen Blick auf Dich in Deinem Inselheim geworfen zu haben & hätte so gern dazu beigetragen, dem Dschungel Einhalt zu gebieten.«

Am nächsten Tag (Sonntag) erledigte Arthur die Post: »18 Briefe; Abendsturm, Hitze gebrochen, Straße am Fluß blockiert.« Zwei Tage später plagte ihn ein Nierenstein, was er als »sehr unangenehm« beschrieb. Am Tag darauf bekam er Morphium, fühlte sich euphorisch und ließ das Telefon reparieren; aber in der Nacht schrieb er: »Wieder Nierenstein.« (Siehe Anhang – d. Herausgeber.) Am nächsten Tag rief das Morphium Depressionen hervor.

In den vier darauffolgenden Tagen hatte Arthur wiederholt Schmerzen, fuhr ins Doylestown Hospital zu Untersuchungen und war vom Morphium benommen. Dennoch brachte er es fertig, etwas einzukaufen (oft schrieb er die Einkaufslisten in sein Tagebuch): »Ventil, Schwamm, Teekanne, Haarschnitt, Kerzen, Öl, Kugellager«. Am 18. Oktober wurde er seinen Nierenstein los und war »wieder bei der Arbeit«.

Im Lauf des November arbeitete er am letzten Kapitel des Buchs. »Fertig mit dem langweiligen Teil über Zeppelin – endlich«, schrieb er in sein Tagebuch. Das Wetter war »heiß, dunstig und feucht«. Seine Sonntagsroutine hieß: »Post, Tagebuch, Abrechnungen, Hausarbeit«. Neben anderen Freunden verbrachte James Burnham* ein Wochenende bei ihm, begleitet von seiner Frau, drei Kindern und einem Hund. Arthur erhielt einen Dankesbrief von ihrer kleinen Tochter Marcie: »Für uns alle war das letzte Wochenende wunderschön. Ihre Insel ist wirklich wunderschön, und das Abendessen am Samstag war wirklich prima.«

Am 21. November, morgens um 8.15 Uhr, war »der erste Entwurf fertig. Hab mich ein wenig besoffen.« Jetzt begann er, das Buch mit Korrekturen zu versehen, was drei Monate dauern sollte. Am 10. Dezember schrieb er mir:

Schlechte Nachrichten: Der Fall Kingsley kommt endlich in der zweiten Januarhälfte vor das Schiedsgericht, so daß ich bis Ende des Monats hier bleiben muß und wahrscheinlich sogar bis Mitte Februar. Ich bin mir über die Enttäuschung klar; ich werde das Buch selbst in die Maschine tippen. Wie Sie wissen, ist es teilweise mit der Hand geschrieben, und von den getippten Kapiteln habe ich so vieles gesammelt, geschnitten und umgeformt, daß es für mich einfacher ist, die zweite Fassung selbst zu tippen . . . Es tut mir furchtbar leid, da ich weiß, wie sehr Sie sich darauf gefreut haben, das zu machen . . .
Ich bin einigermaßen verzweifelt, daß ich meine Zeit und Energie an die Kingsley-Geschichte verschwenden muß . . .

Etwa zur gleichen Zeit schrieb Arthur in sein Notizbuch, er werde sich bald entschließen müssen, wo er leben möchte. Er führte eine Liste von Möglichkeiten an, die in Betracht zu ziehen waren, einschließlich »der Erkundung von Neuland (Mexiko, Indien) oder der Verarbeitung angesammelter Erfahrungen? Ich denke, das erstere, solange noch Zeit ist; und neue Perspektiven wirken als Katalysatoren, um die alten zu verdauen.«

Edmund Wilson schrieb aus Massachusetts: »Seid Ihr jetzt wieder in New Jersey?« Sie hatten vor, eine Woche in New York zu verbringen, und »es wäre uns lieb, wenn Ihr mit

* Autor von *Managerial Revolution* – neben anderen Büchern.

uns hierher kommen oder uns später besuchen würdet.«

Manchmal ging die Bearbeitung des Buches gut voran, manchmal weniger gut, und dann blieb Arthur stecken. Dem Tagebuch nach zu schließen, war er ziemlich häufig deprimiert. Später, als er den zweiten Teil der Autobiographie begann , schrieb er mit der Hand. Der größte Teil des ersten Bandes, den er mir diktiert hatte, mußte umgeschrieben werden, wie er mir später sagte, und er wollte diese Methode nicht noch einmal anwenden.

In das Hermès-Tagebuch notierte er: »Zum ersten Mal Silvesterabend allein – mit Miss Nellie.« Am 1. Januar 1952 arbeitete er an einer Erklärung für seinen Anwalt im Fall Kingsley und beantwortete Briefe: »Am Buch zu arbeiten«, schrieb er, »ist zu einem Luxus geworden.«

Im Februar fuhr er nach New York, um der Verhandlung beim Schiedsgericht beizuwohnen, die, wie er an A. D. Peters schrieb, während er auf das Urteil wartete, »ziemlich schlecht verlief ... Moralisch habe ich gewonnen, gerichtlich werde ich wohl verlieren. Doch da ich nichts mehr unternehmen kann, ärgert es mich nicht mehr.« Schließlich verlor er den Prozeß, und Kingsley gelangte faktisch in den vollen Besitz der Film- und Bühnenrechte von *Darkness at Noon.* Ein interessanter Aspekt der Verhandlung war, daß jede Diskussion über den Inhalt des Stücks vor Gericht verboten war.

Um aus seiner Erinnerung ein Ereignis der Vergangenheit heraufzuholen, über das er schreiben wollte, suchte er einen New Yorker Hypnose-Therapeuten namens Wollberg auf; er wollte diese Erinnerung durch Hypnose gewinnen. Zu seiner Enttäuschung war er nicht hypnotisierbar. Das Wort »Depression« taucht im Tagebuch so häufig auf, daß er, vermutlich nicht überraschend, erneut bei Wollberg erschien. Doch nach ein paar Sitzungen gab er es auf.

Der folgende Nachsatz in einem Brief an A. D. Peters enthält mehr als bloß eine Spur dieser Depressionen und auch des Galgenhumors, der sie zu begleiten schien:

P. S.: Sollten noch andere Ihrer Autoren die Absicht haben, Autobiographien zu schreiben, so mag der folgende Bestseller-Titel Hilfe leisten: *Ein leeres Leben*
In drei Bänden

3

Ende März bekam ich einen Brief von ihm; er war jetzt seit sechs Monaten fort:

Bloß einige Zeilen in Eile, um Ihnen mitzuteilen, daß ich um den 20. April herum in London ankommen werde. Diesmal stimmt es, ich schwör's. Aber geben Sie bitte Ihre Stellung nicht auf, machen Sie auch keine Anspielung, daß Sie sie aufgeben könnten und seien Sie auch weiterhin fleißig, denn ich weiß noch nicht, wie ich meine Zeit zwischen Paris und London aufteilen werde, und meine Pläne hängen noch ziemlich in der Luft. Aber ich hoffe, daß Sie mir, wenn ich in London bin, bei meiner Post behilflich sein werden, zumindest außerhalb der Bürostunden.
Ich habe die Insel für drei Jahre einem Mieter mit fünf Kindern überlassen, die Miss Nellie anbeten, also habe ich sie für den Augenblick dort gelassen. Alles andere wird sich finden.

Nach einigen Tagen in Paris, von wo aus er das noch immer vermietete Verte Rive besuchte, fuhr Arthur mit der Bahnfähre nach London. Er kam am Morgen des 22. April in Victoria Station an, aß mittags mit Hamish Hamilton (der gemeinsam mit Collins *Arrow in the Blue* herausbrachte) im Garrick, traf A. D. Peters am Nachmittag, trank dann mit Freunden und ging abends mit Mamaine essen.

Am nächsten Tag besuchte ich ihn nach der Arbeit im Athenaeum Court auf dem Picadilly, wo er eine Etagenwohnung samt Bedienung hatte, mit Blick auf den Green Park. Der Winter war lang und eintönig gewesen, ich hatte kein einsames Leben geführt, bloß etwas halbherzig. Ich sollte heiraten, dachte ich. Im Mai würde ich fünfundzwanzig sein und das, was die Franzosen *vieille fille* nennen.

Ich fing an, für Arthur im Athenaeum Court etwa zweimal wöchentlich ein paar Stunden zu arbeiten, zwischen sechs und acht Uhr abends. Er schritt zwischen braunen Polstermöbeln in seinem kleinen Wohnzimmer auf und ab und diktierte ein bis zweizeilige Briefe. Alle, die an ihn schrieben, mußten eine Antwort bekommen – bis auf unverkennbar Geistesgestörte, wobei er stets einem vermutlich Irren im Zweifelsfall auch eine Antwort schickte. Im Verlauf dieser Arbeitssitzungen blickte er zu den verschiedensten

Zeiten in sein Hermès-Tagebuch und eilte davon – irgendwohin. Wie immer war er auf eine voraussehbare Weise unberechenbar, und diese seine Seite, so faszinierend sie war, bewirkte, daß meine armen Gefühle sich in alle Richtungen zerstreuten, als hätte sie der Wirbelwind erfaßt. Ständig erhielt ich irgendeinen Stoß, von dem Arthur natürlich gar nichts wußte. Manchmal war ich glücklich, bei anderen Gelegenheiten ging ich verzagt nach Hause.

Mitte Mai, als ich mit dem langweiligen Aussortieren beschäftigt war, fiel mir die Kopie einer gelben Abrechnung für Athenaeum Court in die Hände. Sie war nicht auf Arthurs Namen ausgestellt, sondern auf den einer Freundin, die ich L. nennen werde. Sie lebte nicht in London, hatte aber offenbar kürzlich im Athenaeum Court gewohnt. Ich hatte sie 1950 einmal getroffen, als sie mit ihrem Mann zu Arthur und Mamaine nach Verte Rive zum Essen kam. Ein äußerst unerfreulicher Abend; ich war von der abscheulichsten Eifersucht gequält. Sie saß mir gegenüber an Arthurs rechter Seite, hatte heftig mit ihm geflirtet, und er schien, wenn auch mit einiger Diskretion, ganz darauf einzusteigen. Sie war blond wie meine Mutter, ich hasse Blondinen. Ihr Gesicht war zwar knabenhaft, doch wenn sie flirtete, bildeten sich Grübchen darauf, die wieder verschwanden. Ihre Kleider waren von Dior oder aus einem anderen großen Modehaus.

Ich blickte zu Mamaine am anderen Tischende hinüber. Sie schien ziemlich verächtlich zu ignorieren, was an unserem Ende vor sich ging, und unterhielt sich mit L.'s Gatten. Was ich damals nicht wußte, war, daß Mamaine in aller Unschuld am frühen Abend eine Bemerkung zu Arthur gemacht hatte, die ihn in Wut versetzte (und zu einem hitzigen Streit geführt hatte). Ohne Zweifel nahm er Revanche an Mamaine und holte sich in dem Flirt auch Trost. Es entsprach seinem Wesen nicht, grausam mit weiblicher Eifersucht zu spielen, wofür ich ihm ewig dankbar bin.

Für L. war es der Beginn einer Liebe; vielleicht Liebe auf den ersten Blick. Es schien so, als wäre sie nicht abgeneigt, ihren Mann eifersüchtig zu machen, vermutlich konnte sie aber nichts dagegen tun. Diese Abendgesellschaft hatte alle Zutaten eines Melodramas.

Arthur kann sie bestimmt nicht gern gehabt haben, sagte ich mir, als ich die elende gelbe Rechnung ablegte, und ich versuchte zu vergessen, daß ich sie je gesehen hatte. L. gehörte zu jener Kategorie von Frauen, die sehr anziehend auf Männer wirken und anderen Frauen ein Greuel sind. Ich war rasend eifersüchtig auf sie.

Arthur hatte die Absicht, bis Ende Mai in London zu bleiben, danach wollte er den Juni und Juli in Verte Rive verbringen. Jedenfalls suchte er in London eine Wohnung.

Im Winter vor seiner Rückkehr war ich morgens auf dem Weg zur Arbeit immer zu spät dran und eilte auf dem kürzesten Wege von unserer Wohnung auf dem Montpelier Walk zur Bushaltestelle in der Brompton Road. Aber einmal war ich überpünktlich und beschloß, einen etwas anderen Weg zu nehmen. Als ich die Montpelier Terrace entlangging, stieß ich plötzlich auf einen stillen, verlassenen Platz. Er war nicht groß. Zwischen den kahlen Zweigen der Platanen schien der Himmel blaß und winterlich durch. Licht strahlte aus einigen Fenstern der Backsteinhäuser im King-George-Stil. Irgendetwas an der Atmosphäre dieses Platzes zog mich gewaltig an. Er erschien mir sofort als der schönste Platz, den ich je gesehen hatte. Als ich zum Straßenschild mit dem Namen »Montpelier Square« hinaufblickte, wies nichts darauf hin, daß ich einmal den größeren Teil meines Lebens hier verbringen würde. Zurückblickend kommt es mir vor, als hätte meine Gegenwart damals für einen kurzen, erhabenen Moment Auge in Auge mit meiner Zukunft gestanden.

Durch einen reinen Zufall stieß Arthur bei seiner Wohnungssuche auf den *Montpelier Square.* Er hatte gewiß vergessen, daß ich auf dem Montpelier Walk wohnte. Eines Tages, als er mit einem Vertreter von Harrods Immobilien unterwegs war, um eine Wohnung zu besichtigen, bemerkte er ein Harrods-Schild »Zu verkaufen« an einem Eckhaus am Montpelier Square. In seiner spontanen Art blieb er stehen.

»Warum haben Sie mir nichts von *diesem* Haus gesagt?« rief er aus.

»Aber mein Herr,« stammelte der arme Immobilienvertreter, »ich denke, sie sagten, sie wollen eine Wohnung.«

Arthur besichtigte das Haus, das einem schottischen

Gutsherrn gehörte und von dessen Butler bewohnt war. Einige Wände hatten karmesinrote Tapeten, die mit silbernen *fleurs-de-lys*-Reliefs verziert waren. In weiteren Räumen waren auf allen Wänden andere Tapeten: hellblau mit weißen Punkten, daneben grüne und weiße Regency-Streifen. Trotz der Innendekoration war es wieder Liebe auf den ersten Blick. Arthur machte sofort ein Angebot.

In der Zeit der Religionskriege war die Stadt Montpellier eine Hugenottenfestung gewesen. Als eine Gruppe von Hugenotten nach London floh, richtete sie in einem entzückenden *quartier* nahe Knightsbridge das ein, was Arthur ein »französisches Ghetto« nannte. Dort gibt es Cheval Place, Beauchamp Place, Beaufort Gardens und vor allem die Montpeliers (irgendwie ist ein *l* von Montpellier unter dem exzentrischen Einfluß der englischen Rechtschreibung abhanden gekommen). Montpelier Square ist das vornehmste Mitglied der Familie. Galsworthy brachte Soames Forsyte, einen reichen Patrizier, in einem Haus am Montpelier Square unter, wo er in der *Forsyte Saga* herrscht. Das Haus ist ein paar Schritte entfernt vom *George IV. Pub,* wo Arthur die Sonntagvormittage mit Henry Green verbrachte. Ärmere Verwandte des Square sind Montpelier Place und Montpelier Street. Auf noch niedrigerer Stufe in dieser Hierarchie steht Montpelier Walk, wo ich wohnte, der Miniaturgarten vor jedem Puppenhaus phantasievoll mit Blumen und Zierbäumen bepflanzt, wenngleich diese Liliputgärten heute etwas vernachlässigt sind. Ein alter Magnolienbaum würde die winzige Montpelier Terrace ausfüllen, hätte man ihm nicht rücksichtslos Einhalt geboten. Das niedrigste Familienmitglied, Montpelier Mews, ist die häßliche Schwester, und sie wird diskret versteckt gehalten.

Im Juni, bald nach Arthurs Rückkehr nach Verte Rive, erhielt er die Bestätigung, daß das Haus ihm gehörte. Acht Monate vorher hatte er in seinem Notizbuch eine Liste von Entschlüssen aufgestellt, einer davon war, sich »von Verpflichtungen befreien«. Der Absatz endete so: »VERRATE ODER BESCHNEIDE DEINE ENTSCHLÜSSE DIESMAL NICHT, ES KÖNNTE DEINE LETZTE CHANCE SEIN.« Nun hatte er drei Häuser.

Im Juni und Juli, als Arthur in Verte Rive war, hatte ich eine Reihe von Gelegenheitsjobs; ich arbeitete auch für seinen Freund Dr. Egon Plesch, ebenfalls ein Ungar. Egon war Psychoanalytiker und wohnte in einem großen Haus am Sloane Square. Am ersten Tag warnte er mich davor zu glauben, daß ich die gleichen Symptome hätte wie seine Patienten, deren Fälle ich niederschrieb; dies sei ein üblicher Trugschluß und ich solle mich vorsehen, daß es mir nicht ebenso erginge.

Er schrieb an einem Artikel über »Krankhaftes Erröten«. Da ich die Angewohnheit hatte zu erröten, war ich trotz seiner Warnung beunruhigt. Ich überlegte, ob meine Art zu erröten krankhaft sei; es klang ganz danach. Der Artikel enthielt zur Illustration Träume seiner Patienten, dazu die Interpretation dieser Träume. Stundenlang versank ich im Freud'schen Symbolismus. Wenn ich Egons Haus nach der Arbeit verließ und an einer alten Kneipe mit dem Namen »Die Antilope« vorbeikam, verwandelte sich die Straße – eine ganz normale Straße – vor meinen Augen auf phantastische Weise in einen Dschungel von phallischen Symbolen. »Er ist furchtbar nett und gibt mir Pillen gegen Heuschnupfen«, schrieb ich an Arthur. Doch am nächsten Tag mußte ich ihm mitteilen, daß ich gefeuert war, weil »ich beim Tippen Fehler mache und sinnloses Zeug schreibe; auch meine Rechtschreibung ist falsch.«

Ich war offenbar ungeeignet für die Arbeit mit Egon (mit dem Arthur brüderlich verbunden war, trotz ihrer völlig verschiedenen Ansichten über die Freud'sche Lehre), woran wohl auch der Heuschnupfen Schuld hatte. Arthur besorgte mir im Lauf der nächsten Wochen einige andere Teilzeitjobs, und Mamaine gab mir eine Menge Abschreibarbeiten aus ihrem Verlag.

9

»Trauriges Adieu von Cynthia«

1

Anfang August kehrte Arthur nach London zurück, nachdem er Verte Rive verkauft hatte (an die Schwester von Antoine de Saint-Exupéry) und bezog das fast leere Haus auf dem Montpelier Square. Anfangs war sein Arbeitszimmer im zweiten Stock, aber bald verlegte er es in die oberste Etage; er hatte die Wände mit Fichtenholz im Stil des 18. Jahrhunderts täfeln und Bücherregale anbringen lassen.

Das Haus war bald voll von Damen. Im Schlafzimmer hing in Pastellfarben ein riesiger weiblicher Akt von Civet, im matten Pariser Licht über ihr Waschbecken geneigt. Ich konnte mich nicht an sie gewöhnen, obwohl ich mir Mühe gab, sie zu mögen. Über dem Kaminsims in der Küche ruhte Leda, vom Hals des Schwans umschlungen, was die Aufräumefrau erschreckte. Aber die schönste der Damen war in Arthurs Arbeitszimmer. Sie schlief, das Licht schien ihr auf Busen und Gesicht, das unschuldig und zugleich sinnlich wirkte. Sobald es im Zimmer dunkel wurde, schaltete Arthur das Licht über dem Bild ein.

Im Wohnzimmer hing das Courbet-Gemälde einer Kuh, betitelt *Vache Perdue de Maizière.* Das Tier stand vor einem Felsufer aus kreidigem Juragestein, hob den Kopf und schien ein lautes, verblüfftes Muh von sich zu geben. »C'est mon âme,« sagte Arthur, wobei er manchmal obendrein ein tiefes, trauriges Muh anstimmte. Später wurde sie ihm lästig, und er schaffte sie fort.

Ich arbeitete für Arthur an den Nachmittagen, denn morgens hatte ich einen Job bei einem Briefmarkensammler in der Bond Street, der mir viel Spaß machte. Aber Arthur meinte, es sei wirklich unmöglich, nachmittags für ihn zu arbeiten; denn das war genau die Zeit, wo er allein sein mußte. Er brauchte lange zum Aufwärmen, und seine beste Zeit zum Schreiben war der späte Nachmittag. Das kleine

Schlafzimmer, in dem ich auf der Maschine tippte, war neben seinem Arbeitszimmer, und er konnte jedes Geräusch hören, das ich machte. Zum Glück war mein Markensammler mit der Umstellung einverstanden.

Das Haus wimmelte von Malern, Zimmerleuten, Elektrikern, und manchmal schickte Arthur mich in die Küche hinunter, um nachzusehen, ob sie immer noch ihre Teepause hielten. Dann ging ich ein oder zwei Stockwerke hinunter, wartete schuldbewußt ein bis zwei Minuten und stieg wieder nach oben, um ihm vorzulügen, sie seien wieder an der Arbeit; ich wollte ihm einen Wutanfall ersparen.

Er beschrieb ziemlich ausführlich die ersten Monate auf dem Montpelier Square. Die erste Nacht verbrachte er auf einem Feldbett. Vier Tage danach »übersiedelte er von der zweiten in die dritte Etage des Hauses, um sich in das spätere Arbeitszimmer hineinzufühlen.«

»Fünf Wochen vergingen wie ein Tag«, schrieb er. »Las nicht ein einziges Buch, kaum ein Blick in die Zeitung. In den letzten vier Wochen wurde am Haus gearbeitet.«

Er hatte nie ein Haus von Grund auf herrichten lassen, aber den Innendekorateur wurde er sehr bald los. Mit den Handwerkern gab es dagegen »keine Reibereien«, nur mit einem »besonders widerlichen Elektriker« hatte er Ärger, dessen Absicht über seine Arbeitsweise mit der Arthurs kollidierte.

Er hielt sich sehr viel in Antiquitätenläden auf, wo er Möbel kaufte, und er ging jeden Abend aus. Sehr oft traf er sich mit Mamaine, sie gingen essen, besuchten den Whipsnade Zoo, fuhren nach Hampton Court und Epping Forest. Eines Abends, nach einer Party im Gargoyle, nahm er Dylan Thomas und noch einen anderen Freund mit nach Hause und »hörte bis 5 Uhr früh Musik und Thomas' Gedichte.« »Dylan«, schrieb er, war »betrunken, lieb, engelhaft«. Über einen anderen Dichter notierte er, daß er Vater geworden und nicht mehr so schön aussehe wie Shelley.

Eines Abends nach der Arbeit lud er mich ins Kino ein. Als ich in den Wagen stieg, war ich von einem nahezu betäubenden Parfümgeruch konsterniert, der das ganze Auto ausfüllte. Ein so schweres Aroma konnte man nur mit einer dunkelhaarigen Frau in Verbindung bringen, und ich war sicher, daß es Sarah war (nicht ihr wirklicher Name). Ich hatte Sarah mehrmals gesehen und war begeistert von ihr. Sie machte auf mich den Eindruck einer Intellektuellen, und ich war überzeugt, daß sie und Arthur viel gemeinsam hatten. Eines Abends hatte sie mit ihm in einem Umkleidezimmer geplaudert, als ich nach der Arbeit herunterkam. Er trug einen Smoking und kämpfte vor dem Spiegel mit seiner Fliege. Ich verabschiedete mich und ging, wobei ich mir ziemlich leid tat, zumal eines meiner Augen durch ein Gerstenkorn angeschwollen war. Arthur konnte mich an diesem Tag bei der Arbeit nicht ansehen; er hatte sogar einen erschreckten Schrei ausgestoßen und war beim Anblick des Gerstenkorns entsetzt zurückgewichen; ganz übel wurde ihm davon. Wie konnte er über Folter und Gaskammern schreiben, dachte ich, wenn er den Anblick eines ganz normalen Gerstenkorns nicht ertragen kann? Mir war schon früher aufgefallen, daß er unglaublich zimperlich war.

In diesem Herbst 1952 schrieb er an einen Freund in Amerika: »Das Leben in London macht mich sehr glücklich, New York macht mich sehr unglücklich. Ich bin eben ein hoffnungsloser Europäer.«

Er arbeitete intensiv am zweiten Band der Autobiographie, die er von Anfang an *The Invisible Writing (Die Geheimschrift)* nannte. Er nahm sich auch die Zeit, das *Journal of the Society for Psychical Research* zu abonnieren. Und er legte einen neuen Ordner mit dem Titel »Suicide of a Nation« an. Darin waren Zeitungsausschnitte, die den Zustand des Landes illustrierten, zum Beipiel eine delikate Meldung über die königliche Jacht, die in einer ausländischen Schiffswerft repariert wurde statt in England, wo es zweimal so lange dauerte.*

Unter den damals von Bumpus bestellten Büchern waren: *The Physical Phenomena of Mysticism* von Father Thurston, *The Devils of Loudun* von Aldous Huxley und Prosa von Hugo von Hofmannsthal.

Mel Lasky vom *Monat* schrieb aus Berlin: »Nur eine dringende Anfrage, um zu hören, ob Sie schon etwas über die

* Das wurde schließlich ein Buch, *Suicide of a Nation,* von zwölf Personen geschrieben und von Arthur herausgegeben.

Prager Prozesse schreiben. Haben Sie Otto Katz überhaupt gekannt? Würden Sie mir ein paar Zeilen schicken, ob wir etwas von Ihnen bekommen könnten?«

Es war die Zeit der tschechischen Schauprozesse im Jahre 1952. Als sein früherer Genosse Otto Katz im November gehängt wurde, war Arthur erschüttert.* Doch er schickte an Mel Lasky einen Brief, nicht länger als eine Zeile: »Tut mir leid, nichts zu machen.« Er war noch nicht bei dem Teil seiner Autobiographie angelangt, wo er während der dreißiger Jahre in Paris in der Propagandazentrale West der Komintern gearbeitet hatte. Das Kapitel sollte nach Willi Münzenberg »Die rote Eminenz« heißen, dessen erster Stellvertreter Otto Katz, der anonyme Autor des *Braunbuchs über den Hitlerterror,* gewesen war.

Im selben Herbst arbeitete Arthur auch an der Korrektur der französischen Übersetzung von *Pfeil ins Blaue* und fragte bei der Übersetzerin Denise van Moppes an, ob sie drei Tage nach London kommen könnte, um gemeinsam daran zu arbeiten. »Die Übersetzung ist stellenweise brillant«, schrieb er, »und immer dann gut, wenn eine persönliche Geschichte erzählt wird. Sobald es sich um Theorie und Abstraktion handelt, ist das Ergebnis weniger zufriedenstellend, und es gibt einige Stellen, die man sorgfältig durchgehen muß.«

Der *Daily Mail* veröffentlichte eine Rezension über *Arrow in the Blue* von Peter Quennel, mit dem Arthur in den frühen vierziger Jahren, gemeinsam mit Cyril Conolly, kurze Zeit im selben Haus gewohnt hatte. Doch während seine freundschaftlichen Gefühle für Cyril Conolly niemals schwankten, hatte er sich mit Peter Quennel nie vertragen. Diese Besprechung veranlaßte ihn, an Harold Rubinstein von Rubinstein, Nash & Co, die literarische Anwaltskanzlei, zu schreiben:

Beiliegend ein Ausschnitt aus der *Daily Mail.* Glauben Sie, daß das klagbar ist? Ich weiß, daß so etwas bei Buchrezensionen normalerweise nicht geht. Aber die Überschrift: Drei Koestlers, gefolgt von Clown, Carrierist etc.** scheint mir anzüglicher als üblich. Ich

* Siehe das Kapitel *Sonnenfinsternis* in *Die Geheimschrift.*

** Der dritte Koestler in der Überschrift war »Philosoph«.

würde der *Daily Mail* nur allzu gern eins überziehen.

Nachdem er sich erst vor kurzem beim Kingsley-Schiedgerichtsverfahren die Finger verbrannt hatte: wollte er jetzt noch eine zweite Klage anstrengen? Harold Rubinstein war verreist, aber Arthur bekam eine salomonische Antwort von dessen Sohn, dem verschlagenen Michael Rubinstein:

Ich habe die Besprechung Ihres Buchs sehr genau gelesen . . . Bedenkt man, daß die *Mail* nur allzu froh wäre, in der Maske des Verteidigers der Redefreiheit bei einem Prozeß aufzutreten, so kann ich Ihnen nicht den Rat geben, daß es in diesem Fall klug wäre, vor Gericht zu gehen. Sie werden gewiß erkennen, daß die Rezension nicht durchwegs feindselig ist, und der Kritiker würde sich auf seine anerkennenden Passagen als Beweis für die kritische Ausgewogenheit berufen, die er bewahren wollte. Wenn Sie dazu bedenken, daß der Kritiker selbst ein sehr anerkannter Schriftsteller und eine prominente literarische Persönlichkeit ist, steigert das noch unsere Schwierigkeiten, und ich meine, in diesem Fall gebietet die Klugheit ein würdiges Schweigen, bis Sie Gelegenheit haben, Mr. Quennels Memoiren ungefährdet zu rezensieren.

2

Eine der Fassaden des Hauses am Montpelier Square sah häßlich aus mit ihren blinden Fenstern, die zur Zeit der viktorianischen Fenstersteuer zugemauert worden waren. Die ganze Außenmauer war mit der grauen Farbe der Schlachtschiffe angestrichen worden, und das Haus war unter Arthurs Freunden als *Bachelor's Fortress* (Junggesellenfestung – d. Übersetzer), kurz BF, bekannt.

Eines Morgens, als ich das Haus betrat, war ich verblüfft über den gleichen Parfümdunst, der Arthurs Auto erfüllt hatte. Ich fühlte mich von *Bachelor's Fortress* in einen *salon de couture* versetzt. Französischsprechende Stimmen kamen aus dem Wohnzimmer, und ich erkannte, daß L. da war. In düsterer Stimmung stieg ich die Treppen hinauf. Meine Meinung, es sei Sarah, die dieses Parfüm verwendete, hätte nicht irriger sein können. Als ich den Treppenabsatz vor dem Schlafzimmer erreichte, war die parfümierte Luft noch dicker, löste sich aber auf, als ich Arthurs Arbeitszimmer im obersten Stockwerk erreichte, wo es nach alten Gauloises roch.

Nach der Arbeit ging ich hinunter und traf Arthur und L. auf dem Korridor im ersten Stock. Sie prüften Stoffmuster für Gardinen. Ich bemerkte, daß sie sich in meiner Gegenwart mit *vous* anredeten. Sie konnten doch wohl nicht glauben, daß ich so dumm war, dachte ich verärgert. L. versprach sich einmal und sagte *tu,* um sich dann ungeduldig zu verbessern.

In Arthurs Tagebuch ist eine kurze Erwähnung des Vorfalls: »L. wieder da. Cynthia *en crise.*« Und ich dachte, ich hätte meine Gefühle nicht gezeigt.

Hatte er versucht, wie ein Eremit zu leben, als Mamaine ihn verließ, so schien das Pendel jetzt nach der anderen Seite auszuschlagen; er warf sich auf die sinnliche Seite des Lebens. Im Oktober schrieb er dann: »Wann, ach wann, werde ich vom schönen Leben zum Leben des Geistes wechseln!«

Nachdem er die »gräßliche Aufgabe«, die französische Übersetzung von *Arrow in the Blue* zu revidieren, beendet hatte, begann er, »mit angstvoller Unsicherheit« ein Stück über einen Psychiater namens *Dr. Icarus* zu schreiben. Man hätte meinen können, er würde zu der vernachlässigten Autobiographie zurückkehren, aber im letzten Moment hatte *Dr. Icarus* von ihm Besitz ergriffen. In seiner Besessenheit arbeitete er in den Nächten bis ein oder zwei Uhr morgens, was sonst selten vorkam.

Als das Stück fertig war, »feierte (er) allein mit einer Flasche Beaujolais«. Er hatte sechs Wochen für die Niederschrift gebraucht, obwohl er einmal für kurze Zeit aussetzte und an der Autobiographie arbeitete. Bald befielen ihn aber »ernste Zweifel«, und später entschied er, daß das Stück »nichts wert« sei.

Nach *Icarus* hatte er eine Idee für eine Science-Fiction-Erzählung, die *The Gulf Stream* heißen sollte, gab sie aber wieder auf. Eines Abends diskutierte er über einen anderen Plan mit einem befreundeten Anwalt, Anthony Lousada, der ihm schrieb:

Ich war sehr beindruckt von Ihrer Frage über Ihre geplante Arbeit hinsichtlich der Anklage Stalins im Jahre 1957. Ich habe ermittelt, daß es für jeden ein strafbares Vergehen nach dem Gewohnheitsrecht ist, einen ausländischen Machthaber zu verleumden, und unabhängig davon, welche Stellung Stalin in Rußland einnehmen mag, halte ich es für völlig klar, daß er in diese Kategorie fällt. In Ihrem Fall bin ich aber gar nicht so überzeugt, ob es überhaupt eine Verleumdung Stalins wäre. Sie würden ihn nicht dem Haß, der Lächerlichkeit oder der Verachtung aussetzen. Die ganze Sache wäre unverkennbar eine fiktive Vorhersage . . .

Aber auch daraus wurde nichts, vielleicht weil Stalin einen Monat später starb.

3

Im Spätherbst oder am Winteranfang trat in meinem Leben eine Veränderung ein. Es dauerte ein oder zwei Wochen, ehe ich mir die Wahrheit eingestand, denn Arthur sagte mir nichts davon. Ich kam jeden Tag wie gewöhnlich zum Arbeiten; doch der gemeinsame Gang ins *pub* auf einen Sandwich-Imbiß oder die Kinobesuche, wenn er deprimiert war, hörten auf. Am schlimmsten war, daß die flüchtige Illusion, ich sei ihm manchmal nahe gewesen, sich auflöste, abstarb, was eine unvorstellbare Leere hinterließ.

Er hätte es mir sagen können, dachte ich verzweifelt. Vielleicht hatte ein Instinkt ihn gewarnt, es nicht zu tun. Ich wußte, er wollte nicht, daß ich ewig sein »dienstbarer Geist« bin, und daß er fand, ich sollte mir einen Mann suchen und mein eigenes Leben führen. Jetzt war es unmöglich, in Büchern Trost zu finden oder den Klang von Musik zu ertragen; ich war mit meinem leeren Ich konfrontiert, vor dem es kein Entrinnen gab, nicht einen Augenblick. Schließlich fand ich eine Lösung für dieses unerträgliche Dasein. Warum hatte ich nicht früher daran gedacht, es war doch so einfach? Ich würde mich umbringen.

Eine große Last fiel von mir ab. Ich hatte keinen Kummer mehr. Natürlich konnte ich es nicht zu Hause tun; ich verabscheute den Gedanken, eine meiner armen Mitbewohnerinnen könnte meine Leiche finden. Der beste Ort war Kensington Gardens. Ich wollte mich abends, nachdem die

Tore geschlossen waren, auf eine Bank setzen und eine Überdosis Schlaftabletten einnehmen. Einen Abschiedsbrief wollte ich nicht schreiben; vielleicht konnte man meine Leiche nicht identifizieren, und ich würde unbemerkt aus dem Leben schlüpfen. Am Montpelier Place gab es einen Arzt, von dem ich ein Rezept für Schlaftabletten verlangen würde. Selbst ohne Tabletten könnte ich mein Leben jederzeit irgendwie beenden, wenn ich genügend verzweifelt und dazu entschlossen wäre. Und während mich so der Gedanke an Selbstmord aufrechterhielt, führte ich ein Leben weiter, das ich als vorübergehende Existenz betrachtete.

Manchmal machte Arthur in seinem Notizheft eine »Bestandsaufnahme« seines Harems, mit Kommentaren. Ich sehe, daß mein Name, mit vier anderen, dabei war: »L. – morgen, Cynthia – toujours là . . .« Geschrieben war das zwei Monate, bevor er mich von der Liste strich. Hätte ich diese zwei verhängnisvollen Worte damals gelesen, dann hätte ich wahrscheinlich erkannt, daß der Bruch, vor dem ich mich oft fürchtete, schon ziemlich nahe war.

Doch im Dezember traf ich jemanden, der alle Gedanken an Selbstmord aus meinem Kopf vertrieb. Seltsamerweise entdeckte ich später, daß er einer der vielen Männer mit einer hoffnungslosen Liebe zu einem der Zwillinge war, wobei seine Leidenschaft Mamaine galt. Wenn es auch nicht lange dauerte, so geschah es doch zum ersten Mal nach mehr als drei Jahren, daß ich nicht mehr von früh bis spät von Arthur träumte. Trotzdem schickte ich ihm, als ich mit einer Bekannten über Weihnachten zum Skiurlaub nach Kitzbühel fuhr, von dort eine Postkarte, die mit den Worten schloß: »Ich hoffe, alles ist in Ordnung, und es wird viele Bücher für mich zum Abschreiben geben.«

Im Februar hielt Arthur im BBC einen Vortrag über Science Fiction. In einem Brief an P. H. Newby, den Leiter dieser Sendereihe, hatte er als Titel vorgeschlagen: »Die Langeweile der Phantasie – Ein Vortrag über Marsjungfrauen, Weltraumkadetten, Karottenmenschen und andere Aspekte der Science Fiction« – und hinzugefügt: »Die Idee ist ungefähr die, daß Science Fiction gute Unterhaltung ist, sich aber niemals zu guter Literatur entwickeln kann, mehr oder weniger aus dem gleichen Grund, aus dem der historische Roman in eine Sackgasse geriet.«

Als der Vortrag aufgezeichnet war, schrieb Arthur in seinem Notizbuch über die Folter seines »Akzents«, der ihm »um so schmerzlicher immer dann bewußter wird, je näher der Wunsch, Wurzeln zu schlagen, sich verstärkt.« Der Frühling war da – der erste in dem Haus, das »Alles, was er erhoffte« war – und die Mandelbäume auf dem Montpelier Square standen in Blüte; doch, fügte er hinzu, er »werde immer ein Fremder auf dem *Square* bleiben«.

Anfang März hielt er in seinem Notizbuch fest, daß er jenen Teil der Autobiographie beendet hatte, der seine Reisen durch Rußland und das sowjetische Zentralasien im Jahre 1932 betraf – insgesamt hundert Seiten. Als er nach Aschchabad, der Hauptstadt der turkmenischen Sowjetrepublik kam, traf er den amerikanischen Negerdichter Langston Hughes, und sie reisten eine Zeitlang zusammen. In Hughes' Autobiographie* findet sich ein eindrucksvolles Porträt des jungen Koestler, von einem ganz anderen und unvoreingenommenen Gesichtspunkt aus gesehen. Hat er sich geändert, fragte ich mich, als ich es las? 1932 lagen so viele Kapitel seines Lebens noch vor ihm: Gefangenschaft in Spanien unter der Drohung, erschossen zu werden, Austritt aus der Partei, das Konzentrationslager von Le Vernet, Krieg und Massenvernichtungen. Langston Hughes schildert sich selbst als »so eine Art Schriftsteller«, aber als einen, der meistens deshalb schrieb, »weil mich, wenn es mir nicht gut ging, das Schreiben davor bewahrte, daß es mir noch schlechter ging; es verlieh meinen inneren Emotionen eine äußere Form und gab mir ein Ventil für Worte, die sonst nie ins Gespräch kamen.«

Vielleicht gab es aufgrund der gegensätzlichen Charaktere eine Affinität zwischen den beiden Männern. Beide waren traurig, schrieb Hughes, aber Koestler »trug seine Trauer am Ärmel«; wahrscheinlich wegen einer Liebesaffäre in Baku zwei Wochen zuvor, der er das Kapitel »Nadeschda« in *Die Geheimschrift* widmet.

* Band II, *I Wonder as I Wander,* New York 1956.

Langston Hughes berichtet viel über den Schmutz, Unrat und die schlechten hygienischen Verhältnisse in Sowjetasien und über Arthurs Zimperlichkeit, und es gibt da einige amüsante Geschichten. Im Dorf Permetschab erzählte ihnen eine Krankenschwester, während sie aus »gräßlichen Schalen« Tee tranken, daß 90 Prozent der Bevölkerung an Syphilis litten (»Koestler kippte fast um«). Hier war es Sitte, den Tee aus einer gemeinsamen Schale zu trinken, die von Hand zu Hand gereicht wurde (»›jeder sabberte in des anderen Schale‹, sagte Koestler, ›eine widerliche Angewohnheit‹«). Wann immer es möglich war, »verschwand Koestler aus der Runde, in der die Schale herumgereicht wurde, um nicht aus der Schale trinken zu müssen, die Dutzende Schnurrbärte berührt hatten.« Diesen Aspekt seiner Reise erwähnt er kaum in *Die Geheimschrift,* allerdings spricht er davon, daß er »die vertrauten Flecken an der Wand zählte, die von zerdrückten Wanzen herrührten«, und »es roch nach der Latrine, die auf der anderen Seite des Gangs lag und dauernd verstopft und am Überfließen war.«

»Durch einen merkwürdigen Zufall,« schrieb Arthur, »wurde ich Zeuge des ersten großen Schauprozesses in Zentralasien – ein Vorgeschmack kommender Dinge.« Auch Langston Hughes beschreibt in dem Kapitel »Darkness before Noon« den Prozeß gegen Attakurdow und eine Gruppe von Turkmenen, die verbrecherischer Handlungen gegen den Staat angeklagt waren. Ihn langweilte der Prozeß, und er saß während der langen Stunden, die Arthur im Gerichtssaal verbrachte, »auf dem öffentlichen Platz, wo Farbige früher nicht zugelassen waren.« Für Hughes sah der Hauptangeklagte Attakurdow aus »wie ein wohlhabender, stiernackiger politischer Boß aus einem Wahlkreis von Chicago, der am betrügerischen Spiel der illegalen Wettbüros beteiligt ist.« Aber Arthur, schrieb er, sei sehr bestürzt gewesen und habe später das Parteihaus aufgesucht, um Genaueres über die Beschuldigungen zu erfahren.

Ich sagte, »Attakurdow (sic) scheint mir schuldig, wessen, das weiß ich nicht, aber er sieht einfach wie ein Schuft aus.« Doch er hielt nicht viel von meinen Argumenten und sprach das auch in vollem Ernst aus. Ich wußte, daß meine Argumentation ebenfalls nicht richtig war und daß sie nichts mit dem Gerichtsprozeß zu tun hatte.

Aber als ich sah, daß es ihn verärgerte, wiederholte ich an diesem Abend einfach zum Spaß: »Nun, irgenwie sieht Attakturdow wie ein Schuft aus.«
Koestler ging auf sein Zimmer, und ich sah ihn bis zum nächsten Tag nicht mehr, obwohl ich dachte, er würde zurückkommen, um ein wenig Jazz zu hören oder gegen Mitternacht ein Stück Kamelwurst mit mir zu teilen. Aber er kam nicht zurück. Der Prozeß regte ihn auf.

Ein paar Wochen später, in Taschkent, war Arthur noch immer beunruhigt über den Prozeß und hielt Attakurdow offenkundig für unschuldig, wie Langston Hughes erzählt:

Plötzlich blickte Koestler auf und sah mich intensiv an: »Hier in Taschkent sind die Gefängnisse überfüllt mit Menschen, den Attakurdows von Asien.«
»Glaubst du nicht, daß einige von ihnen ins Gefängnis gehören?«
»Nicht so viele,« sagte Koestler. »Nicht alle – vielleicht keiner.«

Langston Hughes erzählt auch eine Geschichte, die Arthurs etwas irritierende Art zeigt, über scheinbar alltägliche und ehrbare Meinungen herzufallen und sie als Heuchelei zu entlarven.

In Buchara suchten sie das alte jüdische Stadtviertel auf und begegneten dort einem jungen Journalisten jüdischer Abstammung, der bei der Tageszeitung beschäftigt war. Die Geschichte betraf Langston Hughes »letzten amerikanischen Bleistift«. Gute Bleistifte waren schwer aufzutreiben; die sowjetischen waren rasch heruntergeschrieben und mußten oft gespitzt werden. Eines Tages besuchte der junge jüdische Redakteur Hughes in seinem Zimmer. Im Lauf der Unterhaltung fragte er, ob er Hughes' Bleistift als Souvenir aus Amerika haben könnte.

»Aber ja, natürlich«, sagte ich, ohne in diesem Moment daran zu denken, wie wertvoll der Bleistift für mich war. »Bitte, nehmen Sie ihn.«
»Ich gebe Ihnen meinen«, sagt der junge Mann, »und ich werde Ihren für immer als Andenken an Ihr Land behalten. Ich danke Ihnen sehr.«
Als ich später mit dem sowjetischen Bleistift zu schreiben begann, war nach wenigen Wörtern nichts mehr davon da, so daß ich

wirklich ärgerlich wurde. Da stand ich nun ohne anständigen Bleistift in Mittelasien, wo es nur russische Bleistifte gab wie den, den ich in der Hand hatte.
»Mein Gott, Koestler«, sagte ich, »ich wollte, ich hätte diesem Kerl nicht meinen letzten guten Bleistift gegeben.«
»Deinen letzten Bleistift!« rief Koestler aus. »Warum hast du das gemacht?«
»Weil er ein Souvenir aus Amerika haben wollte«, sagte ich. »Aber ich hätte ihm lieber ein Hemd geben sollen.«
»Nichts ist wertvoller für einen Schriftsteller als sein Werkzeug«, sagte Koestler. »Dieser Bursche ist Journalist. Souvenir aus Amerika – ein Bluff! Er weiß, daß die sowjetischen Bleistifte nichts wert sind. Er hat dich hereingelegt. Dieser Jude!« sagte Koestler, »ich schäme mich! »Ach nein, Mann«, sagte ich. »Soll er ihn doch als Andenken behalten.«
»Andenken, pah!« schrie Koestler wütend. »Kannst du mit dem Bleistift schreiben, den er dir überlassen hat? Nein! Er wollte kein Andenken. Ich sage dir – er wollte deinen Bleistift!« Damit ergriff Koestler seinen Mantel – er ging nie unschicklich gekleidet aus dem Haus – und stürmte davon, um meinen Bleistift wiederzubekommen.
Mir war das peinlich. Ich hatte nicht beabsichtigt, ein Problem daraus zu machen – nur so ein Bleistift. In der Oberschule, zusammen mit Hunderten jüdischer Jungen, habe ich erfahren, wie sensibel manche Juden sein können, wenn jemand etwas tat, was ihnen unanständig erschien – so wie viele Neger jedes Verhalten, das ihrer Meinung nach »der Rasse Schande bereitet«, sehr stark empfinden. Aber ich hatte an nichts Jüdisches gedacht, als ich sagte, ich wollte, ich hätte meinen Bleistift wieder. Doch sobald ich Koestlers Gesicht sah und ihn herausplatzen hörte: »Dieser Jude!«, spürte ich, daß er meinte, einer der Seinen hätte sich schlecht benommen, und so lief er los, um etwas dagegen zu unternehmen, Koestler brauchte zwei oder drei Stunden, um den jungen Reporter zu finden. Doch als er zurückkam, hatte er meinen Bleistift.

Im Frühling 1953 wechselte Arthur in Abständen Briefe mit der *Society for Psychical Research.* Was ihn unter anderem beschäftigte, war die Erforschung außersinnlicher Wahrnehmungen (PSI) zwischen eineiigen Zwillingen; er hoffte, Mamaine und Celia einbeziehen zu können, doch ohne Erfolg.

Er versuchte, bestimmte Episoden seines Lebens, über die er in *Die Geheimschrift* schreiben wollte, wieder zu durchleben und suchte daher den Psychiater auf. In seinem Notizbuch berichtet er: »Experimente mit Psychiater unter Penthotal, aber völliger Mißerfolg.«

Unterdessen fuhr ich fort, mein eigenes Leben zu führen, und da ich Arthur immer nur während der Arbeitsstunden sah, unterhielt ich mich mit ihm nie darüber, wie ich es in der Vergangenheit getan hatte. Eines Morgens kam ich ins Haus und mußte ein Unwetter über mich ergehen lassen; es betraf irgendetwas mit den Ordnern, und ich war die Angeklagte. Hoffnungsvoll dachte ich, er würde es bald vergessen, denn an unwichtige Dinge erinnerte er sich später nie mehr. Manchmal, wenn ich sein Arbeitszimmer verließ, blickte ich nach ihm zurück, wie er da an seinem Schreibtisch saß und las, in Einsamkeit getaucht. Ich war zu sehr von meinen eigenen Problemen in Anspruch genommen, um wissen zu wollen, was er empfand. Aber dieses Bild blieb zurück, vielleicht weil ich gewohnt war, ihn mit Mamaine zu sehen, mit der er alles geteilt hatte.

Einmal brach er den unausgesprochenen Grundsatz und ging mit mir aus. Wir verbrachten den Tag im Zoo und redeten. Die Lamas glotzten dümmlich erstaunt, die Löwen blickten wild, dann – zweifellos gelangweilt – streckten sie sich und gähnten. Ich hatte einen Wendepunkt in meinem Leben erreicht, und in seinem überwältigenden Drang, dem Mitmenschen zu helfen, öffnete er mir die Augen, ehe es zu spät war.

Einige Monate danach kam ein Freund, mit dem ich öfters Briefe wechselte, auf Urlaub zurück nach England. Er arbeitete bei einem Verlag in Amerika. Wir heirateten vor seiner Rückkehr nach New York.

Ich blieb zurück, um mein amerikanisches Visum abzuwarten, so daß ich Anfang August bei ihm sein konnte. Inzwischen setzte ich meine Arbeit bei Arthur fort.

4

Um diese Zeit etwa wurde Arthur durch einen deprimierenden Brief von Whittaker Chambers erschüttert. Der hatte eine Herzattacke erlitten und lag monatelang im Bett. Arthur hatte für ihn am Höhepunkt der Hiss-Chambers-Prozesse in einem Artikel »Chambers – The Villain« (siehe *Die Spur des Dinosauriers)* Partei ergriffen, und zwar im Februar 1950 in der *New York Times.* Dieser Artikel, sagte ihm der Verleger, hatte ihn die Hälfte seiner amerikanischen Leser gekostet. Später kam Arthur mit Whittaker zusammen und fand, daß er gar nicht das Monster war, als das ihn die Presse darzustellen versuchte (speziell auf Fotos), vielmehr war er von seinen Qualitäten beeindruckt, und sie wurden Freunde. Arthur schrieb an Malraux:

Ich erhielt gerade einen Brief von Whittaker Chambers. Er hatte einen Anfall von Herzthrombose, und es ist zweifelhaft, wie lange er noch leben wird.
Ich weiß nicht, wie weit Sie mit Chambers' Odyssee und mit seiner Person vertraut sind. Wenn Sie nur ein wenig Vertrauen zu meinem Urteil haben – er ist eine der hervorragendsten, verleumdetsten und aufrichtigsten Persönlichkeiten, denen ich je begegnet bin, und seine Geschichte ist ein bizarres und für das 20. Jahrhundert symbolisches Martyrium.
Der Zweck meines Briefes ist, Sie darum zu bitten, ihm einen spontanen, privaten, freundschaftlichen Brief zu schreiben. Er lebt in entsetzlicher physischer und geistiger Einsamkeit, und ein paar Zeilen von Ihnen werden ihm viel bedeuten. Diese Bitte wird Ihnen weniger übertrieben erscheinen, wenn Sie die beigelegte Abschrift von Whittakers letztem Brief lesen . . .

Gleichzeitig schrieb er einen ähnlichen Brief an den Herausgeber des *Manchester Guardian,* A. P. Wadsworth, und zitierte aus Whittakers Brief. Der *Guardian* hatte kurz davor einen Anti-Whittaker-Artikel abgedruckt, und Arthur war der Meinung, dies erfordere eine »gründliche, sachliche und leidenschaftslose« Antwort. Er schlug vor, Wadsworth solle Professor Sidney Hook von der New York University dafür gewinnen. Doch die Zitierung von Whittakers Brief, mit dem Arthur Wadsworths Sympathie zu gewinnen gehofft hatte, fiel auf steinigen Boden:

Chambers läßt mich kalt. Ich gebe zu, daß er eine interessante Persönlichkeit ist, direkt aus Dostojewski oder Koestler entstiegen (Sie hätten ihn erfinden können). Aber er ist dennoch ein Schurke. Sein Brief an Sie beweist mir das . . . Er hat den liberalen Werten ungeheuren Schaden zugefügt und verdient sein Schicksal ... Es tut mir leid, so hart zu erscheinen, aber das ist eines der wenigen Dinge, die mich wirklich aufregen ... Warum ist der amerikanische kommunistische Renegat so anders als der europäische Typus?

Arthur erwiderte:

Ich bin froh über die Offenheit Ihres Briefes und traurig über den Inhalt. Doch gestatten Sie mir eine Bemerkung über eine Nebenfrage, die Sie aufgeworfen haben: den Unterschied zwischen amerikanischen und europäischen Ex-Kommunisten. Wenn Sie damit meinen, daß Sie Koestler Chambers vorziehen, dann muß ich Sie enttäuschen. Ich war, als ehemaliger Kommunist auf dem Kontinent, in der glücklichen Lage, über keinerlei relevante Information zu verfügen, die mich in die gefürchtete Rolle des Renegaten/Denunzianten gezwungen hätte. Hätte ich solche Informationen über das Geheimleben von Klaus Fuchs oder Guy Burgess besessen, ich wäre damit unverzüglich zur MI5 gelaufen. Wäre überdies, sagen wir, Fuchs mein intimer Freund gewesen, wie Hiss Chambers' Freund war, dann hätte der Konflikt wahrscheinlich dieselben Bedenken und neurotischen Symptome bewirkt, wie sie Chambers gelegentlich zeigte.
Natürlich besteht dabei ein atmosphärischer Unterschied in diesem Land und in Amerika ... Doch das gilt nicht nur für Ex-Kommunisten ...

Dieser Brief hatte noch eine unerwartete Fortsetzung. Als Whittakers Buch *Witness* drei Monate später in England erschien, forderte Wadsworth Arthur auf, einen kurzen Bericht für den *Guardian* darüber zu schreiben. »Ich sollte es eigentlich besser wissen, als so den Kopf in den Rachen des Löwen zu stecken,« schrieb er, »trotzdem, was meinen Sie?«

»Das ist wirklich ein faires und großzügiges Angebot«, erwiderte Arthur. Er lehnte es ab, da er bereits dem *Observer* und der *Sunday Times* Besprechungen des Buchs verweigert hatte, »mit der Begründung, wenn ein Ex-Kommunist das Buch eines anderen Ex-Kommunisten bespricht, würde es aussehen, als verfolge man eigennützige Zwecke, was am Ziel vorbeiginge.« Falls jedoch »der unwahrscheinliche Fall eintreten sollte, daß Sie keinen Rezensenten für dieses und ähnlich kontroverse Bücher finden«, empfahl er einen jungen Amerikaner, der gerade nach England gekommen war. Es handelte sich um Irving Kristol, der, zusammen mit Stephen Spender, eine neue Monatszeitschrift, den *Encounter,* gegründet hatte.

Arthur hatte auch mit Frederic Warburg einen Briefwechsel, der begeistert von Arthurs Vortrag über Science Fiction war, ihm ein Buch schickte, das er bald herausbringen wollte und enthusiastisch lobte. Würde Arthur es lesen und ihm seine Meinung mitteilen? Arthur erwiderte:

Niemand kann dem Wort »anflehen« widerstehen, also habe ich das Buch teils gelesen, teils überflogen. Es ist ein ungeheuerlich gescheites und schrecklich faszinierendes Buch, offenbar von einem elektronischen Gehirn mit überhitzten Röhren ausgedacht. Im Ernst, es ist so ungefähr das intelligenteste Science-Fiction-Buch, das ich je gelesen habe. Doch trotz seines literarischen Anspruchs ist sein künstlerischer Wert, fürchte ich, fast null.

Trotz dieser verzuckerten Pille fragte der unverbesserliche Warburg an, ob er die Stelle in Arthurs Brief von »Es ist ein ungeheuerlich . . .« bis »das intelligenteste Science-Fiction-Buch, das ich je gelesen habe« als Zitat benützen dürfe. Arthur antwortete:

Was für eine machiavellische Falle! Mein Brief sollte Ihnen erklären, warum ich nichts Zitierbares sagen kann. Wenn Sie »ungeheuerlich« und »schrecklich« dennoch für zitierungswert halten, dann bin ich einverstanden. Aber lassen Sie bitte den zweiten Satz weg.

Doch Warburg sträubte sich, diesen zweiten Satz aufzugeben. Als Kompromiß schlug er die Auslassung der Worte »Im Ernst« vor. Arthur schrieb zurück:

Es tut mir leid, wenn ich pedantisch erscheine, aber ich bin puritanisch im Umgang mit Zitaten auf Buchumschlägen . . . Ich sehe ein, daß Sie vom Standpunkt des Verlegers den Superlativ »intelligenteste« mögen, doch gerade dagegen bin ich. Ich habe den Superlativ in einem persönlichen Brief unter dem ersten Eindruck benützt, aber ich würde ihn niemals für den Druck verwenden. Verzeihen Sie also, wenn ich hartnäckig bin und Sie ersuche, wenn überhaupt, nur den ersten Satz zu zitieren.

Manchmal schrieb Arthur in sein Notizbuch, daß die Autobiographie gut voranschreite, manchmal wieder, daß er »sich abmüht«. Er berichtete auch über eine »außergewöhnliche Euphorie«: Bis vier Uhr morgens saß er an seinem Schreibtisch und schrieb zwölf Seiten eines Kapitels mit dem Titel »Das Haus am See« – »was, glaube ich, ein Rekord in meinem Leben ist«. Die Euphorie hielt mehrere Tage an, unmittelbar nach dem Erwachen erfolgte die unvermeidliche Depression. Seinen Eintragungen zufolge war einer ähnlichen Euphorie vorangegangen, was er als »neuerlichen Zusammenstoß« bezeichnete; er war in betrunkenem Zustand mit dem Wagen über eine Verkehrsinsel gefahren und hatte mit der Polizei gestritten.

Häufig gelangweilt, wenn er an Abenden ausging, schrieb Arthur in sein Notizbuch über das »unlösbare Dilemma«: Während Intellektuelle oft »ungesellige Begleiter« waren, sorgte der Kreis von Leuten, mit denen er zum Vergnügen aß und trank, für eine intellektuelle Anregung, die »gleich null« war. Selbst Intellektuelle waren, jammerte er, »nachdem man sie dreimal getroffen hat, nicht mehr anregend.« Langeweile brachte ihn dazu, wie er an anderer Stelle ins Notizbuch schrieb, »mich unmöglich zu benehmen.«

Im Mai erwähnte er einen Vorfall, der dazu führte, daß er mich entließ. Ich hatte in meiner Gedankenlosigkeit das Bankbuch verloren. Als er das entdeckte, erwies es sich als der letzte Anstoß, und ich wurde zum Ende der Woche entlassen. Da ich sofort, wenn ich mein amerikanisches Visum hatte, nach New York fahren würde, sagte ich mir, daß es mir nichts ausmache. »Arthur hat mich entlassen«, erzählte ich Mamaine in scherzhaftem Ton. Wir gingen zusammen die Montpelier Street hinunter, nachdem wir zur gleichen Zeit Arthurs Haus verlassen hatten. Sie antwortete mir nicht, vielleicht, weil sie mir nicht glaubte oder aus Loyalität zu Arthur.

Am letzten Morgen war ich auf die Depression, die mich befiel, nicht vorbereitet. Es gab einen Augenblick, wo wir uns ansahen; ich nehme an, daß er meine Gedanken las, denn er wurde weich. Ich war einfach zu glücklich, um es je wieder vergessen zu können. Seit ich das erste Mal an Selbstmord gedacht hatte, war ich zu demoralisiert gewesen, um richtig arbeiten zu können.

Vor meiner Abreise aus England lud mich Mamaine in ein polnisches Restaurant in der Nähe von Brompton Oratory ein. Sie sah mich ein wenig forschend an, als erwartete sie, jetzt, wo ich verheiratet war, eine Veränderung zu finden – vielleicht dachte sie, ich wäre nun ein bißchen erwachsener.

Als wir nach dem Essen auf die sonnige Straße hinaustraten, sah sie einen Moment müde und niedergedrückt aus. Fast zwei Jahre waren seit ihrem schicksalschweren Entschluß in Verte Rive vergangen. Es brachte gar nichts, daß ich mir wünschte, sie hätte ihn nicht gefaßt; er war nicht rückgängig zu machen.

In der Woche vor meiner Abreise schloß Arthur ein wichtiges Kapitel ab, »Stunden am Fenster«, das ich in jenen letzten Tagen abschrieb. »Sehr erschöpft«, schrieb er in sein Notizbuch. In der selben Woche hatte er bei einer Dinner-Party einen berühmten katholischen Geistlichen getroffen, der »mich schockierte, als er sagte, daß ein mystisches Erlebnis gar nichts bedeutet . . . Die betrachten den Mystizismus mit ebensoviel Mißtrauen wie die Führung der Komintern echte Kommunisten betrachtet.«

Seine Aufzeichnungen aus dieser Woche schlossen mit der Bemerkung: »Aber mein Harem zehrt an mir.«

Er überarbeitete auch die deutsche Übersetzung von *Arrow in the Blue* – »die strapaziöseste Arbeit«. In einem Brief an seinen deutschen Verleger schreibt er:

(Der Übersetzer) ist ohne Zweifel gewissenhaft und hat sein Bestes versucht. Unglücklicherweise sind seine Kenntnisse der englischen Umgangssprache sehr begrenzt.
Eine Autobiographie ist ein Selbstporträt und daher eine heikle Sache, ganz auf Nuancen angewiesen. Ich habe mein jugendliches Ich und auch meinen Familienhintergrund mit einer Art wohlwollender Ironie behandelt. Doch läßt man diese Ironie weg, dann entsteht ein ganz anderes, pompöses und prahlerisches Bild.

An meinem Abschiedsabend führte Arthur Mamaine und mich zu *Guys and Dolls* aus. Ich hatte Musicals nie gemocht und hätte ein Ballett oder Konzert vorgezogen. Arthur saß zwischen uns im Parkett, und es machte mir trotz meiner

Vorurteile viel Vergnügen. Arthur hatte mir ein Reisenecessaire aus rotem Leder von Fortnum zur Hochzeit geschenkt; innen waren elegante kleine Flaschen und Dosen mit Messingverschlüssen, außen standen meine goldgeprägten Initialen. Mamaine gab mir einen Geschenkbon zum Einkauf in einem eleganten Kaufhaus in New York.

Nach der Show aßen wir im Ivy. Ich sollte Mamaine zum letzten Mal sehen. Arthur liebte es, alles im großen Stil zu tun und war lieber Gastgeber als Gast. Er sah Mamaine an und drängte sie, mehr zu essen. Er tat sein Bestes, um sie mit ihren Lieblingsspeisen in Versuchung zu führen, und munterte sie mit Bemerkungen wie *en mangeant vient l'appêtit* auf. Aber sie hatte sein ernergisches Schmeicheln in der Vergangenheit zu oft erlebt, und das reichte ihr. Ihr wäre ein Gespräch über etwas intellektuellere Themen lieber gewesen als über Essen, und sie schmollte mißbilligend. Als er nichts erreichte, wandte er sich an mich. Ich konnte absolut nichts mehr essen, aber er drängte mir eine *mousse au chocolat* auf und traktierte mich mit Wein. Er bot mir die Hälfte seines Desserts an und klatschte mir dann fast das ganze auf den Teller, dazu eine Portion *Crème Chantilly.* Meine Proteste wurden übergangen. »Ach, komm doch, mach kein Theater«, sagte er, und sein Gesicht begann sich zu verfinstern. Ich wußte, daß mir nachher furchtbar schlecht sein würde, doch es machte mir nichts aus. Das lag nicht so sehr daran, daß ich ihm unbedingt eine Freude machen wollte (wenn ich das auch nicht bestreiten kann), sondern daß ich seine Leidenschaft, mit anderen zu teilen, unwiderstehlich fand. Auf jeden Fall war er immer noch nicht zufrieden. »Jetzt brauchst du ein Sorbett«, erklärte er. Der Wein war mir sehr in den Kopf gestiegen. Zur »Vollendung des Kunstwerks dieser Mahlzeit« tranken wir noch Kaffee und Brandy.

Der nächste Morgen war der letzte am Montpelier Square. Arthur schenkte mir einen riesigen Blumenstrauß und brachte mich mit dem Wagen nach Hause, obwohl ich um die Ecke wohnte. Ich war immer recht stolz darauf gewesen, wie ich meine Gefühle beherrschen konnte. In meiner Schulzeit führte man uns zu einem Film, *Mrs. Miniver,* und während die ganze Schule in der Vorstellung schluchzte, vergoß ich keine einzige Träne. Doch jetzt löste sich der eiserne Griff meiner Selbstbeherrschung jammervoll. Als der Wagen in die Brompton Road einbog, sah ich Burkett, den Fischhändler, nur ganz verschwommen, und die Verkäufer mit ihren lustigen Strohhüten sahen aus, als zeigten sie sich in einem Zerrspiegel. Der allerstärkste Wille machte die Sache nur schlimmer. Ich flüchtete ins Haus.

Arthur schrieb in sein Hermès-Tagebuch: »Sehr trauriges Adieu von Cynthia.«

Einen Monat nach meiner Abreise notierte Arthur:

Mühsam arbeite ich mich zum Ende von Band II vor. Cynthia fuhr am 30. Juli fort – war unerwarteterweise schrecklich deprimiert, sie zu verlieren. Teils, weil wirklich besonders lieb, fröhlich, naiv, hübsch, ergeben; und auch, weil damit wieder ein Stück aus meinem Leben gerissen wurde. War ein sehr schöner Abschied.

In New York angekommen, sollte ich entdecken, wie kindlich meine Illusionen über das Eheleben waren. Im grellen Licht des Alltags waren sie fehl am Platz; sehr bald trennten wir uns. Die Ehe wurde geschieden.

10

Sekretärin bei Ely Culbertson

1

Als Arthur mit seinem ersten Entwurf von *Die Geheimschrift* Anfang Oktober fertig war, schickte er mir ein Telegramm: »Buch beendet 6.45 morgens. Alles Liebe und danke.«

Ich schickte ihm oft Berichte, wie es mir ging. Es begann mit einem kurzen Schreiben von der Bahnfähre nach Southhampton. Aus New York schrieb ich dann einen langen Brief über das Scheitern meiner Ehe.

Im September begann ich, eine Stelle in New York zu suchen. Arthur schrieb an Al Hart, seinen Verleger bei Macmillans, und durch Als Vermittlung bekam ich ein Angebot als Sekretärin des Leiters ihrer Verlagsabteilung. Aber eigentlich wollte ich für einen Schriftsteller arbeiten und lehnte das Angebot widerstrebend ab.

Schließlich stieß ich in der *New York Times* auf ein Inserat, das vielversprechend klang: ein Schriftsteller suchte eine Sekretärin. Ich bewarb mich. Der Schriftsteller entpuppte sich als Ely Culbertson, der Bridge-Fachmann. Ich bin zwar keine Bridgespielerin, doch kannte ich den Namen gut.

Unglückseligerweise waren an einem Vormittag zwei Vorstellungen für Jobs zusammengekommen. Um elf Uhr sollte ich bei Andrew Salter* und um eins bei Ely Culbertson vorsprechen. Mr. Salter ließ mich einen IQ-Test machen. Es muß aber ein leichter gewesen sein, da ich ihn bestand; immerhin gab es mir Selbstvertrauen, und ich bekam die Anstellung. In euphorischer Stimmung begab ich mich in eine öffentliche Telephonzelle, um Ely Culbertson anzuru-

* Arthur hatte 1949 sein Buch *What is Hypnosis* gelesen und bei ihm angefragt, ob er einen Hypnotiseur in Frankreich kenne. Anscheinend war er damals sogar bestrebt, Erinnerungen aus dem Unbewußten heraufzuholen. Salter konnte ihm nicht helfen.

fen und meine Verabredung mit ihm abzusagen. Zu meiner Verwirrung war Culbertson selbst am Apparat. »Wo sind Sie? Sie haben sich verspätet – ich warte auf Sie«, sagte er. Er hatte einen merkwürdigen Akzent, in erster Linie russisch, aber auch sehr amerikanisch. Ich konnte nur stammeln, ich sei unterwegs zu ihm. Ich hatte keine Ahnung, was ich nun tun sollte und kam mir wie eine Betrügerin vor.

Seine Wohnung war auf der West 57. Straße, gegenüber der Carnegie Hall und der russischen Teestube. Er saß an seinem Schreibtisch im Wohnzimmer vor einem Tablett und aß zu Mittag. Im Zimmer war eine Kochnische, kaum mehr als einen halben Meter von seinem Schreibtisch entfernt, die Türen waren geöffnet, das skandinavische Hausmädchen bereitete diskret Tee. Er war nicht verärgert über meine Verspätung und bot mir etwas zu essen an. Wie ich später herausfand, hatte er keinen Zeitsinn. Ely Culbertson war groß, hatte einen hellen Teint und blaue Augen, wunderschöne Hände, die Finger lang und an den Enden ein wenig spitz zulaufend; sie hielten immer eine Zigarette. Er trug ein pastellfarbenes Hemd aus schwerer Seide und die Krawatte eines Ästheten. Als er mir Fragen stellte, ertappte ich mich dabei, daß ich ihm mehr erzählte, als ich eigentlich wollte. Hinter uns war ein leises Klappern von Besteck zu hören: er sah den Ausdruck auf meinem Gesicht : »Ach, Christine weiß alles«, sagte er und schenkte ihr ein reizendes Lächeln. »Es gibt keine Geheimnisse vor Christine.« Sie lächelte würdevoll zurück.

Im Verlauf der Unterredung erfuhr ich, daß Bridge nicht seine wirkliche Neigung, sondern bloß, wie er es ausdrückte, sein Broterwerb war. Die Leidenschaft seines Lebens war ein Friedensplan. Er hatte die *World Federation Inc.* und später das *Citizens' Committee for United Nations Reform* zur Organisierung einer UNO-Polizei ins Leben gerufen. Im ganzen Land hielt er Vorträge, um seine Ideen durchzusetzen. Die Zeit werde knapp, sagte er, wir würden auf einen neuen Krieg zutreiben. Sein Ziel war es, einen dauerhaften Frieden zu erreichen, ehe es zu spät war. Er hatte zwei Bücher über sein System der kollektiven Verteidigung geschrieben: *Summary of the World Federation Plan* und *Total Peace.* Er war auch der Autor einer Autobiographie mit dem interessanten Titel *Strange Live of One Man*.

Die Wohnzimmertür ging auf, seine Frau kam herein. Ely Culbertson war zweiundsechzig, und Krankheit ließ ihn sogar älter erscheinen. Dorothy, seine zweite Frau, war dreiunddreißig Jahre jünger. Sie war blond, ihr Gesicht strahlte von Gesundheit und Vitalität. Dorothy schüttelte, ohne zu lächeln, meine Hand; ihre Augen verengten sich ein wenig, während sie mich genau betrachtete.

Ein paar Tage später, als ich erfuhr, daß ich die Stellung bekommen hatte, mußte ich meinen ganzen Mut zusammennehmen und erklären, daß ich bereits woanders zugesagt hatte. Als er das erfuhr, bat Ely Culbertson mich, ihn aufzusuchen. Er trank Tee und rauchte, als ich kam. Was für eine Arbeit das sei, die ich angenommen hätte, wollte er wissen. Als er Genaueres erfuhr, sah er mich spöttisch an. Ob ich denn meinte, das sei der richtige Job für jemanden wie mich, fragte er einigermaßen skeptisch. Aber ich könne es mir unmöglich anders überlegen, protestierte ich, ich hätte mein Wort gegeben. Er besaß eine teuflische Überredungskunst, und ich bewunderte ihn dafür. Es gäbe zwei Arten von Menschen in der Welt, erklärte er, jene, die zweidimensional dachten (er schob sie beiseite), und einige, die über einen dreidimensionalen Verstand verfügen. Ich hätte wohl einen zweieinhalbdimensionalen, meinte er freundlich. Doch wenn ich zwei Jahre mit ihm zusammenarbeitete, würde er dreidimensional sein. Ich war höchst erstaunt bei dem Gedanken an dieses andere Ich, das innerhalb so kurzer Zeit entstehen würde. Hingerissen sagt ich, ich würde für ihn arbeiten. Er ließ mich im Hinterzimmer mit Mr. Salter telephonieren.

Nach einiger Zeit fand ich jedoch heraus, daß eine andere Bewerberin den Posten bei Culbertson vor mir bekommen hatte. Dann hatte aber etwas nicht geklappt; ich war also nur seine zweite Wahl.

Oft schrieb ich an Arthur, berichtete ihm über alles Neue, und im Oktober hieß es:

Durch ein Inserat in der *New York Times* bekam ich die Stelle als Sekretärin bei Ely Culbertson, dem Du, glaube ich, begegnet bist. Ich möchte sehr gern wissen, was Du meinst. Eigentlich scheint es mir, daß ihr politisch vieles gemeinsam habt. Er hat eine kleine

Wohnung in New York, ein Haus in Vermont sowie eines in Mexiko. Ich habe schon einige Zeit in Vermont verbracht, wo es traumhaft war. Er fährt vielleicht in diesem Winter für zwei Monate nach Mexiko, und vielleicht fahre ich mit, was ebenfalls traumhaft wäre. Natürlich habe ich die Stellung nur bekommen, weil ich 4 Jahre (nicht 6 Jahre, wie Du den Leuten immer sagst!) Deine Sekretärin war. Seine Frau ist in meinem Alter und sehr schön. Sie hat praktisch alle Deine Bücher gelesen – mehr als er ...

Dorothy war sieben Jahre mit Ely Culbertson verheiratet. Sie war ihm begegnet, kurz nachdem sie auf der Vassar-Universität graduiert hatte. Sie zeigte eine lebhafte Neugier für alle Aspekte des Lebens. Ich wurde zugedeckt mit Fragen über mich, Arthur, Mamaine, meine Mutter, meine Schwester und meine Kindheit, und sie hatte eine ganz ungehemmte Art, einem ihre eigenen Gefühle und Erfahrungen anzuvertrauen.

Ely hatte mir gesagt, daß Dorothy seine Galatea sei, und er war stolz, daß sie die Hälfte ihres philosophischen Doktorats erfolgreich absolviert hatte. Sie war ein Einzelkind. Ihre Eltern stammten aus Preußen und waren kurz nach ihrer Heirat nach Amerika ausgewandert, wo Dorothy zur Welt kam. Sie wuchs in Connecticut auf. Manchmal sagte Ely, sie sehe aus wie Hitlers Traummädchen, ihre blonden Haare reichten ihr, wenn sie sie offen trug, bis zu den Hüften, ihre Augen waren hellblau, ihre Haut wie blasses Gold. Sie liebte es, wenn man ihr über Rücken und Nacken strich, und sie bat eines der Kinder, ihre Mutter, mich, jedermann darum, das zu tun, wobei sie auf ihrem Sofa glückliche Seufzer ausstieß.

Sie hatte Kinder gern. Doch die Culbertson-Familie war nur allzu oft von Tragödien heimgesucht. Von den vier Kindern, die sie zur Welt brachte, war nur eines am Leben geblieben – Alexander, ein Jahr alt: Sascha, wie sein Vater ihn nannte. Die anderen Kinder im Haus waren Victoria, ein kleines mexikanisches Mädchen, das Ely zu einer zweiten Galatea machte, und Stevie, sein einziges Enkelkind. Elys Kinder von seiner ersten Frau und Bridgepartnerin, Josephine, waren erwachsen, und Stevie war der Sohn seiner geliebten Tochter Nadja.

Als Elys Sekretärin wurde ich Bestandteil des Haushalts

und Familienmitglied. Kein Wunder, daß Dorothy mich so kritisch betrachtet hatte, als wir zum ersten Mal zusammentrafen. Ich hielt das Büro in New York in Gang und war zeitweise in Vermont. Zweimal im Monat verbrachte Ely ein paar Tage in New York.

Er war im Kaukasus zur Welt gekommen, wo sein amerikanischer Vater die Erdölfelder von Grozny, dreihundert Meilen südlich von Baku, erschloß. Als junger Bergwerksingenieur hatte sein Vater sich die Tochter eines Kosakengenerals erobert und sie geheiratet. Ely verlebte seine Jugend im Kaukasus. 1908 wurde er in ein zaristisches Gefängnis in Sotschi gesperrt, zusammen mit sechs anderen Sozialrevolutionären, die ihre Hinrichtung erwarteten. Er wurde entlassen, weil er minderjährig war und eigentlich Amerikaner.

Darüber schrieb er:

In jener Zeit war ich schrecklich verliebt in die allerschönsten Abstraktionen: Menschlichkeit, Gerechtigkeit, Volk, Freiheit, Frieden. Ich haßte Tyrannen und verachtete die Kriegstreiber. Ich lebte im Schatten der großen Vereiniger edler Wahrheiten und trachtete, die Regeln der Menschheitsbefreier zu befolgen. Diese Ideale waren meine Wissenschaft und meine Gebote.

Obwohl seine Ideale die gleichen blieben, änderte sich seine Art, für sie zu kämpfen. Sein Wissensdurst brachte ihn dazu, an sechs Universitäten in Europa zu studieren. Als der Familienbesitz nach der Revolution enteignet wurde, verließ er Rußland. Nach einem Zwischenaufenthalt in Paris, wo er die Nächte beim Glückspiel verbrachte und tagsüber schlief, kam er in den zwanziger Jahren völlig abgebrannt nach New York. Er stellte sich nach der Armensuppe an, ging als Obstpflücker und arbeitete auf den Maisfeldern.

»Ich war schon immer von der bizarren Welt der Spielkarten fasziniert«, schrieb er. Um den Lebensunterhalt zu verdienen und seine Studien zu betreiben, wurde er ein wissenschaftlicher Spieler und stellte ein System für das Bridgespiel auf, das ihn zum Millionär machte. Er gab seine Millionen für das Friedensprojekt aus, und als ich ihn 1953 kennenlernte, war nicht mehr viel davon übriggeblieben. Er erfand immer kompliziertere Methoden, um Geld leihweise zu beschaffen. Damals litt er bereits an einer Lungenkrankheit.

Er schrieb einen Abriß seines Plans für eine UNO-Polizei und einen weiteren Band der Autobiographie. Manchmal machte er sich über die Briefe seiner Fans her, wobei er sich an den Stößen von unten hinaufarbeitete; viele Briefe waren bereits zwei oder sogar drei Jahre alt. Nach einer Weile stieß er dann einen Seufzer aus und sagte verzweifelt: »Ach, Cyntuschka, würdest du mir noch etwas Tee bringen?« Wenn ich dann mit einem Glas voll russischem Tee und viel Zitrone zurückkam, hatte er das Briefeschreiben aufgegeben und arbeitete schon wieder an seinem Friedensplan.

Obwohl er einen schrecklichen Akzent hatte, war sein Englisch farbenprächtig und korrekt, abgesehen von der Schwierigkeit, die einem Russen die bestimmten und unbestimmten Artikel bereiten.

Wenn er nach New York kam, lud er mich zum Dinner ein. Er war immer entzückt von der sprichwörtlichen Grobheit der New Yorker Taxifahrer; je unhöflicher sie waren, um so mehr freute er sich, da es über jeden Zweifel hinaus bestätigte, daß in Amerika alle Menschen frei und alle Menschen gleich seien. Doch er liebte beide Länder – Amerika und Rußland. Sie waren die Inspiration seines Lebenswerkes.

2

Wie für manche Frauen eine Schwangerschaft im Sommer ungelegen kommt, so konnte auch Arthur keine Ferien machen, ehe er die erste Fassung der *Geheimschrift* fertig hatte. Am 19. September fuhr er nach Ischia, wo er drei Wochen mit L. verbrachte, die sich, zu seinem Entzücken, eine Yacht zugelegt hatte. Während er dort war, kaufte er, »einer plötzlichen Eingebung folgend«, ein Haus. In sein Notizbuch schrieb er: »Da ich Frankreich aufgegeben habe, adoptiere ich Italien als mediterranen *pied à terre.*

Ende 1953 war er mit der zweiten Fassung des Buchs fertig und vermerkte: »Bis jetzt keine Depression. Aber wieder ein unstetes Leben, L. kommt und geht, und der übrige Harem ist unbeständig und langweilig.«

Um diese Zeit herum fing er eine quälende Affäre mit einer Frau an, deren Gesicht an einen Engel von Botticelli erinnerte. In alten Ordnern gibt es Entwürfe seiner Briefe an sie. Einer, eine eng betippte Seite, wurde schließlich auf vier Zeilen destilliert; aber auch diese vier Zeilen wurden nie abgeschickt– sie sind immer noch in ihrem Umschlag, auf dem »mit Hand schreiben« steht. Irgendwo mitten im Entwurf, durchgestrichen, war folgende Stelle:

Da ich in meiner mitteleuropäischen Art emotional lockerer bin als der durchschnittliche Einheimische dieses Landes, der jeden Penny Leidenschaft dreimal zählt, bevor er ihn ausgibt, habe ich wahrscheinlich in der Währung des Herzens schwer draufgezahlt. Aber in dieser besonderen Währung ist man gern ein Vollidiot.

Er arbeitete an einem neuen Buch, einem Essay-Band. Es war *The Trail of the Dinosaur (Die Spur des Dinosauriers);* im Vorwort schwor er, nicht mehr über Politik zu schreiben.

Nicko und Mary Henderson* luden ihn ein, sie in der britischen Gesandtschaft in Wien zu besuchen. »Mein Zögern«, erwiderte er, »ist auf meine Angst zurückzuführen, das Wien meiner Jugend, das ich seit fast zwanzig Jahren nicht mehr gesehen habe, könnte für mich einigermaßen erdrückend sein und würde mich so deprimieren, daß ich sogar eine Schachpartie gegen Nicko verlieren könnte.«

Aber im März fuhr er, begleitet von der Dame Botticelli, doch nach Wien. Das Ergebnis seines Besuchs war die Idee für einen Roman mit dem Nachkriegs-Wien als Hintergrund. »Ich glaube, ich habe den *background,* den ich für den Roman gesucht habe, gefunden,« schrieb er an Nicko Henderson. »Ich habe mit dem Schreiben begonnen und werde wahrscheinlich noch einmal nach Wien kommen müssen, um mich in die Atmosphäre einzuleben – wahrscheinlich Ende Juli oder Anfang August. Keine Angst. Ich komme allein und werde im Sacher wohnen . . .«

Im April vermietete er das Haus am Montpelier Square für den Sommer und begann für seinen Aufenthalt in Ischia

*Sir Nicholas Henderson war 1953–1956 britischer Gesandter in Wien. Die Hendersons waren alte Freunde Koestlers – d. Herausgeber.

mit L. im neuerworbenen Haus seine Sachen zu packen. Sie richtete das Haus her und schickte ihm zärtliche Telegramme. Doch vor der Abreise erfuhr seine blinde Leidenschaft zum Botticelli-Engel die höchste Steigerung. »Außerstande, die allerdringlichsten Umbruchskorrekturen zu erledigen,« schrieb er.

Diesen Teil seines Notizbuchs nannte er »Chronologie einer Besessenheit«. Er ging zum Lunch mit einem Freund – »Gott weiß wie« – und besuchte andere Freunde – »mehr tot als lebendig«. Er bat Botticellis Engel, mit ihm zwei Tage in Frankreich zu verbringen. Sie antwortete: »Kann nicht.« Verzweifelt schickte er ihr um 10 Uhr morgens per Boten einen sieben Seiten langen Brief, an dem er vermutlich bis in die frühen Morgenstunden geschrieben hatte. Er »erklärte ihr, wenn sie nicht bis 12 Uhr anruft, weiß ich, daß alles vorbei ist.« Die Saga geht weiter:

Zehn vor zwölf. Ein doppelter Scotch. Mit wunderbarer Wirkung. Das Glas Rum für den Mann, der zum Galgen gehen soll.
Beschwörung eines Telefons: Läute, du schwarzes, gegabeltes Biest . . .!
4 vor 12. Bis jetzt noch Sinn für Humor. Jetzt Panik: erkenne Endgültigkeit.
12.05 Panik vorbei. Depression und Entrüstung. Haß beginnt.
12.10 Die Welt ist grau geworden. Ich bin am Boden zerstört.

Viele, die den Weg der Dame Botticelli kreuzten, wurden Opfer ihrer Macht, Liebhaber so nebenbei in leere Hülsen zu verwandeln. Er hätte Trost in seinen eigenen Versen finden können, die er vier Jahre zuvor in *Gottes Thron steht leer* geschrieben hatte:

Dein Fernsein ist eine Leere, die deine Nähe nicht füllt,
Dein Fernsein ist eine Wunde, die deine Nähe nicht stillt.

Er nannte seine blinde Leidenschaft zu dem Botticelli-Engel eine »zerstörerische Krise der Wechseljahre«. Diese ganze zurückgedrängte Glut mußte sich irgendwie Luft machen. Während der Autofahrt nach Ischia geriet er in ein Abenteuer der Art, wie er es liebte: Jagd nach verbotenen Früchten. Es ereignete sich hoch oben in den Bergen nördlich von Chamonix. Als er am Tisch einer überfüllten Bar saß, sah er ein italienisches Mädchen mit ihrem Verlobten am anderen Ende des Lokals sitzen und konnte die Augen nicht von ihr wenden. Er nahm sie für die Nacht mit und war begeistert von seiner Heldentat. Paola kam aus dem Süden Italiens und war blond. Später entwischte sie, um mit ihm eine Nacht in Mailand zu verbringen.

»Sehr trauriges Adieu«, schrieb er in sein Tagebuch.

Das Haus auf Ischia war noch immer von den Handwerkern besetzt, so mußten Arthur und L. in einer Villa wohnen, die einem Künstler gehörte. »Schirokko«, schrieb Arthur in sein Hermès. »Ungeduldig und gereizt; noch immer kein Heim zum Arbeiten.« Er fühlte sich langsam »wieder von den Handwerkern verfolgt« und war »deprimiert und wütend bei dem Gedanken, daß das Haus erst in 3–4 Wochen fertig sein wird.«

Auf Ischia kam er selten zum Schreiben. Er erledigte die Briefe, die zu beantworten waren, und machte sich mit Volldampf daran, seinen inneren Frieden zu stabilisieren. Jeden Tag ging er segeln, und wenn das Wetter schlecht war, war er zu deprimiert, um zu arbeiten: »Den ganzen Tag Evelyn Waugh gelesen.« Auden lebte damals auf Ischia, sie gingen oft gemeinsam essen. Auch Robin Maugham war dort, und Arthur nahm ihn in seinem kanadischen Kanu aus den Verte-Rive-Zeiten zum Segeln mit.

Ein Ereignis rückte näher, das ihn von Grund auf erschüttern und den Gang seines Lebens ändern sollte. Dieses Ereignis hatte Koestler'sche Qualität – wie alle dramatischen Momente seines Lebens –, ganz als wäre es auf ihn zugeschnitten, um seine schuldbewußte Seele zu quälen. Es scheint symbolisch, daß Arthur – in seiner »Krise der Wechseljahre«, wie er es nannte – sich entschieden hatte, nahe der antiken Stadt Capua zu leben. Er hatte Capua in seinen Schriften erforscht und kannte sowohl den Zauber als auch die dunklere Seite dieser Stadt. In *Gottes Thron steht leer* denkt Fedja, der sowjetische Diplomat in Paris, über die Verlockungen dieser Stadt nach:

> In Capua war bekanntlich die Armee Hannibals weich und kampfuntüchtig geworden, weil sie dort den Verlockungen einer alten, überfeinerten und dekadenten Zivilisation nicht hatte widerstehen können . . . Fedja wußte, daß ihm so etwas nicht passieren konnte. Er war kein Puritaner und nahm auf seinem Weg gerne jedes

Vergnügen mit, das Capua zu bieten hatte, ohne freilich je auch nur einen Augenblick zu vergessen, wo diese Genüsse letztlich herkamen. Mit dem Teufel fuhr man am besten, wenn man in seiner Gesellschaft praßte, ihn aber die Zeche zahlen ließ.

Das Amphitheater zeugte von Capuas dunklerer Seite, und es war diese Stadt, von wo aus Spartakus und seine Gladiatoren entkamen. Arthur war in diesen historischen Augenblick versunken, als er über die Revolte des Spartakus in *Die Gladiatoren* schrieb. Im Prolog zum Roman findet man eine Beschreibung des Lentulus, wie der Schriftgelehrte Apronius ihn sah:

Nach Capua ist er erst vor zwei Jahren gekommen, um hier seine Gladiatorenschule zu gründen, die sich inzwischen bereits eines ausgezeichneten Rufes erfreut . . . Vor allem aber ist es ihm gelungen, seinen Leuten als Grundregel einzuhämmern, daß sie niemals um Schonung flehen, wenn sie geschlagen sind, sondern daß sie eine tadellose Haltung bewahren, wenn sie erledigt werden, und somit die Zuschauer nicht durch irgendwelches Getue abstoßen. »Jedermann kann leben – aber das Sterben ist eine Kunst, die gelernt sein will«, wird er nicht müde, seinen Gladiatoren einzuschärfen . . .

Arthurs erster Tag auf Ischia (26. April) war unheilvoll. Er erhielt ein Telegramm mit der Nachricht vom Tode seines nahen Freundes Jack Newsom.* Arthur hatte sich sehr auf die Ankunft von Jack Newsom und dessen Frau Chris in Neapel gefreut; ihr Schiff, die SS *Roma,* hatte New York verlassen und sollte in zehn Tagen in Neapel vor Anker gehen. Jack war an Bord des Schiffes einem Herzanfall erlegen. Arthur teilte es Mamaine in einem Brief mit und meinte: »Irgendwie kann man der *vie tragique* niemals entgehen.«

Als die SS *Roma* in Neapel anlegte, erwartete Arthur Jacks Witwe. Am nächsten Tag schrieb er in sein Hermès-Tagebuch: »Neapel: die Sache mit der Leiche abwickeln.«

* Eine Anmerkung des Autors zur englischen Ausgabe von *Pfeil ins Blaue* lautet: »Mein wärmster und herzlicher Dank gehört Jack und Chris Newsom aus Point Pleasant, Pennsylvania, für die Durchsicht des Manuskripts, für ihre Freundschaft, Kritik und Ermutigung.«

Es war Jacks Wunsch gewesen, eingeäschert zu werden, was in einem katholischen Land Probleme schafft. Schließlich wurde mit Hilfe des amerikanischen Konsuls in Rom die Einäscherung entsprechend Jacks Testament vorgenommen, und Arthur kehrte nach Ischia zurück. Am 16. März besuchte er mit Freunden einen Jahrmarkt und fühlte sich »niedergeschlagen, ging allein nach Hause; starke Selbstm. Versuchung.«

Er wußte nicht, daß Mamaine wieder schwerkrank im Spital lag. Sie war in den letzten Apriltagen im Krankenhaus gewesen, hatte aber Arthur geschrieben, daß sie sich schon gut genug fühlte, um entlassen zu werden. Am 19. Mai erhielt er einen Brief von ihr, der mit den Worten begann: »Wie du siehst, bin ich wieder drin.« Ihre Zwillingsschwester hatte sie mit akutem Asthma aufgefunden und sofort ins Krankenhaus gebracht. Das war der letzte Brief an Arthur; er schrieb sofort zurück. Am 2. Juni starb sie.

Arthur, braungebrannt vom Segeln im Golf von Neapel, flog nach London und nahm am Begräbnis teil, das an einem heißen Sommertag auf einem Dorffriedhof stattfand. Der Tod bevorzugt aus irgendeinem perversen Grund Plätze, die von der Sonne beschienen sind.

Wie hatte man zulassen können, daß dies geschah? Überflüssig zu sagen, daß Arthur Nachforschungen anstellte, und er fällte sein Urteil im Hermès: »Hätte permanent ACTH bekommen sollen; vierte Herzkammer versagt; schuldig.«

Ich erfuhr davon, als ich mit Ely Culbertson im Zug nach Vermont saß. Er reichte mir, indem er mich mitleidig ansah, kommentarlos die Nachmittagszeitung. Ich las die Stelle in der Mitte der ersten Seite. Das ist ein Irrtum, dachte ich. Gewiß meinen sie Arthurs Mutter (damals so um die achtzig). Später, noch im gleichen Monat, bekam ich einen Brief von Arthur, in dem er sich Selbstvorwürfe machte für das, was passiert war, und weil er ihr das Leben mit ihm so unerträglich gemacht habe. Ich spürte, daß er ihre Streitigkeiten übertrieben darstellte, wenn ich auch, wie ich in einem ziemlich langen Brief schrieb, »nicht bestreiten kann, daß Du ziemlich viel an ihr herumgenörgelt hast.« Ich schloß mit dem Gefühl, wie wenig ich dazu sagen konnte: »Quäle Dich nicht.«

3

Arthur, der am 8. Juni, vier Tage nach Mamaines Begräbnis, wieder auf Ischia war, zog mit L. in das neue Haus ein. Der erste Tag verging damit, »freudlos das Haus in Ordnung zu bringen; ständige Krachs.« Am nächsten Tag schrieb er: »dito«.

L. war vermutlich froh, für zwei Wochen nach Paris fahren zu können. Arthur trug in sein Notizbuch ein: »War viel mit Auden zusammen. Ist sexbesessener als alle anderen, die ich kenne. Sagte: »Du solltest mehr Autobiographisches schreiben – nicht Romane.« Könnte dieser »deprimierende Rat« in einer so unglücklichen Zeit einen tiefen Eindruck gemacht haben? In sein Notizbuch schrieb er: »Man sollte Romane nur schreiben, wenn sie ein Loch hinterließen, falls man sie nicht schreibt.«

Unfähig zu arbeiten, verbrachte er die Tage auf dem Boot oder am Strand. Den Roman, der im Wien der Nachkriegsjahre spielen sollte, hat er wohl fallengelassen; in seinem letzten Brief an Mamaine, datiert auf den 19. Mai, hatte er geschrieben: »Ich habe zwei oder drei falsche Anläufe mit meinem neuen Roman gemacht, und ich weiß noch immer nicht, ob ich auf der richtigen Fährte bin.«

Er versuchte, einen Essay über Snobismus zu schreiben, der ihm seit mindestens drei Jahren vorschwebte, doch er war außerstande, sich länger als einen Tag damit zu befassen. Am nächsten Tag fuhr er mit dem Kanu knapp unter der Inselküste, ein heftiger Wind trieb ihn in die stürmische See hinaus, und es gelang ihm gerade noch, auf der kleinen Nachbarinsel Procida an Land zu kommen. Ein so schwaches Fahrzeug wie ein Kanadier verlangt eine äußerst sensible Handhabung, da es nur zu leicht kentert. Vielleicht machte er sich in diesen turbulenten Gewässern keine großen Sorgen über das, was passieren könnte, aber nachdem er es geschafft hatte, fühlte er sich »glücklich erschöpft«.

L. kam zurück und brachte Leo Valiani mit, der über das Wochenende blieb. Arthur und Leo waren gemeinsam im Konzentrationslager von Le Vernet in der Nähe der Pyrenäen gewesen. Bald nach Kriegsausbruch hatten die französischen Behörden begonnen, Ausländer mit tatsächlicher oder mutmaßlicher politischer Vergangenheit zusammenzuziehen. Arthur und Leo wurden verhaftet, und in Le Vernet trafen sich ihre Schicksale. Leo ist der Mario in *Scum of the Earth (Abschaum der Erde),* und er ist einer von Arthurs engsten Freunden.

»Unser Lebensstil«, schrieb Arthur über seine Erfahrungen in Vernet, »war ein Beweis für die große Anpassungsfähigkeit des Menschen. Ich glaube, daß sogar die verdammten Seelen im Fegefeuer nach einer gewissen Zeit eine ähnliche tägliche Routine entwickeln.«

Leo verbrachte in den dreißiger Jahren fast ein ganzes Jahrzehnt als antifaschistischer Untergrundkämpfer in Gefängnissen und wurde mit Elektroschocks gefoltert. Bei seiner ersten Verhaftung war er noch keine zwanzig Jahre alt. Bald nachdem Arthur aus Le Vernet entlassen wurde, gelang Leo die Flucht, er kehrte 1943 nach Italien zurück, wo er sich der Widerstandsbewegung anschloß. Er schrieb mehrere Bücher, darunter seine Erinnerungen an die Resistance und eine Geschichte der sozialistischen Bewegung.

Kurz nach dem Intermezzo mit Paola in den Bergen bei Chamonix besuchte Arthur Leo in Mailand und schrieb in sein Hermès: »Milano mit Leo und Paola.«

Nach dem Wochenende mit Arthur und L. auf Ischia fuhr Leo fort, und Freunde kamen aus England. Arthur hatte wenig Zeit zum Nachdenken – er war zu *la vie triviale* zurückgekehrt. Sie segelten, schwammen und machten Kreuzfahrten in L.s Yacht, gingen in Sorrent, Positano, Salerno (»das Mailand des Südens, die Araber waren nie dorthin gekommen«) und weiter südlich vor Anker. Sie besuchten Pompeji und Ravello. In Ravello gab es »Spannungen«, die armen Gäste waren »erschöpft vom Tempo des Spinners«. Der Kapitän dieser zehn Meter langen Yacht war Arthur. Er hatte es sich in Verte Rive beigebracht, seinen Kanadier auf der Seine mit einem Buch in der Hand zu steuern; nun wandte er seine Erfahrung an, um mit einer Hand eine Yacht durch das Mittelmeer zu steuern.

Nach ihrer Rückkehr fing Arthur zu packen an. Er verließ Ischia und ging in die Berge, um allein zu sein und zu schreiben. Der Schock von Mamaines Tod hatte ein Vorgefühl bewirkt, er werde nun eine Zeitlang »in einem magnetischen Sturm getrieben«. Wie er in *Pfeil ins Blaue* schrieb: »Ein sogenannter magnetischer Sturm wird durch kosmische Störungen hervorgerufen. Der Mensch besitzt im allgemeinen kein Sinnesorgan, mit dem er ihn wahrnehmen kann, und der Seefahrer merkt dann manchmal nicht, daß sein Kompaß in die falsche Richtung zeigt.«

Um seine verlorengegangene Richtung wiederzufinden, wollte er allein weggehen. Ende Juli verließ er Ischia zusammen mit L., die ihn bis Verona begleitete. Dort »trennten wir uns glücklich nach fast zwei Flaschen Wein«. L. kann über die Trennung ihrer Wege nicht wirklich glücklich gewesen sein, obwohl sie, wie sich zeigen wird, einen Weg fand, diesen Schlag zu mildern. Ihr Name scheint in den Notiz- und Tagebüchern vom Sommer 1951 bis 1954 immer wieder auf. Allerdings ging sie einmal in ihren Bemühungen, eine Freude zu machen, allzu weit. Eines Abends, als sie Kaviar und andere Speisen von Pruniers zum Montpelier Square schicken ließ, warf er den Kaviar zum Küchenfenster hinaus. Er würde *kein* Gigolo werden.

Arthur war auf dem Weg nach Canazei in den Dolomiten, wo ein Freund – ein ehemaliger politischer Gefangener, den er, wie Leo Valiani, in Le Vernet kennengelernt hatte – ein Hotel besaß.

In seiner Jugend war Arthur ein begeisterter Bergsteiger gewesen. Er hätte kaum eine wildere Landschaft als die Dolomiten finden können, um dort seinen inneren Frieden, nach dem er sich sehnte, zu finden und sich von seinen Depressionen zu befreien. Die Berge ließen einen erschauern. Ein Gipfel erinnert an die Klaue eines wilden Tieres. Nur wenige Kilometer von Canazei entfernt, steigt die Marmolata mit ihren steilen Granitwänden bis zum Himmel empor.

Angeregt von der langen Fahrt zwischen den Bergen und von der Höhenluft, kam Arthur in Canazei an und wurde von seinem KZ-Kameraden und dessen Frau begrüßt, »betrank mich total« mit ihnen und »so einer dummen Blondine«.

Er machte sich sofort daran, die Berge der Umgebung zu erforschen: im Norden das Sella-Massiv, im Süden die Marmolata: »Absolut herrliche Fahrt im Sessellift auf die Marmolata; Gletscher und zerklüftete Pracht; Sella sieht wie bedrohlicher Olymp aus.«

Auf dem Gipfel las er eine junge italienische Hochschulabsolventin auf und führte sie mit dem Wagen über den Passo die San Pellegrino nach Hause, dann kehrte er über einen anderen Paß nach Canazei zurück. »Fuhr zum See Carezza – was für ein Name!« rief er aus, fügte allerdings hinzu, daß er ursprünglich Karersee hieße. Sein erster Kletterversuch verlief jämmerlich, er mußte auf halbem Wege umkehren (»zum ersten Mal im Leben«), weil er die Anstrengung nicht durchstand. Das Leben in Capua hatte ihn verweichlicht.

Trotz seiner Depression ,die »immer weiter anhält, jetzt anscheinend chronisch«, begann er eine Erzählung über Ischia zu schreiben. Abends, nach der Arbeit, entzündete sich seine Phantasie mit »jeder neuen Flasche Wein«. Dennoch blieb er »skeptisch«, und bald schrieb er: »Sah, daß die Geschichte nicht funktioniert. Habe wieder (zum 5. oder 6. Mal) begonnen – mit den Augen eines Mädchens gesehen«. Aus seinem Notizbuch geht hervor, daß der Charakter des Mädchens mir nachempfunden war.

Wenn einem jemand nahesteht, kann er nach seinem Tode auf dramatische Weise eine Zeitlang wieder lebendig werden – als ob er einen am Ärmel zupfte. Die »Wunde ist wieder aufgebrochen«, schrieb Arthur in sein Hermès. Erinnerungsfetzen tauchten auf, wie das Klettern mit Mamaine in Snowdonia, und er hörte ihre Stimme so klar wie eine »akustische Halluzination«. Ein Brief kam mit der Mitteilung, daß der Verkauf der Insel im Delaware River abgeschlossen sei. Zuerst war er »s. aufgeregt«, dann hatte er einen Tagtraum, in dem er mit dem Ertrag einen Vuillard für Mamaine kaufte. Das Gemälde sollte eine Geburtstagsüberraschung sein. Er stellt sich vor, daß er ihr damit die gleiche Freude bereitete, die er empfunden hatte, als er im Gefängnis von Sevilla sein erstes Lebensmittelpaket empfing.

Er war nicht imstande, an der Erzählung weiterzuarbeiten, schrieb ein bis zwei Seiten und tippte das Manuskript, aber es erschien ihm leblos. Dennoch hatten diese »deprimierenden Wochen der Einsamkeit« Früchte getragen, denn nun beschloß er, sich Zeit für die Parapsychologie zu nehmen. Nach einem Monat in den Dolomiten fuhr er zum Lago Maggiore, wo Manès Sperber mit seiner Frau Jenka und Familie die Sommerferien verbrachte. »Redete den ganzen Vormittag und aß mit Munio (Sperber), der meine Moral zu heben versuchte, zu Mittag«, schrieb er ins Hermès. Erich Maria Remarque und seine Frau Paulette Goddard waren ebenfalls im Tessin. Nach dem Abendessen hatte Arthur einen »Zusammenstoß mit dem Auto«. Remarque, schrieb er, »erholte sich gerade von seiner Saufperiode«, trotzdem gingen sie nach dem Abendessen in einen Nachtklub in Ascona, wo sie bis zum Morgen blieben.

Als der Wagen repariert war, fuhr Arthur nach Norden, machte eine Pause in Paris und war Anfang September wieder am Montpelier Square.

11

Die Kampagne gegen die Todesstrafe

1

»Ich wüßte gerne, worüber Du geschrieben hast«, fragte ich Arthur im Herbst 1954 in einem Brief, »aber vielleicht werde ich es von Al Hart erfahren.« Die wenigen Nachrichten in seinen kurzen Briefen boten kaum Nahrung für meine ausgehungerte Phantasie.

Seinem Tagebuch nach bearbeitete er die französische Übersetzung von *The Invisible Writing* und korrigierte die Umbruchseiten der deutschen Ausgabe. Er war über bestimmte Teile der französischen Übersetzung unglücklich und schrieb an seinen Verleger Robert Calmann-Lévy: »Ich bin wirklich sehr besorgt wegen dieses Buches. Würden Sie mir zu meiner Beruhigung die Korrekturseiten *zusammen mit dem Manuskript* schicken lassen, so daß ich nach (meinen) Korrekturen (mit roter Tinte) vorgehen kann?« Und an Manès Sperber, der mit dem französischen Verleger in Verbindung stand, schrieb er:

> Du weißt, daß ich fast sechs Monate lang arbeitsunfähig war und beinahe den Verstand verloren habe. Jetzt endlich – klopf auf Holz – fange ich wieder an, noch unsicher, und ich will das neue Buch, an dem ich arbeite, nicht unterbrechen, um ganze Tage an der Korrektur der französischen Übersetzung zu arbeiten. Ich erledige bloß ein paar Seiten täglich in meiner Freizeit . . . Wenn dadurch die Herausgabe verzögert wird, kann man eben nichts machen.

Im gleichen Brief erzählte er Sperber von dem Buch, mit dem er so schlecht vorankam:

> Das Buch, an dem ich arbeite, ist eine Sammlung von Essays der letzten zwölf Jahre, und drei Originalessays kommen noch dazu:

*The Anatomy of Snobbery, The Conversion of Jewry** und *The General Absence of Values, or The Approaching End of the World.* Letzterer wird sehr lustig sein, da ich auf dieses Ende der Welt mit wachsender Ungeduld und Heiterkeit warte.

Tatsächlich sollte dieser Essay als *Trail of the Dinosaur* der Sammlung den Titel geben. (Sperber schrieb er, es würde jene, die es lesen, »schnellstens in den Selbstmord treiben«.) An der *Anatomie des Snobismus* hatte er einen Tag lang gearbeitet, ehe er Ischia verließ.

In einem anderen Brief an Sperber bat er, ihm ein Exemplar von Simone de Beauvoirs neuem Roman *Le Mandarins* zu schicken: »Die Leute sagen, er enthält ein gehässiges Porträt von mir, und eine vulgäre Neugier veranlaßt mich, es einmal durchzublättern.«

In diesem Herbst enthielt die Post den üblichen Stoß von Leserbriefen, wobei ein Leser ihm dankte, daß er ihm »in einer Zeit des Trübsinns und der Niedergeschlagenheit Mut gemacht habe«. Ein anderer verglich ihn mit Orwell. »Vielleicht ist das, was ich bei Ihnen finde, bei Orwell aber nicht, Ihre fast überwältigende Menschlichkeit«, schrieb er und beklagte sich über Orwells »unterdrückten Utopismus« und »fehlende Toleranz«. Arthur verteidigte seinen alten Freund:

Ich glaube, Sie sind zu streng mit Orwell. In *The Lion and the Unicorn* zum Beispiel liefert er ein wohldurchdachtes, konstruktives und gar nicht utopisches Programm für eine nicht existierende, spezifisch englische sozialistische Bewegung. Seine chronische Krankheit machte ihn ungeduldig und reizbar gegenüber Dummköpfen, aber er besaß unendlich viel Güte und sogar Sanftheit, die ich bewunderte und um die ich ihn manchmal beneidete.

In seiner Antwort auf einen Fan-Brief zu *Gottes Thron steht leer* spürt man den Stachel der Ironie:

Ich stimme mit Ihnen überein, daß es leichter ist, ein »gefallener Engel« unter Katholiken zu sein als unter Kommunisten. Doch das war nicht immer so, und es erhebt sich die Frage, ob es im gleichen

* Erhielt später den Titel *Judah at the Crossroads.*

Maße der Fall wäre, wenn die Kirche ebenso viel Macht ausübte wie der Kreml. Und alles in allem sind dreißig Jahre in einem arktischen Arbeitslager immer noch der ewigen Verdammnis vorzuziehen.

Im September fragte er mich in einem Brief, wann mein geplanter Besuch in London stattfinden würde, doch ich hatte die Frage bereits in einem Brief, der sich mit seinem kreuzte, beantwortet. »Vergiß nicht, daß ich im nächsten Jahr nach Europa komme. Meine Anlaufhäfen werden Gibraltar, Neapel, Cannes, Paris, England sein, also sollte ich einigermaßen in die Nähe der Plätze kommen, wo Du dich aufhalten wirst.«

Er erwähnte in einem Brief, er habe endlich »eine nette Sekretärin gefunden. Sie beherrscht keine Rechtschreibung und stenographiert elend, aber sonst ist sie sehr angenehm.« Ich erwiderte, daß ich entzückt sei, »obwohl Deine arme alte Exsklavin beim Lesen solcher Neuigkeiten nicht anders konnte, als ein paar Stiche Eifersucht zu spüren.«

Das Jahr 1955 begann er wie gewohnt mit einem »gigantischen Kater«; er kämpfte dagegen an, indem er am Neujahrstag Briefe beantwortete, wohl um seine Schuldgefühle und Selbstzweifel, die nach Rache schrien, in Schach zu halten.

Am 10. Februar beendete er *The Trail of the Dinosaur (Die Spur des Dinosauriers);* im Vorwort nahm er Abschied von der Politik: »Die Fehler sind gebüßt, die bittere Leidenschaft von selbst ausgebrannt; Kassandra ist heiser. Es wird Zeit, daß sie ihren Beruf wechselt.«

Am 4. Februar hatte er an Rebecca West geschrieben: »Ich wende mich jetzt mit kolossaler Erleichterung einem riesigen und gelehrten Wälzer aus dem 17. Jahrhundert zu – eine Art Fünfjahresplan.«

Er führte das in einem Brief an Manès Sperber näher aus, dem er mitteilte, er werde jetzt sein »*chef d'œuvre* schreiben, eine Biographie über Johannes Kepler, die ich seit ungefähr zwanzig Jahren geplant habe, und ich hoffe, damit fertig zu sein, ehe ich senil werde.«

Seine Tagebucheintragung vom 21. Februar lautet: »Fast den ganzen Tag in der Londoner Bib(liothek)«, und am

1. März: »Endlich richtiges Studium zum Thema Kepler.« An Veronica Wedgewood schrieb er:

> Übrigens, ich habe eine Dreiecksbiographie über Kepler, Galilei und Bruno begonnen. Wenn Sie mir in nächster Zeit einmal eine halbe Stunde widmen können, würde ich gerne bei einem Drink Ihre Kenntnisse ausbeuten, nicht wegen der betroffenen Personen, sondern über Hintergrundmaterial.

In Wirklichkeit wurde Giordano Bruno (den er in *Die Spur des Dinosauriers* ein *enfant terrible,* den Bertrand Russel seiner Ära nannte) als eine Hauptfigur des neuen Buches fallengelassen. Stattdessen waren es Kopernikus, Kepler und Galilei; gemeint ist hier selbstverständlich das Buch *The Sleepwalkers (Die Nachtwandler).*

An mich schrieb er: »Ich fange ein neues Buch an – ins 17. Jahrhundert versetzt und sehr aufregend; aber es wird zumindest einige Jahre dauern, bis es fertig ist. In dieser Zeit brauche ich jemanden, der mich aushält. Kennst Du vielleicht eine ältere brasilianische Witwe?«

Ich antwortete zweieinhalb Monate später, daß ich hoffe, »der Roman macht gute Forschritte« (denn damals dachte ich, nur ein Roman könne »sehr aufregend« sein). Am Schluß des Briefes flehte ich ihn an, nicht nach einer älteren brasilianischen Witwe Ausschau zu halten. Von all seinen Freundinnen war mir Sarah die liebste, und ich hoffte, er würde sie heiraten.

An diesem Wendepunkt seines Lebens überlegte er tatsächlich, noch einmal zu heiraten; er hatte sogar einen Heiratsantrag gemacht, obwohl er gar nicht dazu in Stimmung zu sein schien. Vier Tage später hatte er den ersten Streit mit seiner Verlobten, »weil sie nicht an der Diskussion teilnahm«.* Er war selten anders als »sehr gereizt«, bis er eines schrecklichen Tages klagte: »Gereiztheit am Höhepunkt angelangt.«

Am 2. März war er »wieder gereizt«. Er verbrachte den Abend mit Freunden (»Dinner-Krach«), und die Notiz im

* D. h., weil sie sich bei Tisch einem Gast zuwandte und ein kleines Privatgespräch führte, statt sich an dem Seminar zu beteiligen, in das er seine Dinner-Parties gerne verwandelte, um aus allen Gästen das Maximum herauszuholen.

Tagebuch endete mit den Worten: »Entdeckte aber K = K!«
Was hatte ihn so aufgeregt? Das Geheimnis dieser magischen Formel wird am nächsten Tag enthüllt. »Beglücktes Lesen über K.« Kepler war seit seiner Jugend einer seiner Helden gewesen, doch erst jetzt, als er diese lang hinausgeschobene Biographie zu schreiben begann, entdeckte er in ihm eine verwandte Seele. Tatsächlich mußte er zur Zeit seiner »magischen Formel« das Horoskop gelesen haben, das Kepler sich selbst stellte; Arthur nannte es »ein einzigartiges Dokument, eine Selbstanalyse, die schonungsloser war als die von Rousseau.«

* * *

Als Mamaine starb, wandte Arthur sich hingebungsvoll ihrer Zwillingsschwester zu. Celia hatte kurz nach Mamaines Tod wieder geheiratet. Ihr Mann, Arthur Goodman – ein Katholik von eklektischer Denkweise – war früher Diplomat gewesen und arbeitete jetzt in der City. Arthur verbrachte viele Wochenenden in ihrem Haus in Hampshire. Er war ständig um Celia besorgt, denn wie ihre Schwester litt auch sie an Asthma und war manchmal schwer krank. »Telephonierte mit Dr. M. bez. Celia«, schrieb er in sein Tagebuch. Und dann: »Celia geht es *viel* besser.«

Als er im Februar bei ihnen zu Besuch weilte, erfuhr er, daß sie schwanger war. So sehr er Celias Mann mochte, fürchtete er doch, daß das Leben dieses kostbaren Zwillings durch eine Geburt gefährdet sein könnte. »A. war gerade auf der Jagd, als wir ankamen. Celia im Bett. Sie mag Ananas; & obendrein schwanger. Warum *kauft* er ihr denn keine!« entrüstet er sich voll Ärger in seinem Tagebuch.

Er kaufte ein Paddelboot, das er *Blue Arrow* nannte. Es war fast achtzehn Fuß lang, zerlegbar, und man konnte es auf dem Gepäckträger des Autos befestigen. Mit seiner gegenwärtigen Verlobten verbrachte er mehrere Wochenenden am Fluß Wey und am Frensham-Teich in der Nähe der Goodmans oder an der Themse. »Herrliches Paddeln in Shepperton«, schrieb er.

Anfang April verbrachte er ein *sombre dimanche* mit seiner Verlobten: »Trinken, schlafen, streiten, weinerliche Psychoanalysen«. Am Montag fühlte er sich deprimiert. Das unglückselige Ende war absehbar – es war nur eine Frage der Zeit. Am Mittwoch, dem 13. April, »begann ich tatsächlich zu schreiben ›Watershed‹«* (Die Wasserscheide). Am Donnerstag arbeitete er bereits »wie ein Irrer«. Freitag war ebenfalls »ein guter Arbeitstag«. Das Wochenende stand unglücklicherweise drohend vor ihm, und er war nur allzu bereit, sich von seinem Schreibtisch weglocken zu lassen. Er verbrachte das Wochende mit Freunden in Chiswick, »Paddeln mit einem Haufen Kinder«.

»In diesem Menschen«, schreibt Kepler, »gibt es zwei einander entgegengesetzte Neigungen: stets zu bereuen, Zeit vertan zu haben, und sie jederzeit bereitwillig zu vertun. Denn Merkur gibt einem die Neigung zu Vergnügungen, Glücksspielen und anderen leichten Freuden . . .«**

Als nächstes erhielt »Möbel umstellen« den Vortritt vor dem Buch und das mehrere Tage lang. Bilder mußten aufgehängt werden, eine unterhaltsame Beschäftigung, die Zollstock und Bleistift erforderte, um die genaue Höhe festzulegen. Aber es war zeitraubend; wenn er nämlich fand, daß ein Bild auch nur um eine Kleinigkeit zu hoch oder zu tief hing, mußte es heruntergenommen werden, und die ganze Prozedur des Abmessens und Nägeleinschlagens begann von neuem; manchmal wurde sie mehrmals wiederholt. Das führte schließlich dazu, daß er einen verstellbaren Bilderhaken erfand, für den er tatsächlich ein Patent anmeldete, und er war sehr stolz darauf, Mitglied des Instituts für Patentinhaber und Erfinder zu werden. Zu seiner Überraschung war aber nicht genügend Nachfrage vorhanden.***

Am 28. April schrieb er: »Bin mit der Arbeit gut vorangekommen – gerade vor meiner Abreise nach Berlin«, wo

* »Watershed« war der ursprüngliche Titel der *Sleepwalkers;* später wurde es der Titel des vierten Teils dieses Buches.

** In diesem Horoskop sprach Kepler meistens von sich selbst in der dritten Person.

*** Er war ein begeisterter, wenn auch erfolgloser Erfinder. Einmal demonstrierte er meiner Frau eine Vorrichtung, die er erfunden hatte, damit Löffel und Gabeln nicht in Teller und Salatschüsseln hineinfallen – d. Herausgeber.

er eine Vorlesung über die »Zweideutigkeit der Toleranz« halten sollte. Doch der wahre Grund seiner Reise nach Deutschland war der Besuch von Weil-der-Stadt, dem Geburtsort Keplers. In *Die Nachtwandler* gibt es eine lebhafte Schilderung seiner Eindrücke. In der Stuttgarter Bibliothek lernte er Dr. Franz Hammer kennen, den engagierten Herausgeber der *Gesammelten Werke* Keplers. Franz, seine Frau Esther und Arthur sollten Freunde fürs Leben werden, und sie verbrachten viele Stunden damit, über Kepler zu diskutieren, als wäre er ein eigenwilliger gemeinsamer Freund, mit dem sie oft zusammen waren.

Im Juni dacht er daran zu heiraten, diesmal etwas ernsthafter. Die Kandidatin hatte braunes Haar, ein blasses, ausdrucksvolles Gesicht und eine wunderbare Figur. Vielleicht sprach ihn auch ihr depressives Wesen an und überdies eine gewisse Ähnlichkeit mit Mamaine.

Er faßte die ersten, tastenden Versuche in seinem Tagebuch zusammen: »Erfolglos«. Später dachte er an eine psychiatrische »Behandlung, um zum Heiraten tauglich zu werden«. Aber sie sagte, »ich solle mich nicht ändern. Sie hat keine Ahnung.« In deprimierter Stimmung schickte sie ihm einen Brief. »Sie zieht sich zurück«, schrieb er gegen Ende des Monats in sein Tagebuch.

Über »die Krise bez. Frauen« hatte er im Monat der Selbsterforschung letzten Sommer in den Dolomiten notiert: »Ich kann weder allein noch mit jemandem zusammenleben. Es stimmt, daß ich mir immer den gleichen Typus ausgesucht habe: schöne Aschenbrödel, infantil und gehemmt, läßt sich durch Einschüchterungen tyrannisieren. Aber diese Erkenntnis löst das Problem nicht.« Etwas später klagte er: »Frauen haben es gern, wenn ein Mann Selbstvertrauen hat – auch wenn es zu Unrecht so ist oder auf die falsche Weise; das ist die Schwierigkeit.« Und bei einer anderen Gelegenheit: »Ich bin so leicht zufriedenzustellen – & so leicht unzufrieden.«

2

In jenem Sommer 1955 fuhr der Dampfer *Saturnia* von New York aus hinüber zum Mittelmeer. Auf der Reise erlag ich dem Charme eines Journalisten aus Genua, doch er nahm mich überhaupt erst zwei Tage, bevor ich das Schiff in Cannes verließ, zur Kenntnis. (Ich muß ihm Arthurs Telephonnummer gegeben haben, denn er rief mich über zwanzig Jahre später, als er nach London kam, vom Heathrow-Flughafen an – eine rührende Erinnerung an einen Flirt auf See.)

Meine Mutter, hyazinthen- und lavendelfarben gekleidet, erwartete mich in Cannes. Nachdem sie mich geküßt hatte, betrachtete sie kurz mein Kleid und äußerte sich entsetzt über mein gebräuntes Gesicht. Man soll sein Gesicht stets vor der Sonne schützen, sagte sie.

Ich war noch nie am Mittelmeer gewesen, und der Strand von Cannes mit seinen endlosen Kolonnen dick eingeölter sonnenverbrannter Körper gefiel mir gar nicht. Doch ich ging Tag für Tag hin, aus Angst, meine Bräune zu verlieren.

Am Erinnerungstag des Sturms auf die Bastille hielt mich nachts das weit entfernte Geschrei der Nachtschwärmer und das Knallen von Feuerwerkskörpern wach; ich dachte an das erste Kapitel von *Gottes Thron steht leer* und überlegte, wie Arthur wohl den vierzehnten Juli verbracht hätte, falls er in Cannes gewesen wäre – ganz gewiß nicht allein in einem muffigen Hotelzimmer. An demselben vierzehnten Juli schickte er mir eine Postkarte: »Willkommen in Europa! Bin noch in London – arbeite an zwei Büchern gleichzeitig; werde nicht vor Ende August wegfahren können. Amüsier Dich und laß mich wissen, wann Du ankommst. Alles Liebe – Ex-Boss.«

Wie konnte er an zwei Büchern gleichzeitig arbeiten? An dem Tag, als er die Postkarte abschickte, rief er Victor Gollancz an und vermerkte in seinem Tagebuch: »*Kreuzzug geg. Todesstrafe begonnen.*«

John Grigg sollte fünfundzwanzig Jahre später in *Astride the Two Cultures* schreiben:*

Arthur erschien die Zeit reif für einen Frontalangriff gegen die Einrichtung der Todesstrafe in England. Im Sommer 1955 trat er

* Eine Festschrift mit mehreren Autoren zu Ehren von Koestlers 70. Geburtstag – d. Herausgeber.

an Victor Gollancz mit dem Plan heran, gemeinsam eine nationale Kampagne zu organisieren. Gollancz war nie sein enger Freund gewesen, aber er hatte Arthurs erstes Buch in englischer Sprache, *Spanish Testament*, publiziert, und sie hatten als Zionisten zusammengearbeitet. Arthur bewunderte Gollancz' Enthusiasmus und seine Tapferkeit als Impresario einer guten Sache. Ihre gemeinsamen Anstrengungen für die »Abschaffung« sollten sich als fruchtbar, wenn auch konfliktreich, erweisen.

Am 25. Juli schrieb Arthur in sein Tagebuch: »Arbeite ausschließlich an ›Reflections‹. Kepler aufgeschoben. Cynthia kommt.«

Ich rief Arthur sofort an, und er lud mich für den nächsten Abend um sieben Uhr zum Montpelier Square ein. Ich wünschte mir, es wäre schon morgen. Ich konnte nicht schlafen und stellte mir zum Zeitvertreib vor, wie der Abend verlaufen würde. Nach zwei vollen Jahren hatte er sich bestimmt enorm verändert, dachte ich.

Endlich stand ich vor dem Haus. Ich drückte auf den Klingelknopf und wartete; dabei starrte ich wie hypnotisiert auf die Eingangstür.

»Hallo«, sagte eine lässige Stimme über meinem Kopf. Erstaunt schaute ich nach oben. Arthur stand auf dem Balkon im ersten Stock. Er lächelte mich nicht gerade strahlend an, aber er schien gut gelaunt und völlig unverändert.

Innerhalb der Mauern von »Bachelor's Fortress« herrschte eine heitere Atmosphäre. Seine Untermieterin im Souterrain, Anne Keay, war gerade auf einen Drink bei ihm zu Besuch. Sie titulierten einander mit Hausherr und Untermieterin. Nach ein paar Minuten kam seine hübsche junge Sekretärin mit Briefen zum Unterzeichnen herein. Sie lachte vergnügt über einen seiner Scherze und beobachtete mich, ob ich mich auch an dem Spaß beteiligte.

Das Wohnzimmer hatte den Charakter eines französischen Salons verloren. Auf dem Parkettboden lag ein Spannteppich, und L.s zartgelbe Vorhänge waren durch ein gedämpftes Streifenmuster ersetzt.

Später lud er mich zum Dinner ein. Kaum waren wir auf der Straße, sagte er mir auch schon offen seine Meinung über meinen amerikanischen Akzent. Dafür, daß er ohne Begleitung völlig falsch sang, ahmte er mich plötzlich mit unheimlich gutem Gehör nach. *Largical*, sagte er spöttisch. Zweifellos sprach ich das Wort *logical* zu gedehnt aus. Leicht nervös versuchte ich, mit ihm Schritt zu halten, doch nach ein paar großen Schritten mußte ich hüpfen und springen, um ihn einzuholen. Er sagte zwar nichts, doch es schien ihn zu stören, wenn ich aus dem Tritt kam.

In einem spanischen Restaurant gegenüber der Rückseite von Harrods erzählte er mir von der Kampagne gegen die Todesstrafe und über *Reflections on Hanging*. Ich erinnerte mich an einen düsteren Morgen Anfang 1953, als Bentley um 9 Uhr gehängt wurde, und ich erinnerte mich auch an den fahlen, verzweifelten Ausdruck in Arthurs Gesicht.

Er wollte gleich wissen, was ich über die Abschaffung der Todesstrafe dachte. Natürlich sei ich dafür, antwortete ich, aber sollten bestimmte berechnende, kaltblütige Mörder nicht doch gehängt werden? Solche Fälle gäbe es äußerst selten, erklärte er mir geduldig. Was Mörder wie Christie und Heath betrifft – die waren geisteskrank. Der Galgen sei eine archaische Einrichtung, man muß ihn abschaffen. Ich ließ mich rasch überzeugen.

Er »brannte darauf, (das Buch) zu schreiben«, doch könne er es nur mir diktieren. Er meinte, bis Anfang September fertig zu sein. Dann mußte ich ja wieder in New York arbeiten. Doch hatte ich versprochen, den August mit meiner Familie in Portland zu verbringen; das gab ich ihm zu bedenken. Den ganzen Monat? Er schien erstaunt über solch eine »Spinnerei« – eine Woche müßte doch genügen. »Ach, ich kann meine Leute doch nicht im Stich lassen«, erwiderte ich bekümmert. Mir fehlte Arthurs beängstigende Flexibilität, die es ihm ermöglichte, in der Mitte des Flusses die Richtung zu wechseln. »Du wirst ohnehin nur Streit haben«, sagte er. Ich gab bald nach – wie konnte ich auch anders? –,und mein Urlaub in Portland wurde drastisch auf fünf, genauer gesagt, auf viereinhalb Tage reduziert.

Nach dem Essen erzählte er mir das Neueste über L. Kurz nach der Auflösung ihrer Beziehung hatte sie ihm geschrieben, daß sie schwanger sei. Sie brachte eine Tochter zur Welt. Der Gedanke, daß Arthur Vater war, amüsierte mich ein bißchen – besonders weil er der Vater eines Mädchens sein sollte.

Als wir wieder am Montpelier Square anlangten, kam es mir wie die Rückkehr in eine Vergangenheit vor, die unverändert geblieben war. Ich wußte, Arthur wünschte um meiner selbst willen nicht, daß ich zu sehr an ihm hing, und ich hatte mein Bestes getan, um unabhängig zu werden, hatte einen interessanten Job bei Ely Culbertson, eine Wohnung in New York mit Blick auf Sutton Gardens, die ich liebte, und sogar einen amerikanischen Freund. Trotzdem hatte ich mich, während ich fort war, danach gesehnt, ein wenig Einblick in sein Leben zu haben. Ich hatte versucht, es mir vorzustellen, doch wenn ich es heraufbeschwören wollte, entwischte es mir ebenso wie sein Gesicht – einer dieser perversen Streiche unserer Phantasie.

Der erste Abend mit ihm bei meinem Besuch in London war voller Überraschungen, eigentlich war das zu erwarten gewesen. Ich war wieder in einen Wirbelsturm geraten. Nicht vorauszusehen war, wohin er mich treiben würde, und ich wünschte mir eigentlich nichts anderes, als die nächsten paar Wochen in diesem Tumult zu verbringen.

Als ich Sonntag morgen zur Arbeit erschien, teilte Arthur mir mit, daß L. in London sei. Sie war von Paris herüber geflogen, um sich mit ihm zu treffen – seit der Geburt des Kindes hatten sie einander nicht mehr gesehen. Er hatte mir einige Schnappschüsse vom Baby gezeigt. Er bewahrte sie in der untersten Schreibtischlade auf. Ich erblickte ein rundliches, zufriedenes Kind von drei Monaten, dessen Lächeln mir nicht fremd war. L.s Ehemann hatte das Kind bereitwillig anerkannt.

L. versuchte, Arthur zu einer heimlichen Zusammenkunft in einen Pariser Park zu locken, in dem die Kinderschwester das Baby täglich spazierenführte. Bereits die bloße Vorstellung, wie Arthur sich im Park über einen Kinderwagen beugte, brachte mich zum Kichern. Da er auf die Erziehung des Kindes keinen Einfluß haben würde, hielt er es nicht für richtig, es sich anzusehen, und das hatte er L. mitgeteilt. Sie solle heute zum Mittagessen kommen, sagte er, und er wolle nicht mit ihr allein sein., »Habe sie ins ›Dorchester‹ verfrachtet«, schrieb er in sein Tagebuch.

Wir saßen zu dritt in der Sonne auf dem Terrassengarten im ersten Stock. Sie wirkte unglücklich und verwirrt. Ich spürte, wie ihr Blick kurz auf mir lag, und er schien zu sagen: »Wie konnte er nur *so tief* sinken!« Ich überlegte hin und her, was Arthur an ihr gefiel, besonders im Vergleich zu Mamaine. Ihre Kleidung sollte dezent wirken – und war doch in einer unterschwelligen Weise aufdringlich. Wieder einmal überlief mich eine Welle von Eifersucht. Nach diesem unangenehmen Zusammentreffen kehrte sie nach Paris zurück.

Arthur notierte in sein Notizbuch einen anderen Eindruck von L.s Besuch. Er hatte ihn »sehr erschüttert«. »Sie sah so wunderschön & traurig aus«, schrieb er, von Mitleid erfüllt. »Kann nicht begreifen, warum ich darauf bestand, daß sie im Dorch(ester) wohnt. (Das Kind) sieht wirklich süß aus. Vergebe ich meine letzte Chance?«

3

Während Arthur *Reflections on Hanging* diktierte, kauerte ich in einem Lehnstuhl neben dem Kamin seines Arbeitszimmers. Jede noch so kleine verfügbare Fläche war mit Büchern beladen, offen daliegend oder übereinandergestapelt, voll mit Lesezeichen – Fidibusse in grellen Farben, die er bei Woolworth zum Feueranzünden kaufte. Immer wieder schlug er diese Stellen nach – ein ziemlicher Jongleurakt bei so vielen Büchern –, während er Kapitel I, »The Heritage of the Past«, diktierte. Wir lebten in einer Welt der Galgen und Pranger, die in der Landschaft des frühen 19. Jahrhunderts ein alltäglicher Anblick waren, »knarrend und ächzend von den Leichen der Verbrecher«. Er hatte mich davor gewarnt, daß mir Teile des Buches auf den Magen schlagen würden. Manchmal wurde er blaß, wenn es um die physiologischen Fakten des Hängens ging und sah mich an, ob ich es aushielt. Gewiß ist er gewöhnt daran, dachte ich. Beim Mittag- und beim Abendessen bemühte ich mich, nicht an verfaulende Leichen zu denken.

Obwohl man in England entsetzt war, als Ruth Ellis zum Tod durch den Strang verurteilt wurde – sie war die letzte Frau, die in England gehängt wurde, weil sie in einem Anfall von Eifersucht ihren Liebhaber erschossen hatte –, stand doch der Großteil der nationalen Presse hinter der Todesstrafe. Der *Observer,* der *Manchester Guardian* und die *Yorkshire Post* zählten zu den wenigen Ausnahmen. Ich zitterte, als ich die Kommentare in der *Times* las – wie konnte das Meinungsklima überhaupt verändert werden? Doch ich genoß Arthurs Angriffe auf die Bollwerke des Establishments und insbesondere auf die Galgenrichter. Sein *bête noir* war der *Lord Chief Justice* selbst. Arthur schrieb:

Ich empfinde keine persönliche Animosität gegen den *Lord Chief Justice* Rayner Goddard. Doch als der höchste Richter im Königreich ist er das Symbol der Macht, und seine Auffassungen, die ich öfters zu zitieren Gelegenheit haben werde, wiegen ungeheuer schwer in der Debatte über den Tod durch den Strang.

Er hatte beabsichtigt, das Buch kühl und objektiv zu schreiben, doch es wurde ganz anders. Wäre er doch nur ein bißchen distanzierter, dachte ich manchmal. Diese ganze aufgestaute und verdrängte Leidenschaftlichkeit wirkte wie ein Faustschlag auf meinen Solarplexus. Er schrieb sich in der ersten Fassung zum Teil frei davon und milderte sie später. Doch wie heißt es im Vorwort:

1937, im spanischen Bürgerkrieg, verbrachte ich unter dem Verdacht der Spionage drei Monate in der Todeszelle; ich war Zeuge bei der Hinrichtung meiner Mithäftlinge und wartete auf meine eigene. Diese drei Monate hinterließen in mir ein tiefes persönliches Interesse an der Todesstrafe . . . Ich werde niemals wirklich Ruhe finden, bis der Galgen abgeschafft ist. Ich habe meine innere Anteilnahme offen zur Sprache gebracht. Sie färbt auf die Argumente in diesem Buch ab, beeinflußt aber nicht die Tatsachen: Es sind die Tatsachen, die den Inhalt dieses Buches ausmachen.

»Arbeit, Arbeit, Arbeit«, schrieb er in sein Tagebuch. Das Buch wuchs sich zu einer fixen Idee aus.

Als er das Kapitel »Free Will and Determinism or the Philosophy of Hanging« abschloß – er bezeichnete es als das schwierigste – hatte er das halbe Buch geschafft. Er war wie besessen, das Thema war immer in seinem Kopf. Wenn wir in ein *pub* gingen, um etwas zu trinken, fing er eine Diskussion mit dem Kneipenbesitzer an – vielleicht auch eine Art, die Hand an den Puls der Nation zu legen. Alle Kneipenwirte waren für die Todesstrafe – genau darauf hoffte Arthur natürlich –, aber dann brachte er eine teuflisch gut durchdachte und objektive Verteidigung der »Abschaffung« vor. Obwohl es ihm nie gelang, auch nur einen reaktionären Pub-Besitzer zu bekehren, gab er die Hoffnung nie auf. Selbst am Ende eines langen Arbeitstages verfolgte ihn die Manie, und die Abende wurden dazu verwendet, mir Notizen für die Arbeit am nächsten Morgen zu diktieren. In diesem gesteigerten Zustand der Sensibilität schienen alle seine Ideen auf fruchtbaren Boden zu fallen und aufzublühen. Eines Abends beschloß er, einen fiktiven Dialog zwischen einem jungen Verteidiger der »Abschaffung« und einem weisen alten Galgenrichter zu erfinden. Im Licht des nächsten Tages verwarf er den Einfall; die Seiten, die er mir diktiert hatte, wurden zerrissen.

In sein Tagebuch schrieb er: »Manie auf dem Höhepunkt.« Er konnte nicht aufhören, über die Todesstrafe zu reden und zu lesen, wenn er nicht gerade darüber schrieb. Spätabends diktierte er mir das Buch im Halbschlaf weiter. Ich gab mir große Mühe, seine Worte, so wie sie aus ihm herausströmten, im Gedächtnis zu behalten – hier und da unterbrochen von »Punkt«, »Strichpunkt« oder »Neuer Absatz«. Wenn ich ihm am nächsten Morgen meine Erinnerungen wiederholte, stellten sie sich als Kauderwelsch heraus; doch mitten in der Nacht war mir alles äußerst wichtig erschienen.

Arthur nannte diese gemeinsame Besessenheit eine *folie à deux*. Damals begann ich, wie er es nannte, sein »Junior-Partner« zu werden, wenn es mir auch nicht bewußt war.

Eine Hitzewelle hatte eingesetzt. Vom Fenster des Arbeitszimmers aus, das über die Wipfel der Platanen blickte, war ein rechteckiges Stück Himmel zu sehen, viel zu blau, um englisch zu sein. Es war heiß unterm Dach, und die Wände mit ihrer Täfelung aus Fichtenholz steigerten die Temperatur noch. Gelegentlich klang das ländliche Geräusch einer gurrenden Taube durch den Rauchfang direkt ins Zimmer. Dann sprang Arthur wütend auf und knallte mit dem Schürhaken gegen den Kamin. Die Stille, die darauf folgte, war oft nur kurz. Die Tauben schienen gern auf Arthurs Schornstein zu landen, und wenn er irgendetwas unerträglich fand, dann war es ihr sanftes Gurren.

Während der Hitzewelle begann er mit dem dritten Teil des Buches, »The End of the Nightmare«. Dieser Teil zeigte schonungslos den Widerstand der Gefangenen auf dem Weg zum Galgen; manche wurden »an einen Stuhl gebunden hingetragen« oder, »mit den Händen auf dem Rücken gefesselt, wie Tiere« zur Hinrichtungsstätte geschleift. Ich mußte unvermeidlich an eine Stelle in seiner Autobiographie denken, die er mir diktiert hatte und die eine seiner frühesten, im höchsten Maße traumatischen Erinnerungen betraf. Mit fünf Jahren wurden ihm in der Ordination eines Arztes in Budapest die Mandeln entfernt, ohne Anästhesie. Dieser Gedanke an den kleinen Koestler, dessen Arme und Beine mit Lederriemen an einem Stuhl festgebunden waren, hilflos, während er Blut schluckte und spuckte – dieses Bild war mein stiller Begleiter beim Schreiben von *Reflections on Hanging*.

Mitte August begann er sich Sorgen um Celia zu machen, die unmittelbar vor der Niederkunft stand. Er fürchtete, sie könnte einen Asthmaanfall bekommen und die Geburt nicht überleben. Mit seiner Angst steckte er mich an. Indem er die Tragödie von Mamaine noch einmal durchlebte, schien er als sicher anzunehmen, daß ihre Zwillingsschwester das gleiche Schicksal ereilen würde. In seinem Tagebuch schrieb er über die »Qualen«, die er Celias wegen durchmachte. Doch am 14. August bekam sie eine Tochter. »Geburt von Ariane«, schrieb er erleichtert in sein Tagebuch und trank zur eigenen Regeneration einen Brandy.

Eines Tages teilte er mir mit, daß eine italienische Ex-Freundin zu einem kurzen Besuch nach London gekommen sei. »Ich werde allein mit ihr essen gehen müssen«, sagte er, »armes Ding, sie hat eine elende Zeit hinter sich, und krank war sie auch.« Ob ich ihr nicht dort, wo ich wohne, für eine Nacht ein Zimmer besorgen könnte? Er konnte es nicht lassen zu erwähnen, daß er sie das erste Mal mit ihrem Verlobten in einem Restaurant in den Savoyer Alpen gesehen und sie ihm für eine Nacht abspenstig gemacht hatte.

Ich sah ihn vor mir, wie er, ziemlich braungebrannt, allein dasaß – die Wange auf seine linke Hand gestützt, wie auf manchen Fotografien zu sehen – und sie mit einem gewissen Ausdruck betrachtete, der Frauen vorbehalten war. »Wie hast du sie von ihrem Verlobten weggelotst?« fragte ich, aufgeregt über seine Heldentat. Ich konnte seine Antwort kaum verstehen. Verlegen murmelte er etwas über ihren Verlobten, der sie einen Augenblick allein gelassen habe. Dann tat er die ganze Angelegenheit ab.

Die schöne Paola war gar nicht arrogant, und ich mochte ihre direkte Art, als sie mir kräftig die Hand schüttelte. Sie sprach ausgezeichnet englisch.

Ich aß an diesem Abend in einem Restaurant in Knightsbridge, in dem pseudo-italienisches Essen serviert wurde. Arthur hätte nie ein solches Lokal betreten, sagte ich mir, und er hätte die wässrigen Ravioli, die ich aß, ganz gewiß nicht angerührt. Aber wässrige Ravioli waren eine Erleichterung nach den Mengen von rohem Knoblauch, Pfeffer und Paprika, die er verschwenderisch über alles streute, was seiner Meinung nach keinen Geschmack hatte.

Mein Zimmer war in einem nahegelegenen spätviktorianischen Haus, dessen Treppen und langen Korridore nur mit Brettern ausgelegt waren, die bei jedem Schritt knarrten. Als ich in dieser Nacht mein Licht abschaltete, war ich hellwach und wartete auf das Geräusch von Paolas Schritten. Doch da war nur unerträgliche Stille. Ich stellte mir das Kerzenlicht im Schlafzimmer vor und die nackte Lady von Civet, die über dem Kaminsims hing, in esotherisches Licht gehüllt . . . Am nächsten Morgen kam ich mir dumm vor wegen meiner plötzlichen Eifersucht. Ich war schließlich eingeschlafen und hatte Paola nicht kommen gehört, glücklicherweise hatte ich keine Ahnung, was sich wirklich abgespielt hatte.

* * *

Der Endspurt zur Fertigstellung des ersten Entwurfs von *Reflections on Hanging* dauerte bis zum 30. August. In sein

Tagebuch kritzelte er einfach »Arbeit« oder »dito«, abgesehen von der Erwähnung einer Cocktail-Party, zu der er »zu gehen vergessen« hatte. Beim Diktieren schritt er quer durch das Zimmer, immer auf und ab, von der Tür zum Kaminsims. Manchmal blieb er stehen und starrte, ohne etwas zu sehen, zum Fenster hinaus oder suchte in den Stößen von Büchern nach irgendeinem Hinweis. Wenn ich nicht gerade seine Worte mitstenographierte, betrachtete ich eine Teppichfaser, die Intarsien eines Möbelstücks oder die Lady über dem Kaminsims, die das Arbeitszimmer mit ihm teilte. Sie schien zufrieden.

Sobald der erste Entwurf fertig war, begann Arthur, ihn zu bearbeiten. Aber am Wochenende legte er eine Pause ein, die erste in zwölf Tagen, um paddeln zu gehen. Wir verließen London im offenen Wagen, überholten die anderen, oft begleitet von zornigem Hupen. Ich war genervt von Arthurs wahnwitzigen Überholmanövern bis zur Spitze der Autoschlange und von den geräuschvollen Reaktionen der anderen Autofahrer. Doch er konnte das Schneckentempo des englischen Durchschnittsfahrers der damaligen Zeit nicht ertragen. Warum kaufen sie sich keinen Esel? fragte er; es machte ihn fast wahnsinnig.

Als wir an den Fluß kamen, herrschte Frieden. *Blue Arrow* wurde ausgepackt und am Ufer zusammengebaut. Sehr bald sah er tatsächlich aus wie sein Name.

Am Montag, den 5. September war Arthurs 50. Geburtstag. Es überraschte mich, daß er daran gedacht hatte. In sein Tagebuch schrieb er: »Ach, nur einmal.« In düsterer Stimmung öffnete er die Telegramme, aber die Aussicht, die Arbeit zu schwänzen und zum Lunch auszugehen, erheiterte ihn doch. Kurz bevor wir hinausgingen, kam er die Treppen vom Arbeitszimmer herunter und wirkte ziemlich mitgenommen. Er erwähnte so nebenbei, er habe alle Telegramme verbrannt.

Wir aßen im ersten Stock bei Overton, einem Fischrestaurant in Victoria. Gegen Ende, als ich mir gerade wünschte, es würde immer so weitergehen, sah ich aus dem Fenster. Es regnete, die Menschen eilten auf den grauen Straßen, die grauer denn je aussahen im Kontrast zu dem tropischen Rot der Busse. Ich hoffte, Arthur würde nicht deprimiert sein, wenn er die Szene beobachtete. Er machte keine Bemerkung, schrieb aber ins Tagebuch: »Sehr bedrückt, trotz erstaunlich gutem Lunch bei Overton.«

Mein Abreisetermin nach New York war für Anfang September festgelegt, doch da Arthur immer noch intensiv an der letzten Fassung arbeitete, verschob ich ihn um zehn Tage. Ich war euphorisch; ich hatte noch zehn, ganze zehn zauberhafte Tage vor mir. Ich brauche wohl nicht zu sagen, daß sie wie im Flug vergingen. Wenn ich nur noch eine Woche bleiben könnte . . . es war ein sinnloser Gedanke – keine Zeit der Welt wäre lange genug gewesen.

An meinem letzten Sonntag fuhren wir nach Guildford, um das Kanu zu holen, das am Wey festgemacht war, und aßen abends mit Celia und ihrem Mann in deren Haus bei Farnham. Arthur hielt das winzige Baby Ariane im Arm und erklärte ihr ganz sachlich, daß er ihr Onkel Arthur sei. Ob sie wie Mamaine und Celia aussehen würde, wenn sie erwachsen war, fragte ich mich. Werde ich es je erfahren?

In diesem Sommer entdeckte ich, daß Arthur sich manchmal betrank. In all den Jahren, seit ich ihn kannte, hatte mich meine unkritische Haltung ihm gegenüber blind gemacht. Ich hatte nur bemerkt, daß er immer klarer wurde, je mehr er trank – das hatte ich noch bei niemandem erlebt. Aber der Abend, den wir bei Celia und Arthur Goodman verbrachten, endete überraschend.

Nach dem Abendessen fuhren wir nach London zurück. Wir kamen nicht weiter als bis zu einem Pub am Ortsende eines Dorfes namens Cricketer, wo wir uns einen schnellen Drink genehmigen wollten. Ein paar Leute aus dem Dorf tranken Bier mit dem Wirt. Natürlich brachte Arthur das Gespräch auf die Todesstrafe. Er hätte kaum ein anderes Thema wählen können, das so viel Interesse erweckte – abgesehen von Sex (tatsächlich erregt der Galgen oft die gleiche Art von unheimlicher Neugier). In dieser Hochburg von »Verfechtern der Todesstrafe« stürzte er sich mit erwartungsvoller Begeisterung in die Schlacht. Sehr bald wurde deutlich, daß er nichts erreichen würde, doch das war nur Nahrung für seinen unermeßlichen Drang, seine Gefühle mit anderen zu teilen. Etliche Runden später gingen wir zum Auto. Es war Mitternacht – lange nach der Sperrstunde.

Dieser Whisky war miserabel, sagte Arthur und versuchte, einen klaren Kopf zu bekommen. Wir kamen in dieser Nacht nicht bis London, sondern übernachteten unterwegs in einem schmutzigen kleinen Hotel. Arthur wurde von Alpträumen geplagt. Er rang nach Luft und zitterte, schrie plötzlich auf, dann murmelte er etwas. Die Schreie verstummten, kamen wieder, als wäre er von allen Furien gejagt, dann verstummten sie abermals. Nach dieser Nacht auf einem kahlen Berg fuhren wir schweigend im offenen Wagen durch die öden, von der Sonne beschienenen Vororte zurück zum Montpelier Square.

Zwei Tage vor der Abreise ging ich mit Arthur ins *Old Bailey* zu einem Mordprozeß. Der Angeklagte Donald Brown, neunzehn Jahre alt, hatte einen älteren Tabakhändler in seinem kleinen Laden getötet und die Kasse ausgeraubt. Der Gerichtssaal war fast leer, denn der Fall war alles andere als eine Sensation. Dennoch schien es befremdend, daß die Verhandlung von Schnarchtönen begleitet war – makaber, wie Arthur das nannte. Der ältliche Beamte, der dafür verantwortlich war, saß in der Nähe des Richters, man hatte ihn einmal sanft an der Schulter gerüttelt, doch bald verfiel er wieder dem Schlaf, und diesmal ließ man ihn in Frieden.

Als die Geschworenen den Angeklagten für schuldig befanden, wurde der Beamte, der so beharrlich geschnarcht hatte, plötzlich lebendig und spielte nun die ihm in der Szene zukommende Rolle. Er übergab dem Richter die schwarze Kappe, der sie sich auf die Perücke setzte und das Todesurteil aussprach. Dem Angeklagten wurde mitgeteilt, er werde am Hals aufgehängt, bis der Tod eintrete, und seine Leiche werde zur Beerdigung auf das Gefängnisgelände gebracht. Der Jugendliche, der vor der Anklagebank stand, während die Gefängniswärter hinter ihm saßen, blickte betäubt und ein wenig trotzig zu Boden. »Schrecklich«, schrieb Arthur in sein Tagebuch. Später erzählte er mir erleichtert, daß Donald Brown begnadigt worden sei.

Wir schufteten bis zum letzten Augenblick an dem Buch. Es war noch nicht fertig – zwei Kapitel waren noch zu bearbeiten, das Vorwort mußte noch geschrieben werden. Am Tag vor meiner Abreise schrieb Arthur in sein Tagebuch: »Abreise Depression crescendo.« Hätte er mir das gesagt, ich hätte ihm nicht geglaubt.

Am nächsten Tag arbeiteten wir bis zur Mittagszeit und veranstalteten ein Abschiedsessen in der Küche – Hummer von Burkett, dem Fischgeschäft um die Ecke, wo man steife Strohhüte trug, dazu Weißwein. Dann brachte Arthur mich, »mit Blumen überhäuft«, wie er sich recht spaßig im Tagebuch ausdrückte, in mein Hotel. Ich war in einer seltsam gehobenen Stimmung, als wir uns am Hoteleingang verabschiedeten. Eine innere Kraft schien durch meine Adern zu fließen, die elektrisierend wirkte. Ich sah dasselbe Gesicht, das siebeneinhalb Wochen vorher vom Balkon am Montpelier Square auf mich heruntergeblickt hatte. Diese zwei Momente blieben wie Fotografien in meinem Gedächtnis. Ich hüpfte die Treppen hinauf, immer zwei Stufen auf einmal nehmend. Den Rest des Tages wirbelte mein Herz zwischen Lust und Leid hin und her. Ich muß damit aufhören, dachte ich, sonst bleibt es stehen.

An Bord der *New Amsterdam* verbrachte ich die Reise damit, in meiner Koje zu lesen. Manchmal ging ich in den Speisesaal, doch ich konnte nichts essen, und das lag nicht an der stürmischen See. An einem trüben Morgen ging ich an Deck, und ein junger Mann von der Sorte, die eine Fliege trägt und jede Woche den *New Yorker* liest, machte sich an mich heran. Für mich war das alles belanglos.

»Spielen wir Telepathie«, sagte er. Da ich wußte, wie Arthur über dieses Thema dachte, spürte ich einen Funken Interesse. Wir setzten uns auf dem menschenleeren, windigen Deck an einen Tisch. »Ich werde etwas zeichnen,« sagte er, »und sie müssen erraten, was es ist.« Er schirmte ein Stück Papier mit der Hand ab, während er zeichnete, steckte es dann in seine Tasche und sah mich herausfordernd an. »Es ist ein Pferd«, sagte ich. Triumphierend schwenkte er die Zeichnung. Es war der Kopf eines Pferdes, eigentlich ein Pferd als Schachfigur.

Begeistert von diesem Augenblickserfolg schlug er vor, es noch einmal zu versuchen. Aber es funktionierte nicht noch einmal. Als er Telegraphenleitungen zeichnete, dachte ich an Kaninchen, die auf einem Feld umherhüpften. Ich kehrte in meine Kabine zurück.

Das Buch, das ich las – ich hatte es an einem Bücherstand in Southampton erworben – hieß *A Book of Trials – Personal Recollections of an Eminent Judge of the High Court.* Ich hoffte, etwas Interessantes für Arthur darin zu finden. Ich hatte einen Tagtraum – ich kehrte nach London zurück, um wieder für ihn zu arbeiten. Doch ich wußte, er wollte, daß ich vernünftig sei und mein eigenes Leben führe.

»Es war ein *wunderschöner* Sommer und furchtbar schwer, sich davon frei zu machen«, schrieb ich an ihn. Meine guten Vorsätze waren vergeblich – in diesem Brief erwähnte ich nicht weniger als viermal meinen Tagtraum, daß ich bald zurückkehren würde. Trotzdem war ich entschlossen, mich zusammenzunehmen. Wenigstens konnte ich mir eine Zeitlang vorstellen, wie er lebte: er schrieb *Reflections on Hanging* zu Ende; und wahrscheinlich besuchte er weiterhin seine Freunde, ging abends zum Essen aus, kaufte ein Bild oder ein *objet d'art* und verbummelte seine Sonntage mit irgendjemandem (obwohl ich daran lieber nicht denken wollte).

Als das Schiff im New Yorker Hafen einlief, erwartete mich mein Freund, der recht *simpatico* wirkte. Aber das berückende amerikanische Nachthemd, das er mir als Geschenk mitgebracht hatte, gefiel mir gar nicht.

4

Nach meiner Abreise hatte Arthur Schmerzen im Brustkorb, »wie eine Faust, die sich da drin herumdreht«. Er besuchte Freunde in ihrem Haus, heißt es weiter im Tagebuch, und bekam ein gräßliches Mittagessen, eine »bei lebendigem Leib verbrannte Artischocke« – eine typisch Koestler'sche Beschreibung. Er arbeitete weiter bis zum Ende der Woche, trotz eines rätselhaften Anfalls von Magengrippe, den er »dieser Artischocke« zuschrieb.

Manchmal hatte ich Arthur darüber klagen hören, daß seine Freunde nur einen »Koestler B« kannten – sie wüßten nichts über »Koestler A«. Sein Tagebuch berichtet in diesem Herbst über das Leben von beiden, ganz zu schweigen von einer Depression, die den »Tiefpunkt« erreichte.

Koestler B war nicht kontemplativ. Er liebte gutes Essen und Wein, Geselligkeit und Witz – in der doppelten Bedeutung des Wortes. »Ich vergeude meine Abende«, klagt er in einem Notizbuch von 1954, »doch ich brauche diese alkoholischen Abendinspirationen, obwohl die meisten von ihnen wertlos sind.« Alkohol, der Trost des Schriftstellers, konnte ihn zu einer blühenden Oase führen – oder zu einer Fata Morgana.

Koestler A war kein Hedonist. Er führte ein spartanisches Leben in seinem Arbeitszimmer im obersten Stockwerk zwischen seinen Büchern, mit liniertem Papier auf dem Schreibtisch. Wenn er morgens aufwachte, stand er sofort auf. Ich war erstaunt, daß es jemals eine Zeit gegeben hatte – er beschreibt sie in *Pfeil ins Blaue* –, während der er als Student »in einem zerdrückten Bett bis in den Nachmittag hinein . . . in einem Abgrund von Verworfenheit« herumgelegen hatte. Er ging in die Küche hinunter zum Frühstück und nahm sich kaum Zeit für einen bitteren schwarzen Kaffee und ein trockenes Stück Brot, das er mit Salz bestreute. Er ging wieder nach oben, voll Ungeduld, um das Vergnügen einer kalten Dusche zu erleiden. Vor neun Uhr saß er an seinem Schreibtisch – das Haar klebte, noch immer tropfnaß, an seinem Kopf – und nahm die Post in Angriff. Lange Briefe kamen in eine Mappe, um später gelesen zu werden, auf der Bank neben dem Schreibtisch lagen Stöße von Zeitschriften, Sonderdrucke über diverse Themen und Manuskripte anderer Autoren – der Lesestoff für das Wochenende. Nachdem die Schreibtischplatte leer war, wartete er hoffnungsvoll auf jenen inneren Frieden, der ihm das Schreiben möglich machte.

Wenn der Abend heranrückte, wandelte sich auch seine Stimmung. Das Zimmer wurde dunkel – mit Ausnahme der illuminierten Dame über dem Kaminsims und dem Lichtkreis über seinem Schreibtisch, an dem er beim Schreiben saß. Allein in diesem beglückenden Kokon von Dunkelheit und Stille fügten sich alle widersprüchlichen Elemente seines Wesens zu einem harmonischen Ganzen, und für die kurze Zeit war er »er selbst« – des Schriftstellers glückliches oder unglückliches Los.

Die Spur des Dinosauriers war gerade in England erschienen. Stephen Spender widmete ihm in einer Sonntagszeitung das, was Arthur als »gemeine erste Besprechung« im Tagebuch vermerkte.

Am 3. Oktober beendete Arthur *Reflections on Hanging* und schickte das Manuskript an Gollancz. Das fiel zeitlich mit einem zweiten rätselhaften Anfall von Magengrippe zusammen, der eine Woche anhielt (»Der Teufel soll sie holen«, schrieb er). Vielleicht ist das eine psychosomatische Schriftstellerkrankheit? Trotz alldem brachte er es fertig, innerhalb von zwei Tagen die seit drei Monaten vernachlässigte Korrespondenz zu erledigen; dazu arbeitete er an den Fußnoten und dem Anhang von *Reflections on Hanging.* Schließlich kehrte er zum fünfzehnten Jahrhundert zurück: »*Wieder bei Kopernikus*«, schrieb er erleichtert. Doch das war von kurzer Dauer.

»Schöner Sonntagmorgen mit Mozart und Weißwein«, schrieb er über ein Wochenende mit einer seiner schattenhaften Begleiterinnen. Am Nachmittag fuhren sie nach Oxford und besuchten einen »zum Selbstmord neigenden, mit Elektroschocks behandelten Hochschullehrer, Sammler von abscheulichen Teppichen und Büchern.« Bis zum Abend war Arthur bereits selbst deprimiert und, was seine Begleiterin betraf, ernüchtert.

In seiner besessenen Art klammerte er sich als nächstes an ein Mädchen, das er beim Abendessen mit jener »bei lebendigem Leibe verbrannten Artischocke« kennengelernt hatte. Sie war seit diesem Abend abhanden gekommen, und in ihrer Abwesenheit nahm seine Besessenheit zu. »Warte auf Kikuyus Anruf«, notierte er in sein Tagebuch. Obwohl sie einen keineswegs ungewöhnlichen englischen Namen hatte, nannte er sie Kikuyu, weil sie aus Kenia stammte, der Heimat des Kikuyu-Stammes. Nur als Scherz gemeint, war der Spitzname eine unheimliche Andeutung der Folter, die ihm bevorstand. »Platze vor Adrenalin, aber gleichzeitig muß ich über mich selbst grinsen«, kritzelte er. In dem Abschnitt über Humor in *Act of Creation* gibt es eine passende Beschreibung seiner unglücklichen Lage: »Die Marionette, die an Schnüren hängt, ist ein zeitloses Symbol – ein komisches oder tragisches – des Mannes als Spielzeug des Schicksals, ob er nun von den Göttern herumgestoßen wird oder an seinen eigenen Chromosomen und Drüsen hängt.«

Endlich läutete das »gesegnete« Telephon.

Am nächsten Tag besuchte er Celia, die nach einem Asthma-Anfall – dem zweiten innerhalb von drei Monaten – in einer Londoner Klinik lag; dann aß er mit Arthur Goodman zu Mittag, der »in einem Zustand von Verzweiflung« wegen ihrer gefährdeten Gesundheit war. Abends trafen sich Griselda und Louis Kentner – der ungarische Pianist –, Robin Maugham, Sir Richard Rees und die Kikuyu bei ihm zum Essen. Dieser Abend am Montpelier Square endete katastrophal. Robin Maugham unterhielt sich mit Kikuyu. In seiner dunklen und verwegenen Schönheit wirkte er fast zu charmant. Wütend über diesen unerwarteten Eingriff in seine Besitzerrechte »warf (Arthur) Robin auf die Straße«. Sein Schuldbewußtsein wegen dieser »unverzeihlichen und feigen Tat« verwandelte sich in Entsetzen, als er später erfuhr, daß das Opfer seines Gefühlsausbruchs eine Kriegsverletzung hatte, durch die er immer noch an Kopfschmerzen litt. Er schrieb einen gequälten Entschuldigungsbrief.

Das ganze Wochenende hielt Kikuyu sich bis zur letzten Minute von ihm fern. Jetzt war er verrückt nach ihr. In seiner Verzweiflung rief er das Mädchen an, mit dem er in der vergangenen Woche in Oxford gewesen war. Sie fuhren wieder nach Oxford, aßen mit sechs Studenten zu Abend und blieben über Nacht im Hotel. Als seine Begleiterin in einem anderen Schlafzimmer verschwand, verließ ihn seine Selbstbeherrschung zum zweiten Mal innerhalb von vier Tagen. In sein Tagebuch schrieb er, er sei »halb wahnsinnig« geworden, habe sie »furchtbar verprügelt« und »½ umgebracht«. Am Morgen fuhr er nach London zurück, um zu entdecken, daß die Souterrainwohnung seiner Untermieterin am Montpelier Square ausgeraubt worden war.

In dieser »Woche der Zusammenbrüche« kam er mit der Arbeit an Kopernikus nicht voran. Er hatte kaum damit begonnen, als er schon wieder unterbrochen wurde. Kronanwalt Gerald Gardiner hatte für Arthurs Verleger Gollancz *Reflections on Hanging* gelesen und hielt mehrere Passagen für beleidigend.

Gerald Gardiner, der später Lordkanzler wurde, war einer der Wortführer der Kampagne gegen die Todesstrafe. Sein eigenes Buch erschien ebenfalls bei Gollancz. »Diese zwei Bücher lieferten«, um John Grigg zu zitieren,« »jedes auf seine Art eine überwältigende Darstellung der Sache für die ›Abschaffung‹.«* Obwohl Gardiner leidenschaftlich gegen die Todesstrafe auftrat, war sein Stil kühl und neutral, und *Reflections on Hanging* war für die vorsichtige Haltung einer juristischen Denkweise zweifellos eine Herausforderung. »Von Gardiner veranlaßte letzte Korrektur fast fertig«, schrieb Arthur resigniert in sein Tagebuch. Er hatte zwei Wochen Arbeit für eine Sache aufgewendet, die er für eine Zeitverschwendung hielt.

Am 27. Oktober schickte er das endgültige Manuskript von *Reflections on Hanging* an Gollancz, und am gleichen Tag ging er noch in die Bibliothek des *British Museum,* um endlich den Faden seiner Arbeit über Kopernikus und Kepler wieder aufzunehmen. Er schrieb ins Tagebuch: »Hoffe, mich langsam von der Woche des Zusammenbruchs zu erholen.« Er sehnte sich danach, zum Schreiben zurückzukehren, zog sich jedoch nach kurzer Zeit eine »widerwärtige Erkältung« zu und wurde von einem seiner psychosomatischen Leiden geplagt – diesmal war es »Übelkeit«.

»Erkältung noch schlimmer«, notierte er und verbrachte die meiste Zeit im Bett mit der Lektüre einiger Biographien über Casanova; denn er spielte mit dem Gedanken, einen Essay über Casanova und Don Juan zu schreiben. Am 5. November lag er noch immer mit Fieber auf der Nase, hörte sich im Radio *Fidelio* aus Wien an, stand dann auf und besuchte ein paar Freunde.

»Danach völlige Leere – dann Telegramm an Cynthia.«

* *Astride the Two Cultures,* S. 126.

12

Zurück zum Square

1

In dem Telegramm erwähnte Arthur »neue Entwicklungen« und bat mich, nach London zurückzukehren und sechs Monate für ihn zu arbeiten. Dieser Blitz aus heiterem Himmel erregte mich, ich versuchte, mir die Bedeutung der »neuen Entwicklungen« vorzustellen, doch wie gewöhnlich reichte meine schwächliche Phantasie nicht aus.*

Eine Woche nach dem Telegramm kam ein Brief. Er begann mit den Worten:

Es gibt eigentlich nichts Geheimnisvolles. Das dicke Buch über Kopernikus, Kepler, Galilei etc. ist, wie sich herausstellt, ein Buch, das diktiert werden sollte, um mich zum Weitermachen zu zwingen, sonst würde ich fünf Jahre dazu brauchen ... Und da Du doch immer gesagt hast, wenn es Arbeit für Dich gäbe, würdest Du zurückkommen; und da es so aussieht, als würdest Du in New York

* Arthurs Telegramm ist nicht mehr vorhanden. Aber Cynthias Antworttelegramm vom späten Abend des 6. November lautete einfach: »JA – SCHREIBE – ALLES LIEBE – CYNTHIA«. Ein ekstatischer Brief folgte am 7. November: »Liebster Arthur, ich bin so überwältigt. Was bedeutet das alles? Es klingt so aufregend, daß ich kaum erwarten kann, es zu erfahren. Und ich nehme an, daß ich erst am 9. November einen Brief von Dir bekomme. Denn Du wirst nicht schreiben, bevor Du nicht mein Telegramm mit meiner Zusage hast (das ich gestern abgeschickt habe, für den Fall, daß Du eine Bestätigung erwartest). WAS KANN ES SEIN? Ich habe eine Nacht in den Wolken verbracht – ich brauchte gar keinen Schlaf! Ich werde mein Leben hier so weit in Ordnung bringen, daß ich bis zum 20. November in London sein kann ...«
Im Brief werden dann die Details der finanziellen Angelegenheiten, die sie in New York zu regeln hatte, erörtert, und er endet so: »Wirklich, das Leben ist voll von Blitzen und plötzlichen Wirbelstürmen. Ich muß jetzt aufhören und versuchen, Ordnung in den anstrengenden Wirbel der nächsten zwei Wochen zu bringen. Wie wunderbar! Es ist so aufregend! Ich brenne darauf, Deine Pläne zu erfahren! DANKE VIELE TAUSEND MALE! Alles Liebe von Deinem (ehemaligen ex-ex)-dienstbaren Geist, Cynthia.« Arthurs Antwort auf diesen Brief ist im Text – d. Herausgeber.

zur Zeit nicht viel versäumen, habe ich wieder einmal einen dieser raschen Entschlüsse gefaßt, Dir vorzuschlagen, daß wir dieses Buch gemeinsam machen. Es wird weniger spannend (und weniger ekelerregend) sein als das Galgenbuch . . . Die Personen darin sind jedenfalls höchst faszinierende verrückte Genies; einer wird bei lebendigem Leib verbrannt, die Mutter des anderen wird als Hexe angeklagt . . .
Ich muß nächsten Samstag, dem 12., für eine Woche nach Paris. Ich werde am Samstag, dem 19., zurück sein. Wenn Du deinen Flug für Paris umbuchen kannst, könnten wir einen Tag später gemeinsam nach London fahren (ich bin mit dem Auto unterwegs), was lustig wäre. Laß mich bitte wissen, was Du vorhast . . .
Celia hatte einen bösen Asthmaanfall und mußte für vierzehn Tage in eine Klinik, aber jetzt geht es ihr besser. Ihr Baby blüht und gedeiht.

Dorothy Culbertson teilte mit mir die Wohnung, die sie als *pied à terre* benutzte, wann immer sie nach New York kam. Ihre Ehe mit Ely war vor einiger Zeit in die Brüche gegangen. Dorothy hatte das heftige Verlangen eines Einzelkindes, sich jemandem anzuvertrauen, und machte die Vertrauensperson in ihrer Vorstellung zu einem Geschwisterkind, nach dem sie sich vielleicht in ihrer frühen Kindheit gesehnt hatte. Ich fühlte in mir keine ähnlichen Impulse und behielt meine Gedanken lieber für mich. Freundinnen wie Dorothy sind selten. Sie besaß einen kritischen Verstand und konnte die unvernünftigsten Gefühle sehr vernünftig analysieren.

Sie war bei mir, als Arthurs Brief ankam, und staunte über die Eile, mit der ich daranging zu packen, eine neue Sekretärin für Ely zu finden, meinen Freund und die Wohnung aufzugeben und nach London zu fliegen, um Arthur auf Abruf zur Verfügung zu stehen. Ich versuchte verlegen, meine Gefühle auszudrücken.

»Aber wie kann man«, sagte sie ein wenig ungehalten, »*jahrelang von einer unerwiderten Liebe leben?*«

Dieses entsetzliche Wort erschütterte mich. Sie war nicht »unerwidert«, sagte ich rasch, murmelte dann etwas über »Liebende« – ein ganz großes Geheimnis, das hier offensichtlich zum ersten Mal das Licht der Welt erblickte.

Dorothy blickte eher skeptisch drein. Was denn in dem Brief stehe, wollte sie wissen. Ich reichte ihn ihr zögernd, und sie las ihn aufmerksam im Stehen, während die Sonne auf ihr glattes blondes Haar fiel. Der Grund, warum ich sie den Brief nur widerstrebend lesen ließ, war ganz einfach, weil er mit »Meine liebe alte Cynthia« begann; bei diesen Worten wurde mein Herz schwer wie Blei.

2

»Panik bez. Cynthia«, schrieb Arthur nach dem Tag, an dem er das dringende Telegramm abgeschickt hatte, in sein Tagebuch. Es war ein Sonntag, und er verbrachte ihn damit, seine Erkältung zu pflegen. »Außer einem kurzen Besuch im Pub den ganzen Tag im Bett.« Es war nicht das erste Mal, daß er aus einer ähnlichen Stimmung heraus gehandelt und in der Folge kalte Füße bekommen hatte. Als er zwanzig war, veränderte eine blitzschnelle Entscheidung – nach einer langen und leidenschaftlichen Auseinandersetzung über den Freien Willen und den Determinismus – sein ganzes Leben. Er nannte dieses Kapitel in *Pfeil ins Blaue* »Der Segen der Unvernunft«. Das Buch selbst endet wieder mit einer abrupten Änderung seines Lebensweges.*

Er erhielt meine Antwort am Montag und tröstete sich, indem er »Sokrates und seinen Dämon« heraufbeschwor. »Habe besseres Gefühl«, fügt das Tagebuch hinzu. Die Erkältung wird nicht mehr erwähnt.

In dieser Woche ging er zu einer der literarischen Mittagsgesellschaften von Lady Rothermere und aß abends mit Rebecca West und ihrem Mann. »Rebecca sehr gehässig gegen jedermann«, bemerkte er, »& als ich über ›reich und arm‹ sprach, meinte (sie), ich träte wohl wieder der KP bei.« Aber sie »teilte« seine Ansichten bezüglich der Todesstrafe.

Am 10. November wurde in einem überfüllten Londoner Saal die erste Versammlung der Nationalen Kampagne für die Aufhebung der Todesstrafe abgehalten. »V. G. ehrt mich als Initiator; war sehr stolz«, schrieb er in das Tage-

* Die zwei hier angesprochenen Ereignisse waren das Verbrennen seiner Immatrikulationsdokumente, was bedeutete, daß er die Wiener Universität nicht abschließen konnte, und der Eintritt in die Kommunistische Partei – d. Herausgeber.

buch. Er war mit Arthur Goodman, David und Bridget Astor und anderen zur Versammlung gegangen, und beim Abendessen traf er dann zusammen mit den Astors, Gerald Gardiner, J. B. Priestley und dessen Frau, Jaquetta Hawkes.

»Soll morgen nach Paris, habe aber Nierensymptome«, notierte er am 11. November. Die Symptome entwickelten sich offenbar nicht weiter. Er war acht Tage und Nächte fort und hat anscheinend keinen Moment dieser kostbaren Zeit vergeudet.

Auf der Fähre traf er einen Freund und fand Gefallen an dem Mädchen, das mit ihm unterwegs war. Sie durfte ihm auf der Fahrt nach Paris Gesellschaft leisten. »Entführungsreise nach Abbéville«, schrieb er in sein Tagebuch. Nicht einmal vierundzwanzig Stunden später hatte er mit ihr eine »Siesta« nach einem Rendezvous bei Weber, in der Nähe der Madeleine: »Die Sonne schien freundlich und wärmte Korbstühle auf der Terrasse, auf der hübsche Frauen saßen, die vielleicht gerade darüber nachsannen, mit welchem Mann sie das nächste Mal ins Bett gehen sollten« (das waren Fedyas Gedanken in *Gottes Thron steht leer).*

»Scheußliches Mittagessen zu dritt«, schrieb er verärgert an einem der beiden Tage, an denen es ihm mißlang, eine Siesta zu halten. Er hatte die Neue zu einem Lunch mit einer alten Freundin mitgenommen – Sarah, die ich 1953 so gerne mochte in der Hoffnung, er werde sie heiraten.

Er ging einkaufen, besuchte eine Ausstellung etruskischer Kunst und hatte ein »ausgiebiges Mittagessen« mit Manès Sperber. Eines Abends fuhr er zu Anna, Maxim und Sabby und lud sie zum Essen nach Fontainebleau ein. Er ging in die Port Royal-Bar zum Drink und ins Fouquet, ein anderes seiner Lieblingslokale. Er fuhr mit seiner neuen Freundin im Wagen nach Melun, wo sein Kanu aus den Verte-Rive-Tagen eingelagert war, aß mit ihr in Fontainebleau und hielt auch dort eine Siesta. Die Nächte verbrachte er mit Paola in ihrer Wohnung. An einem Abend war er mit Raymond Aron und seiner Frau essen, an einem anderen mit den Rothschilds; er besuchte auch wieder zwei seiner Lieblingsplätze: das lesbische *boite de nuit,* Monocle, und die Hallen auf eine *soupe à l'oignon.* An zwei aufeinanderfolgenden Tagen ging er mit einem betörenden französischen Mädchen Mittagessen. Ein Streit mit Paola wurde an ihrem Abschiedsabend beigelegt: »*En te disant adieu, je dis adieu à ma jeunesse.*«

Er reiste ab, wie er gekommen war – mit dem Mädchen, das er auf der Fähre aufgegabelt hatte. In Boulogne gab es den »üblichen Abschiedskrach mit Kellner«. Sie kehrten gemeinsam zum Montpelier Square zurück. »Ein Genuß, wieder zurück zu sein«, heißt es im Tagebuch am Ende seiner *sentimental journey*.

Ich konnte erst zwei Tage später nach London kommen, nachdem ich den Flug nach Paris, wo wir uns treffen wollten, stornieren mußte. Das war wahrscheinlich gut so, denn ich wäre zweifellos *de trop* gewesen. Ich erschien an einem winterlichen Morgen vor dem Haus am Montpelier Square und wurde von Arthurs griesgrämiger Putzfrau eingelassen. Ich ließ mein Gepäck in der Halle stehen, ging, so langsam ich konnte, die drei Stockwerke hinauf und fand Arthur an seinem Schreibtisch, recht heiter, wenn auch ein wenig blaß. Er erzählte mir ziemlich traurig, daß er seit meiner Rückkehr nach New York sechs neue Freundinnen gehabt habe, und das reichte ihm eigentlich. Er wolle kein *sugar daddy* werden (finanziell großzügiger älterer Herr – d. Übersetzer), murmelte er und verzog das Gesicht. Der bloße Gedanke an Arthur als *sugar daddy* brachte mich zum Kichern, aber er fand das gar nicht komisch.

Einen Monat später starb Ely Culbertson. Ich hatte ihn zwei Jahre gekannt, und der Einfluß, den er auf mich ausübte, ließ sich nicht vergessen. (Noch härter sollte mich der Tod von Dorothy treffen; stets war sie von so strahlender Lebenskraft – und nur ein Jahr älter als ich. Sie hatte ein zweites Mal geheiratet und starb drei Jahre später bei der Geburt ihres Kindes. Wieso konnten die Vögel noch weitersingen? dachte ich, als ich am nächsten Morgengrauen von ihrem Gesang geweckt wurde.)

3

Innerhalb von zwei Tagen war Arthur wieder bei der Arbeit an seinem »dicken Buch über Kopernikus, Kepler, Galilei etc.«. Auch nahm er leidenschaftlich Anteil an der Kampagne gegen die Todesstrafe; am Tag meiner Rückkehr wohnte er einer Sitzung des Exekutivausschusses bei. Ende November kamen Edward Hulton, Eigentümer der *Picture Post,* und Gerald Gardiner »feierlich auf einen Drink« zum Montpelier Square. »H. sagt, ist bekehrt«, notierte Arthur. Die Kampagne hatte wenig Verbündete bei der Presse – von der *Times* abwärts waren sie alle für die Aufrechterhaltung, und nur eine winzige Minorität war für die Abschaffung der Todesstrafe.

Er diktierte mir, was er über Kopernikus geschrieben hatte, doch nach einer Woche entdeckte er zu seiner Enttäuschung, daß er in der Geschichte der Wissenschaft wohl noch weiter rückwärts stöbern mußte – bis zu Pythagoras. Er hatte das Verlangen, zur zentralen Figur des Buches zu gelangen – dem komplizierten und widersprüchlichen Johannes Kepler, von dem ein kleines gerahmtes Bild auf seinem Schreibtisch stand.

Ich fand ein Zimmer im obersten Stockwerk eines riesigen, bedrückenden spätviktorianischen Hauses am Hans Place, einen Steinwurf vom Montpelier Square entfernt. Mit den Platten und Büchern, die ich von Arthur geliehen hatte, war ich keineswegs deprimiert, wenn ich einen Abend allein verbrachte. Eines Nachmittags, als wir die Arbeit schwänzten, sagte er im Spaß zu mir, ich sei ihm die liebste von allen. Ich war ganz verschüchtert und versuchte tagelang, meine Befangenheit zu verbergen, aus Angst, ich könnte alles verderben. Meine Vorgängerin war eine Romanschriftstellerin. Sie hatte tatsächlich im Haus gewohnt und schien die ideale Frau für Arthur zu sein. Sie mußten wohl einen furchtbaren Streit gehabt haben. Ich hätte gern gewußt, worum es da gegangen war.

An einem Sonntagmorgen kam ein befreundeter Arzt auf einen Drink vorbei. Nach einiger Zeit ging Arthur für einen Moment aus dem Zimmer. Der Arzt saß auf dem Sofa neben mir, und ich brachte, wie gewöhnlich, kein Wort heraus. Er stellte mir eine Frage, und ich blickte in weit geöffnete blaue Augen mit einem sehr lebhaften Ausdruck von Neugier und Wärme. Ich erfuhr später, daß er Analytiker der Jung'schen Schule war; Arthur hatte ihn in der Hoffnung aufgesucht, er könne seine Depressionen heilen und ihm dadurch beim Schreiben helfen.

Die Kampagne gegen die Todesstrafe kam jetzt voll in Schwung, und in jenem Winter arbeitete ich halbtags in der Zentralstelle der Kampagne, im Verlagshaus von Gollancz in der Henrietta Street, Covent Garden. Ein kleiner Raum wurde von der Versandabteilung im Erdgeschoß abgetrennt und diente als Büro für Peggy Duff, die Sekretärin und Kassiererin, sowie für eine Handvoll freiwilliger Mitarbeiter. Peggy hatte schon früher für Gollancz die Kampagne *Save Europe Now* geleitet. Anfangs machte sie mich nervös mit ihrer unverblümten Art und ihrer Unerschrockenheit, mit der sie die täglichen Krisen bewältigte; doch sehr bald war ich Peggy ebenso ergeben wie alle, die mit ihr arbeiteten.

Gelegentlich kam Victor Gollancz hereingesaust – ein freundlicher Patriarch, dessen Gesichtszüge an einen Falken erinnerten. Trotz seiner Launen, gegen die Arthur im Lauf dieser turbulenten Monate ankämpfte, fand ich ihn auf eine paradoxe Weise sympathisch. Schon in der ersten Sitzung des Exekutivausschusses im Sommer waren Gollancz und Arthur aufeinandergeprallt. Arthur schrieb in ein Tagebuch, daß V. G. »alle in Verlegenheit brachte«, weil er seine Frau Ruth im Ausschuß haben wollte. »Nur ich wagte mich vor & opponierte. Ziemlich bedrückend, doch da ich nichts dagegen tun kann, ist es mir egal.« Das bedeutete natürlich, daß Gollancz zwei Stimmen hatte statt einer.

Offensichtlich hatte Gollancz gehofft, daß *Reflections on Hanging* die religiösen Aspekte der Todesstrafe betonen würde, die er selbst in seiner Broschüre zur Kampagne, *Capital Punishment: The Heart of the Matter,* vehement unterstrich, was Arthur unter vier Augen als »Katze um den heißen Brei« abtat. Die andere Broschüre zur Kampagne, von Gerald Gardiner und Arthur verfaßt, hieß *Capital Punishment: The Facts.* V. G.s religiöse Gefühle, zusammen mit dem Wunsch, die Hauptrolle zu spielen, verursachten endlose Verzögerungen bei der Veröffentlichung von *Reflections on Hanging.* Zwei Monate hatte das Schreiben gedauert, sieben Monate die Veröffentlichung.

Arthur fand, daß sein ausländischer Akzent der Sache schaden würde, und er weigerte sich, über die Todesstrafe zu referieren, mit einer Ausnahme: vor Cambridge-Studenten. Gerald Gardiner, sagte er, sei ein glänzender Redner; seine Zurückhaltung ließ ihn um so überzeugender wirken – die Schauspielerei war ein Zeitvertreib seiner Studententage gewesen. Obwohl er Arthurs leidenschaftlichen Wunsch nach Abschaffung teilte, war er nicht immer ein Verbündeter in den Sitzungen des Exekutivausschusses. Vielleicht veranlaßte die vorsichtigere, juristische Haltung den künftigen Lordkanzler, das Ergebnis abzuwarten; doch Arthur meinte, der Grund sei, daß er von V. G. terrorisiert werde.

Arthur verbrachte Weihnachten 1955 bei den Goodmans und war »sehr besorgt« um Celia. Ein paar Tage später sah er ein neues Theaterstück, *Warten auf Godot,* seiner Ansicht nach »eine bemerkenswerte Mischung aus Allegorie, Poesie und Nonsens«.

Am Silvesterabend schrieb er an David Astor, den Herausgeber des *Observer,* wo Anfang Februar *Reflections on Hanging* in Fortsetzungen erscheinen sollte:

Als erfreulicher Beginn des Neuen Jahres ist der Tod durch den Strang von drei Menschen am 3., beziehungsweise am 6. Januar vorgesehen. Alle drei sind offenkundig psychiatrische Fälle . . . Ich würde gerne ein paar Zeilen (anonym) für »Table Talk« oder irgendeine andere geeignete Spalte schreiben. Damit erhebt sich die allgemeinere Frage einer systematischen Behandlung dieser halbanonymen Fälle, die, in unserem Namen, ohne Fanfaren erledigt werden . . .

So kam es zu »Vigil«, einem Pseudonym, unter dem Arthur im *Observer* schrieb und der für ihn, wie er meinte, den Vorzug hatte, wirksamer für die Sache kämpfen zu können als unter dem eigenen Namen; denn er war ein berüchtigter Verfechter der Abschaffung der Todesstrafe. Überdies wünschte er sich Vigil als kollektives Pseudonym für ein Team, doch David Astor war dagegen. Arthur hatte einen »harten Kampf« (wie er in sein Tagebuch schrieb) auszufechten, bis David Astor zögernd zustimmte, »Vigil zu einem Team zu machen«.

Clarence William Ward, ein Hilfsarbeiter von unterdurchschnittlicher Intelligenz, sollte am 26. Januar hingerichtet werden. Der *Observer* druckte Vigils ersten Beitrag

– einen Angriff auf den Richter des Berufungsgerichts – kein anderer als der *Lord Chief Justice* Goddard. David Astor schickte am Samstag, dem 21. Januar, abends ein Exemplar der Zeitung an Arthur, noch feucht aus der Druckerpresse, mit einer handschriftlichen Anmerkung:

Mein lieber Vigil I,
Hier ist es.
Vorwärts!
Ihr
David

»Ward begnadigt«, schrieb Arthur drei Tage später in sein Tagebuch. »Leitartikel im *M(anchester) G(uardian)* führt das auf Vigil zurück.«

Gelegentlich warf ich einen Blick auf David Astor, wenn er zum Montpelier Square kam. In jenen stürmischen Monaten war er Arthurs Verbündeter, der nie versagte, und stand mit einem Mut auf seiner Seite, der Hochachtung abverlangte.

Zwei fixe Ideen beherrschten Arthur in jenem Winter: der Kreuzzug für die Aufhebung der Todesstrafe und das neue Buch, »schon 1/2 verzweifelt wegen Plato. Schwarzer Nebel«. Ich erinnere mich an einen trüben Winterabend, als seine zwanghafte Beschäftigung mit Plato und Aristoteles – die »Zwillings-Stars«, wie er sie nannte – unerträglich wurde. Er mußte mit jemandem darüber sprechen. Henry Green wohnte gleich um die Ecke und hatte klassische Literatur studiert; also gingen wir zu ihm. Aber Arthur profitierte leider sehr wenig von dem Besuch, außer daß er Dampf ablassen konnte. Henry hatte zu Plato und Aristoteles nichts zu sagen, aber er sah und hörte zu, offensichtlich verwirrt vom Anblick eines Mannes mit derart heftiger Besessenheit. Sein Sohn bewirtete Arthur eifrig mit Wodka, aber auch das half nicht. Als wir schließlich gingen, litt er an den gleichen Qualen wie vorher und wirkte noch mitgenommener. Leicht torkelnd überlegte er, ob seine Gedanken ihn in Frieden schlafen lassen würden.

»Bin total erledigt«, schrieb er in sein Tagebuch, und es folgt die Bemerkung: »Am Rande der Erschöpfung«. Von einer Zwangsvorstellung zur anderen überwechselnd notierte er: »Diese gespaltene Existenz produziert eine experimentelle Neurose wie beim Pawlow'schen Hund.«

Im Januar erschien das erste von ihm verfaßte *Bulletin* der Kampagne – ein monatliches Rundschreiben, das an die 65 Mitglieder des Ehrenkomitees der Kampagne, an die Presse und andere Kontaktleute verteilt wurde. Ein ständiger Beitrag im *Bulletin* war der *Newgate Calendar 1956,* der kurze Darstellungen der Fälle von Angeklagten in Mordprozessen gab. Die erste Ausgabe berichtete über die vier Männer, die nach einem vorübergehenden Aufenthalt in der Todeszelle begnadigt worden waren. Arthur schrieb an David Astor:

> Ich teile nicht den allgemeinen Optimismus, was die Frage der Todesstrafe betrifft. Warten Sie auf zwei oder drei besonders häßliche Mordprozesse in London – sie kommen immer in Serien, so wie kürzlich in Glasgow –, und die Anhänger der Beibehaltung werden ein großes *comeback* feiern und die in letzter Zeit allzu häufigen Begnadigungen für alles verantwortlich machen.
> Als ich mit »Vigil« begann, hatte ich es mir als kollektives Pseudonym für ein Team gedacht . . . Ich glaube, weil wir mit dem ersten Vigil-Beitrag Glück hatten, werden die Leute nach dem nächsten Ausschau halten, und da wir nun einmal angefangen haben, sollten wir diesen Frankenstein weitermarschieren lassen.

Eine Unterhausdebatte über die Todesstrafe, unter Aufhebung des Fraktionszwanges, stand unmittelbar bevor. Anfang Februar kamen Gerald Gardiner und Peggy Duff eines Abends zum Montpelier Square. Während wir zusammen etwas tranken, sagte Peggy, daß V. G. an der Kampagne »jegliches Interesse verloren« habe. Am 14. Februar, dem Vorabend der Unterhausdebatte, fürchtete Arthur sich vor »dem Schock der morgigen Niederlage«. Doch sein Pessimismus war unbegründet.

Von der Besuchergalerie hatte man eine großartige Aussicht. In der ersten Reihe saßen die Kabinettsmitglieder – unter ihnen Churchill – zurückgelehnt und die Beine bequem ausgestreckt. Sydney Silverman hielt eine der Haupt-

* Der Grund für dieses »Entsetzen« war, daß das Oberhaus dieses Gesetz ablehnen könnte, was auch tatsächlich geschah. Erst 1965 wurde die Todesstrafe ausgesetzt und 1970 wurde sie dann endlich abgeschafft – d. Herausgeber.

reden zugunsten der Abschaffung. Als er an der ersten Reihe vorbei zu seinem Platz zurückkehrte, blickte Churchill ihn mit leichter Verachtung kurz an.

»*Unvergeßlich* ... Unglaublich überraschendes Abstimmungsergebnis«, notierte Arthur. Anschließend versammelte sich eine Gruppe von Verfechtern der Abschaffung in gehobener Stimmung vor dem Eingang zum Parlament. Eine Frau in einem abgetragenen Wintermantel – die Organisatorin der Kampagne in einem Provinzbüro – stürmte auf Victor Gollancz zu und fragte, ob sie ihre angekündigte Versammlung absagen sollten. Zu Arthurs Entsetzen bejahte Gollancz.* »Anti-Klimax«, schrieb er in sein Tagebuch. »Vor dem Parlamentsgebäude Auseinandersetzung mit V. G., nicht aufzugeben.« Vermutlich wollten auch andere Zeugen der Szene, genau wie ich, am liebsten in den Erdboden versinken. Die allgemeine Freudenstimmung löste sich in peinliche Verwirrung auf. Gollancz stimmte widerstrebend einer Sitzung des Exekutivausschusses zu.

Die Folge von Gollancz' verlorengegangenem Interesse und dem allzu großen Optimismus vieler Verfechter der Aufhebung war, daß der Kampagne etwas von ihrer ursprünglichen Vitalität verlorenging, doch sie blieb noch jahrelang als wertvoller Wachhund am Leben – dank dem Fond, der durch eine Auktion zustandekam. Um John Grigg zu zitieren:*

In den Finanzen der Kampagne herrschte verzweifelte Ebbe. Um diese Lage zu verbessern, entwickelte Arthur eine Initiative, die zur Beschaffung großer Geldmittel führte. Er schlug seiner Freundin June Osborn vor, eine Auktion von literarischen Manuskripten und Kunstwerken zu organisieren, deren Ertrag der Kampagne für die Abschaffung und die Strafrechtsreform zugute kommen sollte. June, seit kurzer Zeit verwitwet, stürzte sich mit der ihr eigenen ansteckenden Begeisterung und rücksichtslosen Überzeugungskraft in diese Arbeit. Mit Hilfe einiger Freunde brachte sie eine erstaunliche Sammlung von Objekten zustande einschließlich der Arbeiten vieler berühmter zeitgenössischer Künstler, die die Objekte selbst präsentierten. Sie wurden am 30. Mai in London auf einer Auktion verkauft, die von ihrem Cousin, Peter Wilson von

* *Astride the Two Cultures*, S. 129.

Sothebys', geleitet wurde. Die Einnahmen betrugen etwa 4400 englische Pfund ...

Im März war Arthur gerade erst in das Leben der Astronomen des Mittelalters zurückgekehrt, als er erneut in die Fluten einer Kontroverse über die Todesstrafe gestürzt wurde. Lord Waverley, der, als Sir John Anderson, Innenminister gewesen war, ein wütender Gegner der Abschaffung, richtete eine Anfrage an das Oberhaus, um ...

... die Regierung Ihrer Majestät zu fragen, ob ihre Aufmerksamkeit auf einen Artikel von Arthur Koestler im *Observer* vom 4. März unter dem Titel »Behind the Bulletins« gelenkt wurde, der es sich zur Aufgabe macht, eine vertrauliche Anweisung des Innenministeriums an Gefängnisdirektoren zu zitieren, und sich auf Vorfälle bezieht, die sich bei der Hinrichtung von Edith Thompson angeblich zugetragen haben sollen; und ob sie eine Erklärung abzugeben hat.

Lord Hailsham, ebenfalls ein Gegner der Aufhebung, unterstützte ihn.

Der betreffende Artikel stammte aus *Reflections on Hanging* – Gollancz hatte das Buch noch immer nicht publiziert – und wurde vom *Observer* in Fortsetzungen abgedruckt. Der Auszug aus einer vertraulichen Anweisung des Innenministeriums an Gefängnisdirektoren, datiert vom 10. Januar 1925, lautete folgendermaßen:

Jeder Hinweis auf die Methode, in der eine Hinrichtung ausgeführt worden ist, soll sich auf so wenige Worte wie möglich beschränken, z. B.: »Sie wurde schnell und ohne Störung durchgeführt«. Die Anzahl der Sekunden soll nicht verzeichnet werden, und falls der Direktor nach Details dieser Art befragt wird, soll er sagen, daß er sie nicht liefern kann und er habe den Vorgang nicht zeitlich festgehalten, doch es habe »nur ganz kurze Zeit gedauert«, oder irgendeine allgemeine Meinungsäußerung in diesem Sinne.

Vierzehn Jahre später, im Jahre 1970, schilderte Arthur den Vorfall in einer Fußnote zur *Danube Edition* von *Reflections on Hanging:*

Dieser Auszug kam im Prozeß gegen Major Blake, den ehemaligen

Gefängnisdirektor von Pentonville, ans Licht, aufgrund der Publikation von Amtsgeheimnissen im Dezember 1926. Dreißig Jahre lang ist das in der Literatur zu diesem Thema zitiert worden, und die Authentizität wurde niemals bestritten. Doch als ich im März 1956 diese infame Anweisung in einem Artikel im *Observer* zitierte, beschuldigte mich Lord Mancroft, Unterstaatssekretär im Innenministerium, in der Debatte im Oberhaus vom 8. März, zwei wichtige Stellen ausgelassen zu haben: »Nach den Worten ›ohne Störung‹ hätte der folgende Satz eingefügt werden müssen: ›Falls es irgendeine Störung oder einen ungewöhnlichen Vorfall gegeben hat, dann muß die Tatsache natürlich mitgeteilt und eine volle Erklärung gegeben werden.‹« Nachträglich gab das Innenministerium zu, daß diese zwei eigenartig formulierten Stellen nie veröffentlicht worden sind, bis Lord Mancroft sie vorbrachte. Sie waren offenkundig den Anweisungen zu einem Zeitpunkt hinzugefügt worden, dessen Angabe das Innenministerium ablehnte. Am 15. März entschuldigte sich Lord Mancroft im Oberhaus beim Herausgeber des *Observer* und bei mir.

Jetzt erst fiel Arthur der Zusammenhang auf, der zwischen seinen intensiven Gefühlen bezüglich des Todes durch den Strang und jener Mandeloperation bestand, der er sich als Kind ohne örtliche Betäubung unterzogen hatte. Ich aber hatte mit dieser Assoziation während der Zeit, als das Buch *Reflections on Hanging* geschrieben wurde, gelebt. Der Zusammenhang scheint naheliegend, doch, wie er in *Act of Creation* schrieb, werden solche Entdeckungen oft erst im nachhinein klar.

* * *

Am 16. März gibt es eine Eintragung in seinem Tagebuch: »Cynthia hat Lebensmittelvergiftung.« Das war so etwas wie ein Codewort. In Wirklichkeit war ich früh aufgestanden und drückte kurz vor neun auf die Türglocke eines fremden Hauses nördlich vom Hyde Park. Im ersten Stock war ein Operationstisch aufgestellt worden, auf den ich mich, peinlich berührt durch die falsche Leutseligkeit des Mayfair-Arztes und seiner Krankenschwester, legte. Sie verschwanden kurze Zeit, kamen dann zurück, in beängstigende schwarze Gummimäntel gekleidet, die eigentümlich raschelten. Von der Schwester festgehalten, versuchte ich mich nicht zu wehren, als der Arzt das Skalpell zückte.

So endete der Alptraum im Zeitlupentempo, den viele Paare durchlebt haben – vom ersten aufkeimenden Verdacht bis zum heimlichen Besuch bei dem Arzt, der Wochen später die Abtreibung vornimmt. Bald danach saß ich im Taxi auf dem Weg zum Montpelier Square, und die Szene der Mandeloperation in *Pfeil ins Blaue* sowie der Henker im schwarzen Mantel verfolgten mich wie ein Trauma. Der Alptraum geschah Jahre später noch einmal; allerdings wurde der ekelerregende Ausflug zur Nordseite des Parks durch einen zweitägigen Aufenthalt in einer Klinik, mit örtlicher Betäubung, ersetzt, da das Klima der öffentlichen Meinung sich zu ändern begonnen hatte.

Ich wollte, Arthur wäre nicht so ansteckend. Er steckte mich auch mit seinen Stimmungen an – mit seinen Depressionen und seiner Melancholie.

Nach dem Erwachen aus einem bösen Traum gleitet man mitunter wieder in das Unbewußte zurück, nur um in einen neuen Horror katapultiert zu werden. So erging es uns in der folgenden Woche. Wir waren in der *Press Association,* um alte Aktenordner durchzusehen – auf der Suche nach Material für eine Sache, die Arthur unter dem Titel »Patterns of Murder« schrieb.

In der Parlamentsdebatte zur zweiten Lesung über das Gesetz zur Abschaffung der Todesstrafe hatte der Justizminister, Mr. Gwilym Lloyd George, erklärt, daß »von den zwischen 1949 und 1953 hingerichteten Mördern etwa 60 Personen Urteile bis zu zwanzig Jahren und etwa 25 Urteile mit längeren Strafen hätten erhalten müssen, manche lebenslänglich . . .« Und er fügte hinzu: »Ich habe diese Möglichkeit sehr sorgfältig geprüft.«

Arthur hatte die Idee, die wahrscheinlich das Schicksal der Kampagne entschied, die Zeitungsberichte über die 85 Männer und Frauen nachzulesen, die man im Lauf jener fünf Jahre gehängt und die der Innenminister nach seiner Aussage »geprüft« hatte. Wer waren die Männer und Frauen, die zwischen 1949 und 1953 gehängt worden waren? Wir ahnten, daß das vom Innenminister entworfene

Bild sich von dem, was die Archive der *Press Association* enthüllten, unterscheiden würde.

Eine Woche lang saßen wir oben in dem menschenleeren Raum der *Press Association* neben dem Fenster, das auf die Fleet Street hinausgeht. Ein freundlicher Bote brachte uns die abgenützten Ordner mit der Bezeichnung »Mord«, und wir lasen die Fallgeschichten dieser anonymen »armen Teufel« – wie sie in *Reflections on Hanging* genannt werden –, die den »Schmerz und das Entsetzen« durchlebten, am Galgen zu enden. Man brauchte bloß die Grundzüge jeden Falles in ein paar Zeilen zusammenzufassen, um der entsetzlichen Wahrheit gegenüberzustehen. Die folgenden zwei Beispiele illustrieren es; fast alle anderen Fälle verliefen ähnlich und reflektierten die unendliche Vielfalt menschlichen Elends:

Benjamin Roberts, ein Grubenarbeiter, dreiundzwanzig, überraschte sein Mädchen in den Armen eines anderen Mannes. Erschoß sie, dann schoß er sich selbst mit einem doppelläufigen Jagdgewehr eine Kugel in den Kopf. Wurde gerettet und am 14. Dezember 1949, trotz Empfehlung der Geschworenen für ein milderes Urteil, gehängt.

Thomas Eames, Hilfsarbeiter, tötete seine Geliebte Muriel Bent, nachdem sie ihm mitgeteilt hatte, daß sie einen anderen Mann heiraten wolle. Danach stellte er sich; die Geschworenen plädierten für Begnadigung. Wurde am 15. Juli 1952 gehängt.

Gegen Mittag traten wir halb betäubt und körperlich elend auf die Fleet Street hinaus. Über uns erhellte die Sonne einen schmalen Streifen Himmel. Arthur brauchte einen kräftigen Schluck, ich auch. Das Beweismaterial war erschreckender, als wir uns das vorgestellt hatten: die Mißachtung der Gnadenempfehlungen der Geschworenen (in zehn Prozent der Fälle), das Überwiegen von Geistesgestörtheit und Affektdelikten.

In der Todeszelle zu sitzen und auf sein Ende zu warten verursacht ein archetypisches Grauen, das man sich nur in der wildesten Phantasie vorstellen kann. Aber Arthur hatte es wirklich erlebt – 102 Tage lang. Als ich versuchte, meine Erinnerung an unsere Nachforschungen in der *Press Asso-*

ciation aufzufrischen, fragte ich ihn vor kurzem nach *seinen* Erinnerungen an jene Woche. Er erinnerte sich an den Boten, der wie ein Freund zu uns war; daß wir in einem leeren Raum arbeiteten und daß nur Alkohol helfen konnte, die gespenstische Parade von gehängten Männern und Frauen, deren Zuschauer wir geworden waren, auszulöschen. Seltsamerweise dachte er, wir hätten in einem Keller gearbeitet.

»Patterns of Murder« erschien im *Observer* vom 14. April – Arthurs letzter Beitrag unter dem Pseudonym Vigil. Er wurde auch als Flugschrift gedruckt, an alle Abgeordneten verschickt und übte auf sie eine beträchtliche Wirkung aus.

4

»Drinks mit Henry (der Gespräche über Hängen ›nicht mehr ertragen kann‹)«, heißt es im Tagebuch am 20. März.

An den Sonntagvormittagen wanderten wir gewöhnlich über den Square zum George-IV.-Pub, wo Henry Green zu finden war, zusammen mit einem recht exzentrischen Konteradmiral; auch andere Freunde kamen vorbei.

Daß Henry in seiner Jugend gut ausgesehen hatte, konnte man an Matthew Smiths Porträtgemälde erkennen, das in Henry's Haus hing. Matthew Smith malte Henry vor dem Hintergrund von herabfallendem irisierenden grünen Laub – vielleicht ein künstlerisches Spiel mit Worten, denn Henry Green war der *nom de plume* für Henry Yorke. Ich kann ihn mir allerdings nur vor grauem Hintergrund vorstellen. Er hatte zu schreiben aufgehört, und man sagte, seine Depressionen seien nur mit Hilfe von Gin zu ertragen. Die dunklen Augen mit den geschwungenen Augenbrauen, die, je nach Stimmung, zu tanzen schienen – die eine oder die andere war oft hochgezogen –, befanden sich in einem Gesicht, dessen Blässe nur selten das Tageslicht sah. Er war ein Liebhaber des Schwarzen Humors. Sein Gehör war ziemlich schlecht, und was Arthur rasend machte, war seine Weigerung, ein Hörgerät zu tragen – was irgendwie den Wunsch symbolisierte, sich auszuschließen. Tatsächlich nützte Henry seine Taubheit geschickt aus, um Gesichter zu beobachten, ein oder zwei Sätze einer amüsanten Geschichte aufzufangen, aber langweilige Stellen eines Gespräches zu überhören. Arthur wandte andere Methoden an, dieser Langeweile entgegenzuwirken. Als Einzelkind hatte er die Gesellschaft von Kindern vermißt, und er beschreibt in *Pfeil ins Blaue,* wie er mit den wenigen Gelegenheiten, wenn er mal mit ihnen zusammen sein konnte, fertig wurde:

Sobald die Erwachsenen ihre Plätze am Kaffeetisch eingenommen und uns allein im Kinderzimmer gelassen hatten, taute meine Schüchternheit auf, und ich verwandelte mich in einen kleinen Besessenen. Alle in meinen Tagträumen erfundenen kunstvollen Spiele mußten in diesen unendlich kostbaren Minuten ausprobiert werden – wie die erotischen Träume von Liebenden, die sich nur in langen Zwischenräumen sehen. Das fremde Kind, ob jünger oder älter, wurde von diesem wilden Strom meiner Spiele und Ideen meist völlig überwältigt, und innerhalb einer Viertelstunde verwandelte ich mich aus einer verkrampften Puppe in einen Tyrannen, der in allem seinen Kopf durchsetzen mußte ...

Das Kind wurde ein Bestandteil des Mannes; die Angst vor dieser frühen Entbehrung ist ein Leitmotiv seines Lebens. Bei Dinner-Parties am Montpelier Square neigte er dazu, die Gespräche in Seminare zu verwandeln, um aus all seinen Gästen das Äußerste an Interesse herauszuholen. Wie ich schon berichtet habe, war der Gast, der gerne mit seinem Nachbarn eine kleine Privatunterhaltung führte, anstatt sich am allgemeinen Gespräch zu beteiligen, bei ihm ganz schlecht angeschrieben.

Die Sonntage waren am schönsten, wenn Arthur vor dem Mittagessen in die *Bachelor Fortress* zu Mozart und Moselwein – abgekürzt M und M – einlud. Viele der Frauen waren Ex-Freundinnen – die meisten sehr weiblich und sylphenhaft, einige mit männlichen Zügen, herrisch und clever. Eines hatten sie alle gemeinsam: An irgendeinem Punkt ihres Lebens hatte der Schmerz eine Narbe hinterlassen; man konnte sie sehen.

Arthurs liebste Mozart-Stücke waren die Hornkonzerte, gespielt von Denis Brain. Als Denis Brain auf tragische Weise bei einem Autounfall ums Leben kam, wurde die

Platte zu kostbar, um sie öfters aufzulegen, und diese Sonntagvormittage waren wie die Musik leicht beschwingt, doch dann und wann vom dunklen Akkord einer Erinnerung überschattet.

Die Gäste gingen, und Arthur schlief nach dem Essen selig ein. Wenn er aufwachte, hatte seine Stimmung sich verändert: *sombre dimanche* hatte ihn überkommen. Dostojewski hat einmal geschrieben, daß er selbst in einsamer Abgeschlossenheit und ohne Kalender immer spürte, wann Sonntag war. Arthurs Vorstellung von einem düsteren Sonntag ist anders: eine Provinzstadt in Frankreich, die Familie schläft sich ein riesiges Mittagessen von der Seele, während die jüngere Tochter des Hauses quälend die Tonleiter auf dem Klavier übt und draußen der Regen auf das Kopfsteinpflaster leerer Straßen trommelt. An Sonntagabenden sehnte sich Arthur nach Gesellschaft, und wenn wir zufällig allein waren, wälzte er das ganze Gewicht seiner Verzweiflung auf mich.

Er beschloß, aufs Land zu ziehen, und im April berichtete er im Tagebuch: »Haussuche in Sussex. Plötzliche Depression: sehe mich darin (in einem Haus, das wir besichtigten) an Abenden mit C.; ziemlich sinnlos.« Es war ein massiver Bau aus dem 18. Jahrhundert, erfüllt von den viktorianischen Tugenden früherer Bewohner; in die Zwangsjacke ihrer Zeit gesperrt, konnte man sie fast atmen hören. Arthur wäre hier gänzlich fehl am Platz gewesen.

Die Depression war erst abgeklungen, als er zu Kopernikus zurückkehrte. Er arbeitete fieberhaft, um diesen Teil vor unserem Urlaub zu beenden, nach dem er sich, wie er in sein Tagebuch schrieb, »wahnsinnig sehnte«. Wir hatten vor, die ersten drei Maiwochen in Frankreich zu verbringen und die Dordogne abwärts zu paddeln. Der Sonntagvormittag vor der Abreise wurde dazu benutzt, mit Michelin-Landkarten und einer *carte nautique* unsere Dordogne-Route abzustecken – eine Tätigkeit, die er als »besonders angenehm« empfand. Drei Tage vor der Abfahrt schrieb er ungeduldig: »Zähle die Stunden bis zur Abreise.«

Um seine widerspenstigen Schuldgefühle zu besänftigen, schlug er vor, über die Expedition zu schreiben und ein Reisetagebuch zu führen. Als wir ein Jahr später unsere zweite Expedition unternahmen, beschrieb er das Kanufahren (im *Observer*) als »die ideale Kur für Leute, die wie ich an einer Urlaubsneurose leiden – eine weit verbreitete Störung, die in psychiatrischen Lehrbüchern nicht erwähnt wird; die Leute, für die das Faulenzen am Strand die Hölle ist und vorgeplantes Vergnügen eine Garantie für Enttäuschungen.«

5

Ich war noch nie zuvor mit Arthur verreist und ganz begeistert von der Aussicht, drei Wochen lang Tag und Nacht mit ihm zu verbringen – obwohl ich auch Angst hatte. Der Gedanke, in seiner Gegenwart französisch sprechen zu müssen, war eine Qual für mich; vielleicht kam ich mit ein paar einsilbigen Wörtern davon.

Die Sonne strahlte vom Himmel herunter, als ich zum Montpelier Square kam, wo Arthur das Gepäck in den Wagen lud, der neben *Bachelor's Fortress* parkte. Er verzog das Gesicht, als er mein Gepäck sah – einen bauchigen Koffer und zwei Einkaufstaschen, die das restliche Zeug enthielten, und brummte böse etwas von »in einem Zigeunerwohnwagen reisen«. Immerhin versetzte ihn die rasche Fahrt im offenen Auto bald in bessere Stimmung. Wir flogen zwischen den Obstgärten von Kent dahin, die der Frühling wieder jung gemacht hatte. Wir schienen langsam aus dem langen, dunklen Tunnel des Winters mit seinen Zwängen und Ängsten herauszutreten – ein Winter, der mehr als seine Schuldigkeit getan hatte. Eines Morgens, als ich neben Arthur am Schreibtisch stand, während er Briefe unterschrieb, hatte ich bemerkt, daß ein paar graue Haare neben seinem geometrisch gerade gezogenen Scheitel hervorwuchsen.

An Bord der Fähre warf Arthur keinen einzigen Blick auf die zurückweichende englische Küste. Er bestellte eine halbe Flasche Champagner. Es schien mir sündhaft, um diese Tageszeit Champagner zu trinken, und vielleicht schmeckte er deshalb so herrlich. Sehr bald waren wir beschwingt. Das Meer leuchtete blau, am Horizont war – wie eine weit entfernte Fata Morgana – bereits das französische Ufer zu erkennen. Als wir uns dem Land näherten, stand Arthur auf und blickte aus dem Salon hinaus wie ein Liebender, der ungeduldig auf ein langersehntes Wiedersehen wartet, mit einem Lächeln auf den Lippen. Viele Male hatte ich die öde Kanalüberquerung nach Frankreich absolviert; so war sie nie gewesen. Wie aufregend es war, mit Arthur zu reisen! dachte ich. Diese Seite von Koestler B war mir unbekannt.

Die erste Mahlzeit in Frankreich war erinnerungswert. Der Zollbeamte in Boulogne winkte uns weiter, und der Wagen tauchte in den raschen Verkehrsstrom, als hätte er die linke Straßenseite nie gekannt. Arthurs Methode, ein Restaurant zu finden, bestand darin, seiner Nase zu folgen, und wir bewegten uns auf einem Boulevard vorwärts, bis unser Auto vor einem hohen, schmalbrüstigen Restaurant mit Giebeldach plötzlich anhielt. Arthur war überzeugt, daß seine Nase ihn zum richtigen Platz geführt hatte. Bald saßen wir, nur mit Einheimischen, in einem Raum im oberen Stockwerk, und sie griffen bei den *hors d'œuvres variés* tüchtig zu. Warum schmeckt französisches Essen nur so gut, wie der Herrgott es haben wollte? fragte Arthur immer wieder während der Mahlzeit. Mit dem Kaffee wurde der Brandy in Shakern für das *petit verre* gebracht – rundherum war eine Linie gezogen, um das genaue Schenkmaß anzugeben. *Laissez la main trembler un peu,* ermunterte Arthur den Kellner, als sein Glas gefüllt wurde.

Die Sonne brannte, der Wind blies den letzten Rest von Trunkenheit davon, als wir durch verlassene Dörfer mit geschlossenen Fensterläden rasten. Weit hinter Feldern und Gestrüpp konnte man gelegentlich das Meer sehen. So völlig anders als die englische Miniaturlandschaft, meinte Arthur; der Himmel war hier viel höher als in England.

In einer kleinen Stadt mit einem Karussell auf dem Hauptplatz hielten wir, um einen *Café arrosé au rhum* zu trinken. Arthur studierte die Gesichter der Leute, was ihm gelang, ohne sie anzustarren, und blieb immer wieder stehen, um den Kleindruck auf einem alten politischen Plakat oder auf anderen Bekanntmachungen zu lesen.

In Paris wachte ich spät in der Nacht auf und sah Arthur

verloren im Hotelzimmer herumirren und den Namen einer alten Freundin rufen. Ich führte ihn zum Bett zurück, wo er eine Weile auf Französisch vor sich hinmurmelte. Ich hatte oft darüber nachgedacht, ob er überhaupt wußte, wer nachts neben ihm lag, denn manchmal streckte er den Arm aus, um zu tasten, oder er drehte den Kopf im Halbdunkel zur Seite, als sei er sich nicht sicher. Ich machte mir nur ganz vage Gedanken über dieses Rätsel. Vielleicht hätte ich eifersüchtig sein sollen. Doch ich fühlte mich einfach glücklich, das Leben mit ihm teilen zu können.

Am nächsten Morgen gingen wir ganz früh, bevor wir Paris verließen, in eine kleine Bar in der Nähe des Hotels am linken Seine-Ufer, um etwas zu trinken. Arthurs Gesicht leuchtete auf, als er die Bar aus Zink und ein paar ältere Gewohnheitstrinker sah, die sich in dem schäbigen Lokal einen *coup de rouge* genehmigten. Seine Liebe zum französischen Kleinbürgertum, das er mit vierundzwanzig Jahren, als er das erste Mal in Paris war, so gut gekannt hatte, berührte mich eher seltsam, denn er beurteilte diese Menschen in *Pfeil ins Blaue* sehr streng. Auf unserer Reise ließ er sich erwartungsvoll in Gespräche mit Kellnern, Barmädchen, Pförtnern ein, auch mit alten Männern, die ein Glas trüben Pernod vor sich stehen hatten.

Bald waren wir auf der Straße, die wir aus den Tagen von Verte Rive so gut kannten, durchfuhren den Tunnel aus grünen Bäumen. Brie-Comte-Robert und die Terrasse mit der Blätterlaube draußen vor dem kleinen Restaurant, die Brücke von Melun über der majestätischen Seine und die Wegweiser nach Corbeil, Chartrettes, Bois-le-Roi und Fontaine-le-Port. Ich war froh, als wir den Wald von Fontainebleau hinter uns ließen und Arthur nicht mehr so gequält aussah.

Obwohl es erst Anfang Mai war, verbreitete die Hitzewelle den Eindruck, als sei Sommer, je weiter man nach Süden fuhr. Im offenen Wagen bekam Arthurs Gesicht langsam eine goldbraune Farbe, und meines wurde, zu meinem Kummer, krebsrot.

Als wir in einem Bistro zu Mittag aßen, sagte Arthur plötzlich: »Sie streiten.« Ich hörte gedämpftes Geschrei von der Küche her. Mir kam es so vor, als wären es nur die

Kellner, die mit ihren Stimmen das Küchengeklapper übertönen wollten, damit man ihre Bestellung hörte; doch Arthur beachtete meine begründete Vermutung nicht. Viele Varianten solcher trivialen Szenen ereigneten sich im Laufe der Jahre. Manchmal bemerkte Arthur zwei Leute im Restaurant, die ihr Essen schweigend, mit verkrampften Bewegungen einnahmen, oder ein Paar auf einer sonnigen Caféterrasse, die Blicke zu Boden gerichtet. »Sie streiten«, war dann sein oft wiederholter Refrain. Seine Antenne war ungemein fein eingestellt auf kaum hörbare Untertöne an den unglaublichsten Orten.

Wir erreichten unseren Startplatz – Beaulieu-sur-Dordogne – drei Tage, nachdem wir London verlassen hatten, und am nächsten Tag wurde der *Blue Arrow* – die rote Flagge flatterte auf dem Heck – vom Stapel gelassen zu einer Fahrt, die Arthur eine »African Queenie«-Expedition nannte. Der Fluß folgte seinem eigensinnigen Lauf, reflektierte das Licht des blauen Dordogne-Himmels oder dunkle Schatten, wo tiefhängende Zweige mit dem Wasser verschmolzen. Eingeschlossen in die intime Welt des Flusses, der nicht sehr breit war, fühlte man Frieden in sich. Aber wir hatten kaum mit dem Charakter der Dordogne und ihren wechselnden Launen Bekanntschaft geschlossen, als unser Frieden schon wieder gestört wurde.

Etwas Schaumiges, Weißes erschien in der Ferne auf dem Wasser; Arthur beobachtete es mißtrauisch, und ohne viele Umstände steuerte er das Kanu zum Ufer. Wir müssen das auskundschaften, sagte er. So hangelten wir uns einen steilen, stacheligen Hang hinauf und kletterten überm Ufer entlang. In der glühenden Sonne kamen wir zu der Stelle, wo der Fluß in einem lustigen Wirbel von kleinen Wellen tanzte. Das Wort *maigres* (Untiefen) sollte uns in den nächsten Tagen nur allzu vertraut werden. Arthur fand eine schmale Rinne, die gerade tief genug war, damit der *Blue Arrow* durchgleiten konnte. Wir könnten es schaffen, erklärte er, vorausgesetzt, daß wir mit Höchstgeschwindigkeit paddeln. Wir kehrten zum Boot zurück und machten gute Fahrt, während wir direkt auf die *maigres* zusteuerten. Das Geräusch von brausendem Wasser wurde lauter, wir jagten in einem halsbrecherischen Tempo durch die schmale Rinne.

Ich genoß diese nervenkitzelnden Passagen nicht so sehr wie Arthur, behielt aber meine Feigheit für mich. Oft stand es auf Messers Schneide, ob wir das Nadelöhr rechtzeitig finden würden. Aufgrund der Hitzewelle war der Wasserstand ungewöhnlich niedrig, und wir sahen viele *maigres*. Der *Blue Arrow* kam nicht immer unversehrt davon, schon am zweiten Tag mußten wir auf einem Kieselstrand nahe der Brücke von Meyronne Löcher flicken.

Es war am zweiten Tag, als die Dordogne ihr launisches Wesen zeigte. Wir waren im seichten Wasser auf Grund gelaufen, mußten aussteigen und den *Blue Arrow* durch das sandige Flußbett schieben. Wir waren ganz auf unsere anstrengende Tätigkeit konzentriert und deshalb völlig überrumpelt, als das Kanu plötzlich davonschoß. Während wir zupackten, um es festzuhalten, versanken wir bis zum Hals im Wasser, klammerten uns an den *Blue Arrow*, als ginge es um unser Leben, während er den Fluß hinuntertrieb. Die Strömung war stark und trug uns im Sonnenschein dahin, Arthur am Bug, während ich mich am Heck festklammerte. Ich sah das Ende unserer Expedition vor mir: *Blue Arrow* hat sich losgerissen und fährt allein, ohne jede Kontrolle, flußabwärts, mit allen unseren kostbaren Besitztümern. Da spürte ich plötzlich, wie das Boot zum Ufer gezerrt wurde: Arthur hatte ein Seilende erwischt und schwamm auf die grüne Böschung zu, wo er den *Blue Arrow* und mich, die ich mich wie ein Sack voll Kartoffeln fühlte, aufs feste Land zog. Nachdem wir das Boot angetäut hatten und das Ufer erklettert war, lag Arthur eine Weile unter dem knallblauen Himmel auf dem Rücken, völlig außer Atem. Dann rauchte er eine Zigarette. Wir waren in geheimisvolle Tiefen geraten, das hatte eine ernüchternde Wirkung.

Außer »den Mann am zweiten Paddel zu spielen«, gehörte es zu den Pflichten der Crew (so hatte mich Arthur getauft), auf der Michelin-Karte mit ihren interessanten kleinen Symbolen für Schlösser, Ruinen und Festungen den Kurs zu verfolgen. Vom Fluß aus konnten wir oft wegen der hohen Böschung die umliegende Landschaft nicht sehen; ich kam mir ein bißchen vor wie auf einem Schmugglerpfad in Kent; alles war hinter Hecken verborgen, und oft war irgendein kleines Dorf, das nach der Landkarte fast unmittelbar am Fluß liegen mußte, ganz einfach nicht zu sehen.

Der Kompaß, den Arthur vor sich aufgestellt hatte, faszinierte ihn unentwegt. Ich begriff nicht, was daran so magisch war – die Vorstellung, daß er auf der Dordogne irgendeinen Zweck erfüllen könnte, erschien mir lächerlich. Wie gewöhnlich zeigte sich sehr bald, daß ich unrecht hatte, denn er wurde äußerst wertvoll. Als uns der kurvenreiche Fluß in südliche Richtung, dann nach Norden, dann nach Westen in einer unendlichen Folge von Schlangenlinien dahintrug, war der Kapitän imstande, genau festzustellen, wo wir uns befanden, und konnte vermeiden, daß wir an einem Dorf vorbeischossen, in dem wir übernachten wollten.

In der Beschreibung von *Canoeing without tears* in seinem *Observer*-Beitrag im Jahre 1957 schrieb Arthur:

> Voriges Jahr ... wurde ich süchtig auf ein neues Hobby; um einen entsprechenden englischen Ausdruck verlegen, werde ich es *le canotage gastronomique* nennen. Es geht darum, in einem Kanu einen der großen Flüsse Frankreichs – Dordogne oder Loire – hinunterzufahren; die Tage auf dem Wasser zu verbringen und die Nächte im bequemen Hotel; die kräftige Befriedigung sportlicher Leistung mit einem abendlichen Besäufnis ohne Schuldgefühle zu verbringen.

Am 9. Mai aßen wir mittags an einem Sandstrand und gingen schwimmen. Auf dem gegenüberliegenden Ufer ragte ein weißer Felsen aus der Dordogne heraus – die ersten Anzeichen der Kalksteinhöhlen von Lascaux, etwa 100 Kilometer von hier entfernt. Es war mein neunundzwanzigster Geburtstag; trotz dieses fortgeschrittenen Alters litt ich noch immer unter einem lähmenden Mangel an Selbstbewußtsein, und es war doppelt ärgerlich, daß ich jünger aussah, als ich war. Ich konnte es nicht erwarten, fünfunddreißig zu sein.

Wir paddelten mitten durch den Perigord Noir auf unserem Weg nach Souillac, dessen Hotel einen gastronomischen Stern im Michelin-Führer hatte. Wir spazierten mit unseren blauen Segeltuchtaschen und mit den Paddeln durch die Stadt, nachdem wir uns beim Kanu sittsame Kleidung angezogen hatten. Daß wir die Paddel jeden Abend, wenn wir ein Hotel betraten, bei uns trugen, war Arthurs

Taktik, um jegliches Mißtrauen der Einheimischen gegen diese seltsamen Touristen zu zerstreuen. Das Ergebnis war, daß wir als *des sportifs,* nicht als Tramps betrachtet wurden, die plötzlich aus dem Nichts ohne Auto und ordentliches Gepäck auftauchten.

Alle Schätze Perigords befanden sich an jenem Abend in unserem Dinner, und wir tranken den fremdartig schmeckenden, herben einheimischen Wein. Wir schwärmten nicht vom Essen wie bei unserer ersten Mahlzeit in Boulogne, sondern aßen eher kritisch distanziert. Wie Fedya in *Gottes Thron steht leer* brauchte Arthur nur die Hand ein wenig zu heben, und schon kamen die Kellner herbeigeeilt. Wenn dieses direkte Hypnotisieren jedoch nicht funktionierte, wirkte er bedrückt, und ein Schatten fiel auf sein Gesicht. Wir leerten zwei Flaschen Wein. Um kein Spielverderber zu sein, trank ich Unmengen. Nebenbei war es die einzige Möglichkeit, Arthur davor zu bewahren, daß er selbst zu viel trank. Nach beendeter Mahlzeit bestellte er Kaffee und einen *digestif* aus der Gegend. Im Hotel gab es keinen heimischen *prune,* und man servierte uns stattdessen einen *marc de Bourgogne* in einer Flasche, den Arthur als *chichiteux* bezeichnete und mißbillig betrachtete. Während wir Kaffee und *marc* tranken, begutachteten wir den Abstand zwischen unserem Tisch und der Tür sowie die Hindernisse, welche die anderen Tische darstellten und die wir auf dem Weg zur Tür überwinden mußten. Dann standen wir auf, und es gelang uns immer, ohne Hast den Saal zu verlassen, unseren Schlüssel vom Pult zu holen und mit perfektem Anstand hinaufzugehen. »Ach«, seufzte er, während er mich ansah, in irgendeine Entdeckung vertieft, »mir geht es ausgezeichnet.« Er war sparsam mit Komplimenten.

Am Morgen war er um 7.30 Uhr wach, und es gehörte zu meinen Aufgaben, telefonisch das Frühstück zu bestellen. Ich hoffte immer, daß er wieder eingeschlafen war und mein Französisch nicht hörte. Ich konnte nur seinen Kopf mit dem schnurgerade gezogenen Scheitel im mausbraunen Haar sehen und sagte unsicher : »*Je voudrais commander le petit dejeuner.*«

Wir saßen auf der Terrasse in der frühen Morgensonne und versahen das Logbuch mit den neuesten Anmerkungen.

Kaum damit fertig, war Arthur schon wieder ungeduldig, zum Fluß zu kommen.

Wir fuhren durch die Fénélon-Landschaft. Eine Burg nach der anderen überragte die Kalksteinfelsen und sah auf uns herab, während wir jedes Mal, wenn eine sichtbar wurde, langsam vorbeipaddelten, sie genau betrachteten und uns die Köpfe verdrehten, um einen letzten Blick zu erhaschen, bevor wir sie wieder aus den Augen verloren. Das Besichtigen der Sehenswürdigkeiten vom Fluß aus gab der Sache eine neue Perspektive; man fühlte sich nicht als Tourist, sondern als Teil der Landschaft. Wir kamen an der Burg vorbei, in der Fénélon geboren wurde; sie lag noch über dem Tal und blickte weit über den Fluß. Nach dem Komfort und der Ein-Sterne-Mahlzeit in Souillac war unsere nächste Station an Land miserabel. Ein ziemlich schmales Doppelbett füllte das ganze Zimmer aus. Es gab keine Kissen, und Arthur mußte die Holztreppen hinuntersteigen, um Kissen zu verlangen. Für ihn war alles wunderbar an diesem Abend, er trank mit den Einheimischen *prune* und »fraternisierte« mit den Bauernburschen, deren lächelnde Gesichter große Neugier verrieten. Mit Gefühlswärme glich er die lauwarme Suppe aus, und der *prune* war köstlich. Am Morgen wurden wir von einem unermüdlichen Hahn geweckt. Die Luft war kühl, und der Geruch von Kühen und Dünger wehte durch unser winziges Schlafzimmerfenster herein. Die Waschgelegenheit war, wie Arthur mich gewarnt hatte, primitiv. Vor dem Weggehen tranken wir ein Glas Weißwein auf der kalten Terrasse, von der man die Dordogne sehen konnte.

Gegen Abend erreichten wir Beynac-et-Cazenac, ein altes Dorf, das aus einem Dordogne-Felsen herauswuchs, wo sich Richard Löwenherz' Männer blutige Gefechte geliefert hatten. Die Burg, die das Dorf beherrschte, war nach dem Kreuzzug gegen die Albigenser neu errichtet worden.

Nachdem wir angelegt hatten, blieben wir im Kanu, streiften über unser Badezeug Kleider und spazierten dann zum Hotel in Erwartung des Ein-Sterne-Abendessens, daß Michelin versprach. Obwohl wir ordentlich gekleidet waren, gaben wir vermutlich ein komisches Paar ab, als Arthur am Empfang seinen britischen Paß überreichte und wo dann auch noch das von der Polizei verlangte übliche Formular ausgefüllt werden mußte. Wie ein Engländer in graue Flanellhosen und in ein Sportjackett aus Tweed gekleidet, mit auffallend blauen Augen und braungebranntem Gesicht, sah er alles andere als englisch aus mit seinen hohen Backenknochen, die seine osteuropäische Herkunft betonten, und in meinem hellblauen Sommerkleid mit weißen Tupfen wirkte ich viel zu jung, um seine Frau zu sein. Meine steife Haltung und die verkrampften Bewegungen gaben den Leuten gewiß einige Rätsel auf, warum er sich eine so komische Geliebte ausgesucht hatte.

Die Fenster des Speisesaals blickten auf die Dordogne hinaus; als die Dämmerung kam, verschwand der Fluß hinter einem melancholischen Schleier. Wir aßen die Forellen, die man aus seinem Wasser gefischt hatte.

Anhang

Von A. K.

Man könnte annehmen, daß Arthur Koestler beabsichtigte, dieses kurze Kapitel an Kapitel 6 anzuschließen und an seiner Stelle das vorliegende Kapitel 7 von Cynthia einzufügen. Da die geschilderten Ereignisse dieses Kapitels von Cynthia ausführlicher behandelt wurden und es sich hier weitgehend um eine Wiederholung handelt, wurde es aus dem Buch gestrichen. Es enthält jedoch manches neue Material, und da es wohl das letzte ist, was Arthur Koestler geschrieben hat, wurde es hier mit einbezogen.

Der Herausgeber

1

Im Juli 1951 waren wir wieder in Verte Rive. Im August verließ mich Mamaine, unsere Ehe fand ein abruptes Ende. Sie hatte – wie gewohnt – einige Wochen mit ihrer Zwillingsschwester Celia in London verbracht; am Tag nach ihrer Rückkehr aus London teilte sie mir mit, daß sie nach endloser Prüfung ihrer Gefühle und nach Diskussion mit Celia zu dem Ergebnis gekommen war, es sei für uns beide das Beste, unsere eigenen Wege zu gehen und »Kumpel zu bleiben«. Wenn ich mich recht erinnere, war es das Wort »Kumpel«, bei dem sie in Tränen ausbrach.

Es war, wie gesagt, das abrupte Ende einer Affäre,* die sieben Jahre gedauert hatte – einschließlich der zwei Jahre, in denen wir legal verheiratet waren –, doch die Zeichen waren schon seit langem sichtbar: Sprünge in den Mauern eines Gebäudes im Prozeß des Verfalls. Der Grund, den Mamaine für ihren Entschluß anführte, war der Wunsch, ihr eigenes Leben zu führen – zu malen, Klavier zu spielen, Umgang mit ihren eigenen Freunden zu pflegen (von denen mir die meisten mißfielen, weil ich ihnen mißfiel) – das alles,

* Es gibt einen Hinweis darauf, daß Arthur das Wort »Affäre« in der zweiten Fassung ändern wollte – d. Herausgeber.

meinte sie, sei unmöglich in einem Haushalt, der von einem launischen Tyrannen beherrscht werde. Ihr Standpunkt war mir nur allzu klar, ich bat um eine Kompromißlösung und versprach, daß ich versuchen würde, mich zu bessern – vergeblich, ich machte mir keine Illusionen über meinen Charakter (es sei denn, diese Feststellung selbst basiert auf einer Illusion); dennoch meinte ich, ein Kompromiß wäre immer noch möglich gewesen, aber es sprach etwas dagegen, über das ich nicht offen mit ihr sprechen konnte: Mamaines Gesundheitszustand. Ihr chronisches Asthma machte es ihr unmöglich, das hektische Leben zu führen, an das ich damals gewöhnt war. Erst heute, alt geworden und von verschiedenen chronischen Leiden gequält, erkenne ich endlich, was es heißt, sich ständig am Rande der Erschöpfung zu bewegen, gereizt zu sein aus purer physischer Ermüdung, die Vitalität anderer als Beleidigung der eigenen Person übelzunehmen.

2

Das Jahr, nachdem Mamaine mich verließ, war wieder eine Zeit der Ruhelosigkeit und Unentschlossenheit. Wir hatten geplant, den ganzen Haushalt – zusammen mit Cynthia, Maxim und Anna – auf die Insel zu übersiedeln; doch ohne Mamaine wurde das Projekt undurchführbar, und im Spätherbst 1951 kehrte ich noch einmal allein zum Delaware zurück. Ich verbrachte den Winter damit, *Pfeil ins Blaue* zu bearbeiten, ein paar Essays zu schreiben und meine Zeit damit zu vergeuden, endlos lange Memoranden für die gerichtliche Klage gegen Sidney Kingsley zu schreiben, um eine gewisse Kontrolle über die europäischen Übersetzungen der Bühnenfassung von *Sonnenfinsternis* wiederzuerlangen. Das Stück enthielt mehrere Szenen, die eine naiv verzerrte Darstellung vom Leben in der kommunistischen Bewegung gaben, die vor einem amerikanischen Publikum, das die Atmosphäre nicht kannte, bestehen konnte, doch nicht in Frankreich oder Italien, wo die KP Massenbewegungen vertrat und bei manchen Szenen das Haus unter den Lachsalven eingestürzt wäre. Es ergab sich, daß kein europäischer Theaterdirektor das Stück anrührte, und ich hätte mir die Mühe eines Gerichtsverfahrens sparen können (das ich ohnehin verlor, da mich das Kleingedruckte im Vertrag aller Rechte beraubte, den Inhalt des Stückes zu kontrollieren). Doch damals nahm die Angelegenheit die Intensität einer Besessenheit an, wozu Gerichtsverfahren üblicherweise verführen, selbst bei Leuten, die weniger zu Besessenheit neigen als ich.

Diese unglückselige Affäre hatte jedoch auch eine groteske Seite. Eines Tages in Verte Rive, als ich Cynthia im Eiltempo diktierte, stolperte ich über den Namen Sidney Kingsley und verkürzte ihn auf *Kidney* (=Niere – d. Übersetzer). Sie fand das komisch, und es wurde eine Art Familienwitz. Es war aber gar nicht komisch, als ich, nach einigen Wochen auf der Insel, einen Nierenstein bekam. Er ging zum Glück ohne Operation ab, und ich bin noch immer ziemlich überzeugt davon, daß sein Ursprung psychosomatisch war. Jedermann kann ein psychosomatisches Geschwür produzieren, doch auf einen psychosomatischen Nierenstein darf man mit Recht stolz sein.

3

Im Frühling 1952 wurde *Pfeil ins Blaue* endlich an den Verleger abgeschickt, der Prozeß war ausgefochten und verloren, und einmal mehr erhob sich die Frage, wo ich leben sollte. Das Jahr zwischen Europa und den USA aufzuteilen, schien theoretisch eine wunderbare Idee zu sein; doch welchen Sinn hatte es, ein riesiges Haus mit Miss Nellie als einziger Mitbewohnerin zu teilen, und das auf einer riesigen Insel, die sich in einen Dschungel zu verwandeln drohte, während eine zauberhafte Villa verlassen an der Seine stand? Offensichtlich war die Lösung des Häuser-Problems, beide zu verkaufen und ein drittes zu kaufen – diesmal in London.

Die Entscheidung war nicht ganz so verrückt, wie es den Anschein haben mag. Die wichtigste Überlegung war die Sprache. Bis zu meinem 35. Lebensjahr hatte ich Deutsch geschrieben (das letzte Buch in deutscher Sprache war *Son-*

nenfinsternis; das erste in englischer Sprache *Scum of the Earth).* Bevor ich die Sprache wechselte, schrieb ich einige journalistische Arbeiten in Englisch, als Nebenbeschäftigung; ab 1941 wurde Englisch »meine« Sprache, und ich betrachtete mich *ipso facto* als englischen Schriftsteller.

Doch Sprachen zu wechseln ist – als Metamorphose – ein immens komplexer Prozeß, besonders für einen Schriftsteller. Er durchlebt mehrere aufeinanderfolgende Phasen, die schwer zu beschreiben sind, weil die meisten Veränderungen nach und nach unterhalb der Ebene des Bewußtseins vor sich gehen. In der ersten Phase *übersetzt* du die Botschaft, die du zu vermitteln hast, aus dem Original in die angelernte Sprache; in einem späteren Stadium ertappst du dich dabei, daß du in der Sprache *denkst* – zuerst gelegentlich und schließlich dauernd. Die letzte Stufe der Transformation ist abgeschlossen, wenn du in der Sprache, mit der du jetzt »verheiratet« bis, nicht nur denkst, sondern auch *träumst.*

Doch diese Metamorphosen konnten sich nur dann vollziehen, wenn ich in einer englischsprachigen Umgebung lebte. Das war die Schlußfolgerung, zu der ich letztlich, nach den quälenden Irrfahrten meiner Wanderjahre, gelangte; und was die englischsprachigen Länder betraf, war ich viel tiefer in England verwurzelt als in Amerika. Außerdem war London nur einen Steinwurf vom europäischen Kontinent entfernt, und mit meinem österreich-ungarischen, französisch-englischen *background* war ich in erster Linie ein Europäer.

4

So vermietete ich *Island Farm* an einen italienischen Baumeister mit fünf Kindern, die alle Miss Nellie heiß und innig liebten, und im Frühling 1952 war ich wieder in London – auf der Suche nach einem Haus.

Epilog

Von Harold Harris

So endet das Fragment von Cynthias Beitrag zu dieser gemeinsamen Autobiographie. Man kann sich nur schwer vorstellen, wie Arthur über das 6. Kapitel hinaus weiterhin Kapitel in alternierender Folge hätte einfügen können, ohne vieles zu wiederholen, vor allem, da Cynthias Schilderung ihres eigenen Lebens, während sie getrennt sind, auf ein Minimum beschränkt bleibt, und, wenn sie zusammen sind, so gut wie überhaupt nicht existiert. Eine getippte Zusammenfassung betrifft, abgesehen von einigen handgeschriebenen Einfügungen von Arthur, nur die ersten zwei Kapitel des II. Teils, und obwohl das zweite die Initialen A. K. trägt, findet man keinen Hinweis auf seinen geplanten Inhalt.

Es könnte durchaus sein, daß Cynthia an ihrem Beitrag noch in den letzten paar Tagen ihres Lebens weitergearbeitet hat. »Ich hätte gerne meinen Bericht über die Arbeit mit Arthur beendet«, schrieb sie in der kurzen Notiz, die in der Einleitung zitiert wird. Zum Urlaub in die Dordogne, der dieses Buch abschließt, fuhren sie 1956. Von 1961 bis 1974 führte sie ein Tagebuch, in dem sie ihr gemeinsames Leben gewissenhaft aufzeichnete. Man muß eine ganze Menge redigieren und kommentieren, um es zu publizieren. Vielleicht hatte sie die Absicht, das vorliegende Buch 1961, als die Tagebücher beginnen, abzuschließen.

Ich hoffe, daß nichts so belassen wurde, was sie nach erneuter Revision gestrichen hätte. Ich glaube es nicht, obwohl es natürlich möglich ist, daß sie hin und wieder einer etwas verblüffenden Information eine Anmerkung hinzugefügt hätte. Zum Beispiel hätte sie möglicherweise den Wunsch gehabt, ihre Gründe für zwei Schwangerschaftsunterbrechungen darzulegen. »Ich fühlte mich einfach glücklich, das Leben mit ihm teilen zu können«, schrieb sie anläßlich einer Bemerkung über ihre mangelnde Eifersucht, und sie war sich von Anfang an dessen bewußt, daß das Leben mit ihm jede Aussicht auf Mutterschaft ausschloß. Obwohl ich von den Abtreibungen nichts wußte, ehe ich auf diesen Seiten darüber las, hatte Arthur mir einmal gesagt, er hätte bereits in jungen Jahren beschlossen, das Risiko, Kinder aufzuziehen, nicht auf sich zu nehmen. Er und Cynthia wußten, daß er ein unausstehlicher Vater gewesen wäre. Tatsächlich hatte sie, als sie von seiner unehelichen Tochter erfuhr, amüsiert reagiert.

Natürlich ist in alldem ein Element von Traurigkeit enthalten, so auch in der Art, wie sie ihr Leben dem seinen in einem alles einschließenden Ausmaß unterwarf. Doch Traurigkeit war nicht der Eindruck, den sie Freunden und Bekannten gegenüber vermittelte. Sie war glücklich in ihrer vollen Hingabe als Frau-Sekretärin-Köchin-Haushälterin-Gefährtin – und vor allem glücklich über Arthurs rückhaltsloses Vertrauen ihr gegenüber.

Die Tatsache, ihr gegenüber, daß sie 1952 an Selbstmord gedacht hatte, wenn auch vielleicht nicht sehr ernsthaft, als Arthur ihr gegenüber allzu gefühlskalt erschien, mag eine gewisse Bedeutung für den endgültigen Entschluß gehabt haben, zu dem sie einunddreißig Jahre später angesichts der Situation gelangte, ohne ihn leben zu müssen. Man sollte auch erwähnen, daß ihr Vater, den sie sehr geliebt hatte, als sie zehn Jahre alt war, Selbstmord beging, indem er sich die Pulsadern aufschnitt. Man hatte ihr drei Tage lang nichts von seinem Tod gesagt, und erst 1969 erfuhr sie, daß er sich das Leben genommen hatte. Doch wenn man zwischen den Zeilen eines ausführlichen Berichts liest, den sie im Jahre 1970 über all die Umstände schrieb, kann man vermuten, daß sie möglicherweise in ihrem Unterbewußtsein ihr Leben lang geahnt hatte, daß es Selbstmord gewesen war.

Ob nun diese Episoden Einfluß auf ihre letzte Entscheidung hatten oder nicht – die Leser des gemeinsamen Berichts über die ersten sieben Jahre dieser einzigartigen Verbindung werden zustimmen, daß ein solches Ende siebenundzwanzig Jahre später logisch und fast unvermeidlich erscheint. In jenen letzten Stunden im Haus am Montpelier Square mochte Arthur freilich Reue oder sogar Schuldgefühle wegen Cynthias Entschluß empfunden haben, doch das war eine Regung, mit der er sein Leben lang vertraut war. Ich bin überzeugt, daß Cynthia ihrerseits nur mit einem Gefühl der Dankbarkeit und Erfüllung auf die dreiunddreißig Jahre ihres gemeinsamen Lebens zurückgeblickt hat.

Register

Quellennachweise

Deutsche Zitate aus Koestler'schen Werken, die sich in diesem Buch finden, sind folgenden Ausgaben entnommen:

Sonnenfinsternis, Stuttgart 1948 (Stuttgarter Büchergilde). Neuausgabe Wien–München–Zürich 1978 (Europaverlag).

Ein Mann springt in die Tiefe, Zürich 1945 (Artemis). Neuausgabe Wien–München–Zürich 1981 (Europaverlag).

Gottes Thron steht leer, Frankfurt 1951 (Fischer).

Pfeil ins Blaue, Wien–München–Basel 1953 (Desch).

Die Geheimschrift, Wien–München–Basel (Desch).

Die Nachtwandler, Bern–München 1959 (Scherz).

Die Gladiatoren, Bern 1960 (Scherz). Neuausgabe Wien–München–Zürich 1980 (Europaverlag).

Die Spur des Dinosauriers, Der Yogi und der Kommissar, Anatomie eines Mythos, Das Ende einer Illusion und *Juda am Scheideweg* sind enthalten in dem Essayband *Diesseits von Gut und Böse,* Bern–München 1965 (Scherz).